영성시리즈 Ⅱ권

종교의 길을 찾아서
(영성과 종교)

이 재 석

국학자료원

종교의 길을 찾아서

지은이 이 재 석
인쇄일 초판1쇄 2008년 10월 20일
발행일 초판1쇄 2008년 10월 31일
펴낸이 정찬용
편집 박지연 한미애
디자인 김숙희 노재영
마케팅 정구형
관리 이은미 박종일
펴낸곳 국학자료원
등록일 2006 11 02 제324 - 2006 - 0041호
서울시 강동구 성내동 447 - 11 현영빌딩 2층
Tel 442 - 4623 Fax 442 - 4625
www.kookhak.co.kr
kookhak2001@hanmail.net

ISBN 978 - 89 - 6137 - 407 - 1 *04200
가격 18,000원

* 저자와의 협의하에 인지는 생략합니다.

종교의 길을 찾아서

국학자료원

머리말

　종교는 길이다. 길이어야만 한다. 참 나를 찾는 길이어야 한다. 참 나를 찾기 위해서는 나의 근원되는 신을 찾아야 한다. 그런 의미에서 종교는 신을 찾는 길이다. 종교가 마음과 육체의 활동을 근원으로 가게 하여 사람의 삶을 본질적으로 깨닫게 된다면 종교의 목적을 성공적으로 이루었다고 할 수 있다. 마음은 삶의 중심축이다. 만일 마음이 그 근원에까지 이를 수 있다면, 생명 전체가 근원과 이어질 것이요, 거기서 종교의 목적이 완성된다.

　종교는 사람의 의식을 신의식(神意識)으로 높이고 인간의 마음을 우주적 마음으로 향상시키는 길이어야 한다. 개인의 생명을 우주의 생명과 협동케 하여 인간의 삶에 관한 모든 가치를 향상시켜야 한다. 그것은 사람으로 하여금 거룩한 차원으로 승화하게 하는 직접적인 수단인 것이다.

　신의 본질, 신의 상태, 신의식, 이 모두가 인간의 자연스런 삶의 내용이 되어야 한다. 종교적인 생활은 사랑과 기쁨, 평화와 행복 속에 사는 삶이어야 한다. 인간을 돕겠다는 순진한 마음으로 친절, 사랑, 용서를 실행하는 생활이어야 한다. 이러한 성품들이 종교인들 마음의 자연스런 경향이 되어야 한다. 이러한 성품들이 종교인들에게서 찾을 수 없을 때, 그의 종교는 그에게 무거운 짐일 따름이다.

　종교는 사람이 거룩한 생활을 할 수 있을 뿐만 아니라, 웅장한 생명의 집을 지어야 한다. 영원한 실존을 우주 생명이라 부르고 그것이 상대세계에 나타난 것을 개체생명이라고 한다. 개체 생명은 우주 생명의 표현이다.

우주에서 창조, 진화, 해체의 과정을 진행시켜 가는 수많은 법칙들은 영원한 우주 생명의 다양한 표현들이다. 각종 생명의 상대세계는 서로 밀접한 관련이 있으며 우주 안의 여러 차원들이 서로 주고 받는다. 따라서 이 세계의 모든 사람들이 각각 바른 사람이 되어야 한다는 사실은 대단히 중요하다. 그래야만 남을 돕고 동정하며, 사랑에 넘치는 생각들을 통해 자기 자신과 주변, 그리고 우주 전체에 좋은 영향을 가져 올 수 있기 때문이다.

마치 세포 하나 하나가 몸 전체의 일부이듯이 한사람 한사람은 우주 전체의 한 생명의 일부라는 사실을 확실히 알고 있어야 한다. 그러므로 개체의 생명을 위해서나 우주에 존재하는 모든 생명을 위해서 개인이 바른 생각을 하고 옳게 말하며, 행동을 바르게 해야 하는 것이다.

본서는 제 종교 창시자의 생애와 사상을 연구함으로써 영의 유일성과 영성의 다양성 그리고 영성의 통일성을 찾고자 한다.

종교는 각 종교 창시자의 놀라운 종교적 경험에 의하여 시작되었으며, 그 경험과 깨달음을 형상화 내지 제도화함으로써 형성되었다. 각 종교의 독특한 교리는 종교적인 경험의 모양을 규정짓고 다양한 영성의 유형을 만들어냈다. 그 예로 각 종교의 영성 곧, 그리스도교의 영성, 힌두교의 영성, 불교의 영성, 유교의 영성 등을 말하고 있다. 또 각 종교인이 중요하다고 인식하는 그들의 종교적인 삶의 방법이 다양하다는 것을 알게 되었다. 그러므로 영성의 다양성은 신이 역사하는 다양한 표시이고, 각 개인이 자유롭게 신의 감동을 따를 수 있는 증거이며, 영성이 각 개인에게 비춰지는 다양한 방법들에 대한 공동의 증언이라고 할 수 있다.

따라서 신의 양면성을 재발견하여 초월적인 신과 내재적인 신, 영의 유일성과 영성의 다양성을 명확하게 알지 않으면 안 되게 되었다. 그 기초 위에 영적 대화를 통하여 유일한 영에게 귀일함으로써 근원적인 일치를 추구할 수밖에 없게 되었다. 각 종교의 영성은 다양하지만 우주적인 신, 신의 영은 하나이기 때문이다.

그러므로 영성의 다양성과 통일성을 연구하는 목적은 영적 생활에 초점을 맞춤으로써 결국 모든 종교의 영적 본질에 대한 바른 이해를 성장 발전시키고, 나아가 종교간의 조화와 일치를 추구하기 위함이다.

필자는 다른 종교를 앎으로써 자기 종교를 분명히 알 수 있게 되었고 종교간 영적 내화의 문을 여는 길을 찾게 되었다. 그와 같은 필요성은 오늘날 어느 한 종교만으로는 종교의 목적인 인류 전체를 구원할 수가 없을 것으로 생각되었기 때문이다.

끝으로 이 책이 나오기까지 수고하신 안병로 박사님과 정상윤 부장님 그리고 물심양면으로 도와주신 강현실 회장님, 연구비를 지원해 주신 김형규 선교사님, 출판비를 담당해 주신 허만석 사장님께 깊은 감사를 드리고 흔쾌히 출판을 맡아 주신 정찬용 사장님에게도 고마움을 전한다.

2008년 8월

이 재 석

II 권

종교의 길을 찾아서

2부

종교완성의 길을 찾아서

제1부
종교적 영성의 길을 찾아서

Ⅰ. 영성과 종교

영성은 '종교의 뿌리'이며 종교보다 중요하다. 영의 형태를 지닌 신은 우주에 스며드는 비물질적 존재로 비유된다. 히브리어로 영을 의미하는 루아흐(ruach)는 바람과 숨을 의미한다. 바람과 숨은 눈에 보이지 않지만 깊은 잠재력을 가지고 있다. 바람은 완전히 우리를 둘러싸며, 숨은 우리 안에 들어오고 나간다. 그것들은 신을 나타내는 훌륭한 상징적 존재다.

신과 우리의 관계는 삶 속에서 주어지거나 끊임없이 제공된다. 신은 항상 우리에게 임재해 있다. 그러나 우리는 신을 발견하거나 신과의 관계를 맺어나가기 위해 하나의 종교를 신봉할 수 있다. 왜냐하면 종교는 영성을 지탱해 주고 양성해 주기 때문이다.

종교는 영성을 제도화한다. 그리스도교의 교회, 이슬람 사원, 불교의 사찰, 도교 회당은 영성의 중심지다. 그러한 기관들은 영적인 삶을 양성하기 위해 존재한다. 그러한 기관들은 영성생활을 양육하는데 필요한 풍부한 자원을 가지고 있다. 제도화된 종교 안에 유익한 요소와 그렇지 못한 요소들이 섞여 있다는 것을 이해하려면 제도화가 어떻게 이루어지는지 알 필요가 있다.

인간은 소중하기 때문에 보존하고 싶은 것은 모조리 제도화한다. 그 과정은 서서히 이루어진다. 처음에는 자신이 그 일을 하고 있다는 것조차 깨닫지 못한다. 몇 사람이 함께 시작한 모임은, 모이면서 생기는 문제들을 해결하려고 규칙을 만들게 된다. 이런 것들이 습관이 되고 전통으로 발전하게 된다.

종교는 심오한 환상을 본 위대한 선견자의 종교체험에서부터 시작된다. 영적 거인이라고 할 수 있는 종교의 선견자들은 우리보다 훨씬 생생하게 신비와의 관계를 누리며, 그들이 가진 것을 원하는 제자들이 주위에 몰려든다. 이렇게 하여 작은 공동체가 형성되며, 필연적으로 제도화가 시작된다.

처음에는 신, 다음에는 춤, 마지막으로는 이야기가 되는 것이 종교의 근본요소라고 월터 오터는 말했다.1) 처음에는 어떤 이가 신을 보았거나 종교적인 체험을 한다. 그 다음에는 춤과 연극, 즉 신을 다시 나타나게 하고 그 경험을 재현하기 위한 의식이 생긴다. 그 다음에 최초의 경험을 말해주는 이야기가 등장하는데, 그것은 종종 의식이나 전례와 통합된다. 마지막으로 등장하는 교리학은 종교 전체 및 체계화된 교훈이나 교리에 대한 고찰이다. 교리학은 지성이 종교보다 우선하며 종교의 중요한 근원이라고 한다. 그리하여 모든 과정을 일으킨 영적 경험과는 어느 정도 거리가 생기게 된다. 결국 최초의 선견자는 죽지만, 종교는 계속 존속한다.

그러나 한 종교의 최초 신봉자들에게 활력을 주었던 원래의 감화는 세월이 흐르면서 희미해지며, 사람들은 영성보다는 문자에 의해서 유지해 나가게 된다. 역할과 규칙은 점점 엄격해지지만, 변화하는 욕구를 그다지 충족시켜주지 못하게 된다. 지도자들은 그 모임의 목적을 달성하기 위하여 여러 가지 방법을 동원하게 되어, 영성을 제한하거나 아니면 공익을 위해 봉사하기보다 개인적으로 권력의 혜택을 누리는데 몰두할 수도 있다.

1) 토마스 하트 지음, 최대형 옮김, 『현대인의 영성탐구』(은성출판사, 2000), p.58.

전통은 쉽게 경직되고, 공동체는 지금까지 항상 해 왔던 것처럼 그렇게 계속 행해진다.

그렇다면 '조직화된 종교'는 영적 순례자에게 무엇을 제공해야 하는가? 첫째, 공동체다. 그것은 곧 길고 힘든 여정에서의 중요한 지원을 의미한다. 둘째, 종교는 의식, 상징, 거룩한 경전, 신성한 장소 등을 가지고 있다. 셋째, 종교는 교의, 거룩한 모범, 유식한 지도자들을 가지고 있다. 간단히 말해서 종교는 많은 경험과 풍부한 수단을 가지고 있다. 이 경우에도 종교는 항상 더 풍부해질 수 있으며, 항상 개혁과 갱신을 필요로 한다.

일반적으로 '조직화된 종교'는 영성을 양육하는 모체이자 영성을 지원해 줄 견고한 틀이 된다. 그러나 영성은 여전히 종교의 핵심에 머문다. 영성은 제도적인 종교에 도전하고 이를 넓혀 나가며 개혁한다. 이 관계는 역동적이고 서로를 더욱 풍요롭게 만든다.

신의 목적은 모든 사람의 충만한 삶이다. 심리학적인 것과 영적인 것은 분리하기 어렵다. 왜냐하면 신은 만물 안에 거하시면서 거룩한 목적을 실현하기 위해 만물 안에서 일하시기 때문이다. 예를 들어, 꿈은 심리학적으로는 '무의식의 산물'로 간주되지만, 종교적으로는 '신의 의사전달의 통로'다. 그러므로 우리 가운데는 그저 단편적인 것에 불과하지만 나름의 생명을 가진 영적 통찰과 관습들이 풍성하게 존재한다. 거기에는 훌륭한 영성이 있다. 세계의 주요 종교들은 훌륭한 영성들이다. 그것들은 특수한 관습이나 수행만 가르치는 것이 아니라, 전반적인 삶의 방법을 가르친다. 종교들은 오랜 역사를 가지고 있으며, 훌륭한 영성을 풍성하게 가지고 있다.

'훌륭한 영성'은 하나의 영적 요소나 영적 요소들이 주지 못하는 네 가지 중요한 것을 우리에게 준다.

(1) 삶의 방향을 설정해 준다.

모든 사람은 삶에서 기본적인 의미를 발견하려는 심오한 욕구를 지
닌다. 인생에서 의미를 발견하려는 노력은 인간의 내면에 있는 기본적인
동기부여 요인이다. 완전한 영성은 삶의 방향을 설정해 준다. 즉 삶의 표준
이 될 수 있는 가치관, 방향감각, 소망의 기초 등을 제공해 준다.

(2) 신인합일의 관계를 알려준다.

우주의 진화에 있어 근원은 모든 것이 인격적인 것이 아니라면, 우리는
또 하나의 변칙적인 것을 갖게 될 것이다. 우주는 놀라운 '정신의 모형들'
을 보여준다. 그것이 어찌 분별없는 것에서부터 생겨날 수 있겠는가? 그러
한 모형들이 존재하는 이유는 무엇인가? 만일 정신이 존재하지 않는다면,
인간의 정신이 발견해야 할 많은 증거들이 존재하는 이유는 무엇인가? 간
절히 신을 갈망하고 신을 향해 나 자신을 열고 "신이시여! 나는 당신을 원
합니다."라고 말하면 신은 거기에 계신다. 환상도 없고 메시지도 없을 수
있다. 그러나 그 갈망의 한쪽 끝에 신, 신비, 침묵이 계신다. 마음을 열고 기
도하면 신은 거기에 계신다. 신과의 합일을 향한 갈망은 신이 사랑과 평화,
기쁨으로 체험된다. 나와 신의 관계는 인간 영혼의 깊은 욕구를 채워준다.

(3) 삶의 원기를 북돋아 준다.

영성은 생활에 원기를 북돋아주는 기능을 한다. 영성은 악덕들을 치료
하는 방법을 알고 있다. 그리고 영성은 개인의 성장과 성취 그리고 세상을
위한 이상을 가지고 있다. 영성은 그것을 상기시켜 주고, 격려해 주며, 힘

을 준다. 또 영성은 윤리적인 것에 관심을 가지고 실천한다.

(4) 보편적 신의 나라를 지향한다.

신과 개인적인 관계에 근거한 종교 영성은 인간이 지닌 다른 모든 관계와 세상에 대한 이상에 영향을 미친다.

영성은 종교라고 불리는 공동체 안에서 실천되며, 신자들은 신의 진리와 종교의식을 중심으로 하여 양육 받고 지도받기 위해 모인다. 이 공동체의 회원들은 교조를 본받아 인격을 변화시켜야 한다. 더욱이 종교인들에게는 세상을 신이 통치하시는 곳으로 변화시키기 위해 도와야 할 사명이 있다. 이 헌신 역시 교조의 활동과 가르침에 뿌리를 두고 있다. 교조가 세상에 세우려고 했던 신의 통치는 정의, 사랑, 평화, 자유, 찬양 위에 세워진다. 교조가 꿈꾸었던 신의 통치는 실체의 완전한 변화를 필요로 한다.

그리고 종교의 영성은 우리를 단순한 생존과 권태, 개인적인 위로의 추구, 가족과 친족만을 향한 사랑을 넘어선 곳으로 이끈다. 그것은 우리를 희망과 사랑, 창조의 가장 깊은 가능성을 향해 몰아간다. 모든 사람을 존중하고 배려하게 하며 연약한 사람들을 특별히 보살피게 한다. 그것은 모든 사람들을 위한 정의와 충만한 삶이 성취되기까지 결코 쉴 수 없다. 그러나 우리는 영성을 종교와 동일시하는 잘못을 흔히 범한다. 위대한 종교 창시자들이 지금 지구상에서, 그들의 이름 하(下)에 행해지는 잘못된 행위들을 볼 수 있다면 그들은 경악할 것이다. 표면의 힘(몸의 힘)은 자신의 이익을 위하여 항상 진실을 왜곡시킨다. 시간이 지남에 따라 종교가 그의 기반이 되는 영성의 원칙들을 권력과 돈 또는 다른 세속적인 욕구의 충족을 위해 왜곡시키고 있다.

영성이란 말은 관대함을 내포하지만 종교는 항상 독선을 내포하고 있다. 영성은 평화를 초래하는 반면, 종교는 갈등과 유혈 또는 종교 범죄들을 초래한다. 그러나 모든 종교에는 그것이 생겨나게 된 영적인 기초가 깔려 있다.

위대한 스승들이 제시하는 영성의 강한 힘은 오늘날과 같이 조직된 종교에서는 그 힘이 크게 약화되었음에도 불구하고 그들의 가르침의 근본은 고유한 영성을 유지하고 있으며 표면이 약화된 것뿐이다. 그 가르침 자체는 항상 심오한 잠재력을 가지고 있다.

원칙이 갖고 있는 잠재력은 시간과 관계없으며 변하지 않는다. 모든 것은 그것과 연결되어 있는 이 우주에서, 보이지 않는 잠재력은 우리들 자신으로서는 할 수 없는 일들을 성취시켜 주는 원동력이다.2)

1. 제 종교의 출현

1) 영의 유일성과 영성의 다양성

영은 하나다. 존재세계의 근원은 하나이기 때문이다. 그래서 그러한 영은 유일하다. 그러나 인간이 사는 조건과 환경, 사회 여건 및 여러 상황에 따라 영의 성품은 다양하게 나타난다. 그래서 유교의 영성, 도교의 영성, 힌두교의 영성, 불교의 영성, 그리스도교의 영성, 이슬람교의 영성 등이 있게 된다.

영원의 통일 상태인 영은 자신이 조금도 달라지지 않은 채 창조의 다양화, 곧 절대 존재의 여러 모습으로 나타나는 입장을 취한다. '절대자'가 상대의 역할을 하는 것이 여러 가지로 드러나는 사실은 '존재'가 다른 모습으로 나타나는 것에 불과하다. 이렇게 하여 절대자는 불변의 상태에서도,

---

2) 데이비드 호킨스, 『의식 혁명』(서울: 한문화출판사, 1997), pp.31-33 참조.

영원하고 끊임없이 달라지는 상대계의 다양성에 있어서 무한한 것이다.

드러나지 않은 절대 존재의 유일성은 동시에 모든 상대 세계에 있어서의 다양성, 다종성 자체인 것이다. 절대자와 상대세계가 동시에 생명의 전체인 것이다. 드러난 창조계와 드러나지 않은 존재는 다르지만, 사실에 있어서는 하나이며 같다.

이원성은 곧 단일성인 것이다. 특징은 서로 다를지라도 절대 존재와 상대적 창조계는 하나의 실재를 구성한다.

우리가 창조 또는 진화라고 알고 있는 과정은 다만 영성 안에서 움직이는 존재인 것이다. 그렇게 시키는 것은 존재의 본성이다. 절대 존재의 본성 안에는 창조성이 포함되어 있고, 이 창조는 상대를 사랑함으로써 기쁘고자 하는 충동이기 때문에, 이 충동이 움직이기 시작하는 것이다. 따라서 창조나 진화는 존재(영)가 자신을 확대해 가는 과정이다.

2) 제도화된 종교의 딜레마

종교가 겪은 다양한 경험은 그 시대의 상황과 제도에 부응하고자 한다. 예컨대 종교적 경험이 사회·문화적 맥락 속에서 스스로를 조형(造形)하면서 일정한 신념체계, 의례의 수행, 그리고 신도들의 공동체 등을 만드는 것은 자연스러운 일이다. 그렇게 제도화된 종교는 시대적인 내용을 구제적으로 표현하여 기존 종교의 가치와 의미를 전승시킨다.

일단 종교경험이 공동사회에 제도화되면 비제도화된 종교와의 딜레마를 겪게 된다. 제도적 종교인과 비제도적 종교인과의 소외와 갈등의 경험은 피할 수 없는 사회생활 속에 신앙 고백적 자기 확인이자 정체성 확인으로 드러난다. 불필요한 사상적 대립의 소모전은 사실 멀리해야 마땅하나 그리 쉬운 일은 아니다.

물론 널리 잘 알려진 제도적 종교는 적어도 사회적인 문답을 구성하고 해석할 수 있는 다양성과 역동성을 지닐 수 있어야 한다. 제도화된 종교는 스스로의 딜레마를 심화하지 않고도 의연한 종교적 가치를 전승하는 해답의 기능자로 공익사회에 존재할 수 있어야 하기 때문이다.

그러나 제도화된 종교가 시대에 적응하지 못하고 규범의 한계에 장기간 머물면 스스로의 딜레마를 결코 소멸시키지는 못한다. 그러한 딜레마에는 종교적인 동기뿐만 아니라 혼합적인 것이 다양하게 내재되어 있기 때문이다. 예컨대 신종교 신도들의 개인적인 경험이 제도화된 공동체에서 상대적으로 소외되는 것은 기존 종교가 제도화되고 관료화되어 종교적 문답을 차단하기 때문이다. 그리고 기존의 종교사회적인 생활 규범이 '영성과 문자적 교리와의 대치현상'을 낳는다. 회심의 경험이 아니라 타율적 강요 및 권고 등에 의하여 종교인이 되면, 스스로의 영성이 착취된다는 사실을 인지할 수 있다. 이 같은 현상이 지속되면 새 종교 출현의 요소가 무르익는다.

제도화된 종교의 영향이 국가적이고 세계적인 차원에서 비록 클지라도 그 종교가 공동사회에서 공익을 남겨주지 못하면 역사적 전승체로서의 기능을 상실하게 되어 '기존 종교'와는 다른 '새로운 종교'가 출현한다.

2. 새 종교

세계 종교사를 살펴보면, 영원하고 불변하는 종교는 존재하지 않는다. 왕조 흥망의 역사와 다르지 않게 종교사도 흥망성쇠의 굴곡을 보여준다.

종교사는 종교의 변천사를 여실히 보여주고 있다. 일반적으로 말하는 세계종교(유교, 불교, 유대교, 그리스도교, 이슬람교 등)가 지상에 등장하기 전에도 인간은 종교적인 의식과 연계되어 영성적 희구와 열망을 가지고 문답을 이어 왔다. 그러므로 인류사는 종교사이자 인간이 끊임없이 새로운 종교문화를 창출해 낸 역사이기도 하다.

새로운 종교는 '자연스럽게' 발생되는 것이 아니고 무(無)에서 유(有)의 논리로 설명되지 않는다. 새로운 종교가 발아되는 토양은 지금까지 기존의 종교 속에 진행되어 왔기 때문이다. 기존의 종교는 신종교가 잉태되게 하는 산모 역할을 한다. 즉 유대교가 없는 그리스도교와 이슬람교는 상상할 수가 없다. 마찬가지로 힌두교 없는 불교가 역시 존재할 수 없다.

새로운 종교 출현에 대한 원인과 의미는 이미 위에서 논의한 대로 제도화된 종교의 딜레마에서 찾을 수 있을 뿐만 아니라 사회적 맥락 속에서, 또는 아예 종교 스스로가 자체적 딜레마에 빠져버린 경우도 있다. 종교가 스스로 제도적 사고의 늪에 빠지면, 새롭게 야기되는 인간의 물음에 무관심하거나 무감각해지면서 종교적 딜레마는 발생된다.

종교가 새롭게 인식된 물음에 준비된 해답을 제공하지 못하고 시대적 상황의 절박성을 간과한 채 구태에 연연한 권위에 머물러 있기 때문이다. 이러한 상황에서 종교가 영성적, 지성적, 현 사회적인 것에 더 이상 부응하지 못하게 되면 정신문화의 정체현상이라는 늪에 빠져버릴 수밖에 없게 된다. 그러므로 종교의 기능을 잃어버린 상징적 표상의 껍데기만 형태로 남아 있다가 그마저도 유지하기 어려운 상황도 배제 할 수 없게 된다. 사람이 그러한 종교에 귀의하지 않고 관심 밖에 있는 것은 너무도 당연하다.

급변하는 21세기에 종교에서 물음에 대한 적합한 해답을 얻지 못하거나 새롭게 추구할 수 없는 경우, 종교의 가치체계가 적합성을 잃어버리거나, 적합성을 가지기 위한 재해석이 요청되는 시기 등에서 종교가 새로운 가치체계와 사회적 표상을 제시하지 못하면 사람들은 종교적 사색과 물음을 포기하고 때로는 기존의 종교를 아예 떠나기도 한다.

그러므로 그리스도교와 이슬람교가 유대교에서, 불교가 힌두교에서 새 종교로 출현한 것은 분명하다. 새로운 종교의 출현은 사회·문화적 충격과 종교 자체의 퇴행 현상을 아울러 경험할 때 생기는 불가피한 선택일 것이다. 이때 새로운 종교는 제도화되지 않은 상태이며, 기존의 제도에서 일탈할 수밖에 없다. 따라서 제도권 자체의 전승적 판단 기준에서 보면, 비정통으로 보이나 사람은 그러한 제도권에서 훈련된 자칭 엘리트의 사고방식으로 문답을 구성하려 하지 않는다.[3]

1) 문화적 충격

인류사의 근대화 과정에는 합리적이고 경험적이며 효율지향적인 문화체제가 형성되었다. 그리고 현대화는 전통사회·문화가 지속해 오던 권위와 전통 그리고 신화적인 분위기를 과학적이고 실증적이며 실용적인 태도만이 타당할 수 있다는 시대로 전환시켰다. 이러한 현상은 종교적인 측면에서 보면 탈종교현상으로 볼 수도 있다. 기존의 종교가 근대화 속에서 어려움을 경험한 것은 사실이다.

중요한 사실은 탈종교화가 종교의 소멸이 아니라고 하는 점이다. 종교는 스스로 생존하기 위한 몸부림 속에서 신념의 체계와 실천적 수행을 실행하고 합리화하는데 게으르지 않았다, 그리고 시대적 물음에 대한 해답의 담지자 역할을 했다. 이러한 역할은 기존의 종교가 제도화의 딜레마를 극복하면서 정신문화의 정체현상에 빠지지 않고 시대적 좌표를 제시했다는 것을 의미한다.

하지만 실질적인 측면에서 그러한 역할과는 달리 근대화의 충격이 커지면서 이른바 새로운 종교가 우후죽순처럼 솟아났다. 기존의 종교적 권위가 손상되면서 신화적이며 초월적인 영성적 메시지는 자리를 감추게 되었

---

3) 정진홍, 『한국 종교 문화의 전개』(집문당, 1986), pp.272-273 참조.

다. 어떤 신앙인들은 정통종교라는 틀을 벗어나서 아예 끼리끼리 모임을 가진다. 그들은 구체적이고 생동적이며 개인적이고 끼리끼리 모인 ‘우리들의 집단의식’을 가지고 싶어 하며 이상형의 꿈을 갖는다.

어떤 사람들은 이 세상이 어서 끝나기를 바라며 메시아사상이 담긴 천년왕국을 기다린다. 또 어떤 사람들은 잃어버린 옛 것을, 그 옛 신비와 초월적인 힘을 되살리고 싶어 한다. 그들은 제도적 종교규범을 거절하면서도 오직 초월적인 어떤 ‘힘’의 임재만을 소망한다. 이곳에 투사한 어떤 행위를 통해서 천년왕국을 소유하고 싶은 충동이나, 잃어진 것을 되살리려는 희망은 그들에게는 지극히 당연하고 감동스러운 것일 수밖에 없다. 문제는 그러한 그들의 말과 생각, 몸짓과 모임들은 밖의 사람들에게는 이상스러운 것으로 보이고, 기존 종교에서는 비종교적 행위이자 혹세무민하는 집단으로 파악된다는 것이다.

2) 새 종교의 생리

새로운 종교의 구성원들은 집단적 응집력을 강화하고, 기존 종교의 가치를 철저하게 부정하며, 새로운 질서에의 도전을 감행하고, 때로는 사회운동을 실행하면서도 스스로의 강한 방어력을 향상시킨다. 기존 질서와의 관계에서는 거리감·참고 견딤·화해·무관심 등으로 적대적 충동을 유연하게 처리하는 역량을 키운다, 그리고 집단 안에서는 스스로의 입장을 합리화하거나 그 집단 자체를 간혹 격리시키기도 한다. 어떤 문제를 다른 것으로 치환하거나 어떤 것에 고착시키고, 어떤 다른 것을 억압하거나 아니면 반동형식을 조장한다. 투영함으로써 극복하거나 개인적인 적응양식으로는 동조·혁신·도피·반항·의례에의 탐닉 등을 선택적으로 기능하게 한다.

그리고 그러한 새로운 종교는 제도종교라는 대칭관계에서 서민들의 속

성을 지닌다. 또한 새 종교의 신념 체계나 의례 그리고 공동체적 조직은 제
각기 분화 및 단편화되어 있으며 점차 사적인 것이 된다. 새로운 종교도 그
초기 단계에서의 감동은 점차 사라진다. 떠오르는 사회의 필연적인 과정
속에서 새 종교의 활기찬 운동이 활성화되거나 아니면 소멸되고 혹은 제
도적 종교화의 길을 열어간다. 이른바 종교적 흥분과 감동의 단계가 지나
면 감동에 의하여 강화된 종교 의식은 형식화의 단계에 이른다. 그 후 그
단계는 다시 제도화의 단계에 이어진다.

초창기 도전의 기능은 유지의 기능으로 바뀌고, 카리스마적 영도력은
관료적 조직적인 영도력으로 바뀐다. 교조의 사적인 것, 종교적 신념의 체
계, 의례 그리고 집단 등은 하나의 목표 지향 아래서 체계화가 된다. 이때
우리는 새로운 종교의 모습이 아니라 이미 오래 있어 왔던 또 다른 기존 종
교의 유형과 유사한 것을 발견한다.[4]

---

4) 정진홍, 『한국 종교 문화의 전개』(집문당, 1986), pp. 273-277 참조.

II. 제 종교들의 영성

여기에서는 수 천 년 전부터 전승되어 내려오는 제 종교들, 예를 들면 힌두교, 불교, 유교, 도교, 그리스도교, 이슬람교의 영성을 다루려고 한다. 특히 각 종교 창시자의 생애와 깨달음을 살펴 보았다.

1. 힌두교(Hinduism)

현재 인도인(11억)의 80% 이상이 힌두교도이며, 그 외에 인도네시아, 싱가포르, 말레이시아, 북아메리카 등 인도인이 이주해 사는 곳에도 힌두교를 따르는 사람들이 있다.

과거 수천 년에 걸친 인도의 문화, 풍속, 관습, 철학, 사회질서, 생활방식 등 다양한 요소들이 합쳐져 힌두교를 구성하고 있기 때문에 인도는 힌두교의 실체라고 할 수 있다.

인도의 힌두교는 고대부터 전해 내려오는 브라만교(=바라문교 婆羅門教)[5]가 복잡한 민간신앙을 수용하여 발전한 종교다. 힌두교를 또한 범인도교(印度教)라고도 한다. 어원적인 측면에서 힌두(Hindū)는 산스크리트어 신두(Sindhu:大河)에서 나왔고, '하천(河川)'을 뜻하며 인더스강 유역을 가리킨다. 고대 인도인들은 갠지스 강의 물줄기가 높은 히말라야(Himalaya) 산맥에서 시작되는 것을 파악하고 하늘(천국)로부터 내려오는 것으로 생각했다. 그래서 그 강을 '거룩한 강' 또는 '신두 또는 힌디 대강(大江)'이라고 불렀다.

---

5) 브라만교는 인도에서 베다 신앙을 중심으로 발달한 종교, 희생을 중히 여기고 고행 결백 등을 주지로 삼음. 바라문교라고도 한다. 베다는 고대 인도의 브라만교 근본 경전으로서 지식이라는 뜻이다.

1) 힌두교의 개요와 형성과정

(1) 역사적 개요

힌두교는 인도의 토착신앙과 풍속, 브라만교6)가 융합한 인도의 민족종
교다. 힌두교가 장구한 세월에 걸쳐 형성된 종교임에도 불구하고 특정한
교조와 체계를 갖고 있지 않다는 것과 다양한 신화·성전(聖典)전설·의례·
제도·관습을 포함하고 있다는 것은 타종교와 비교해 볼 때 두드러지게 드
러난 점이라고 할 수 있다.

오늘날 많은 사람들은 인더스 강을 중심으로 발전된 인더스 문명을 약
BC 2500년경부터 시작되었다고 추정한다. 인도의 고유 민간신앙이 아닌
브라만교(Brahmanism)가 힌두교를 형성하는데 중요한 역할을 했다. 그 브
라만교는 고대 인도(印度)가 아리안족의 침입(BC 2000~BC 1500)이후
형성된 종교다.

브라만교는 기원전 15세기경 지금의 이란 지역에 살았으리라고 짐작되
는 아리안족의 종교였다. 아리안족이 인도 서북쪽을 침공해 들어와 아리
안 문명을 이루기 시작했다. 힌두교는 브라만교의 영향을 많이 받았다. 브
라만교가 인도 토착의 민간신앙과 융합하고, 불교 등의 영향을 받으면서
서기 300년경부터 종단의 형태를 정비하여 현대 인도인의 힌두교신앙 형
태를 이루는데 구심점이 되었다.

(2) 힌두교의 형성과정7)

① 제1기(BC2000-BC500) : 베다의 시대

---

6) 브라만교는 인도에서 불교에 앞서 베다신앙을 중심으로 발달한 종교다.
7) 최정만, 『비교종교학개론』(이래서원, 2003), pp.253-255 참조.

인도인들 중 지배 계급의 조상들이 페르시아로부터 들어와 인도의 독자적 문화를 형성할 때까지를 제1기로 볼 수 있다. 아리안계 인도인들이 드라비다계 인도인을 몰아내었으며, 중요한 사료로는 『리그 베다』(Rig Veda)[8]가 있다. 이 기간 중에 힌두교의 주요 교리가 확립 발전되었으며, 카스트 제도가 고착되었다. 신앙은 데바(deva)라는 수많은 자연신들에게 제사장이 드리는 것이 종교의 핵심이었고, 당시에 발전된 교리는 '업'(業, Karma) 사상이었다. 이 사상으로 인하여 종교의 주된 관심이 현세 지향적이 되었고, 이 시기에 우파니샤드[9] 경전이 쓰여지기 시작하였다.

② 제2기(BC500-BC250) : 반동과 부흥의 시대

제사장적 종교를 강하게 기부하여 불교가 일어나고, 베다의 권위와 카스트제도를 부정하여 자이나교가 일어났으며, 힌두교의 브라마, 비쉬누, 시바가 등장하였다. 힌두교에서는 삼신일체(三神一體)의 교리가 있는데 브라마 신은 창조의 신, 비쉬누 신은 섭리·운행·유지·보존의 신이고, 시바는 파괴의 신이다.

이 시대에 인도 철학이 왕성하게 일어났다. 보수적 경향을 띤 여러 가지 경서(經書, Sutra)가 편찬되고 우파니샤드경이 계속적으로 쓰여지고 있었으며, 힌두교의 여러 가지 종파가 일어났다.

③ 제3기(BC250-AD500) : 불교 부흥기

아쇼카대왕(阿育大王)이 불교를 신봉하고 널리 선전하여 처음에는 소승불교(小乘佛敎)가 흥왕하였다. 힌두교 신화를 서사시로 노래한 '푸라

---

8) 리그 베다(Veda) : 지식이란 뜻으로 고대 브라만교의 근본 경전, 인도 최고의 문헌.

9) 우파니샤드 : 고대 인도의 철학서, 우주의 본체인 브라만과 자아의 본체인 아트만이 궁극적으로 동일하다는 梵我一如의 사상이 그 중심을 이룸.

나’가 대중화되었고, 헌신과 예배를 체계화시킨 힌두교 교리학이 ‘크리슈
나’라는 신을 통해 성숙되었다. 궁정의 시인들이 노래부르고 시를 읽고 기
록한 ‘수트라’(Sutra)라는 경서(經書)가 쓰여지고, 왕과 귀족들에게 통치
술과 예절과 학문을 가르치며 이를 발전시켜서 기록한 서사문학이 후일에
힌두교의 경전인 ‘바가바드기타’가 되었다.

④ 제4기(AD500-AD1000) : 힌두교 부흥기

불교가 일어나고 부흥, 융성해지는 것이 힌두교의 개혁에 큰 자극제가
되었다. 브라만교의 원줄기에서 불교가 갈라져 나가고 남은 부분이 힌두
교라고 보는 것이다. 브라만교는 자체 정비와 개혁에 힘써 나감으로써 힌
두교로 전환했다. 이 시기에 이슬람교가 인도에 침투해 들어와서 힌두교
를 위협하였으나 크게 영향을 끼치지 못하고 힌두교와 이슬람교가 혼합한
혼합 종교(syncretism) 시크교가 등장하였다.

⑤ 힌두교 재건시대 (AD1000-AD1500)

이 기간 약 500년은 한마디로 외세의 강한 도전과 힌두교 내에 여러 가
지 종파가 일어나 자체 세력 확장에 힘쓰는 힌두교 재건의 시대다. 이 시기
에는 이미 이슬람 세력이 상당히 깊숙이 침투한 상태였다.

⑥ 다종교 공존시대 (AD1500-현대)

이 시기는 유럽에서 종교개혁이 일어나고 르네상스 운동이 활발히 전개
되며 신천지를 찾아 나서는 지리상의 발견이 힘있게 진행되고 있던 시기
였다. 오트만 터어키(Othman Turkey)족 이슬람이 1453년에 동로마 제국
을 멸망시키고 콘스탄티노플을 점령하여 동서의 교통로가 차단되면서 유
럽 세계에 매우 매력적인 환상의 세계인 동양으로 가는 길을 항로를 통해

서 찾고자 하는 노력이 진행되었다.

15세기 초 포르투칼의 항해 왕자 헨리(Henry the Navigator, 1394-1460)는 아프리카 서해안을 남하하여 새로운 항로를 찾는 탐험대를 조직하였다. 1486년에 디아즈(Diaz)는 아프리카 대륙 남단에 도착하여 그곳을 희망봉(Cape of Good Hope)이라고 하였다. 1498년에 바스코 다 가마(Vasco da Gama)는 희망봉을 돌아 인도까지 도착하는데 성공하였다. 그 후로 바스코 다 가마에게 발견된 신항로를 따라 유럽인들이 인도를 자유로이 왕래하였고, 유럽인의 종교인 그리스도교와 힌두교의 접촉이 많아졌다. 이제 인도에는 이슬람교를 비롯한 유럽의 그리스도교, 불교, 메소포타미아에서 들어온 다신교 등 다종교가 공존하는 종교의 다원화 현장이 되었다.

2) 힌두교 핵심사상
(1) 우주관

힌두교의 우주관은 한마디로 범아일여(梵我一如)다. 우파니샤드의 사상가와 종교가들은 우주의 본체가 브라흐만(梵)이라는 것을 발견했다.[10] 한편 영원한 생명을 깨달아 얻을 수 있는 것은 결국 자기의 본원(本源)을 규정함으로써 가능하며, 그러한 뜻에서 자기의 주체는 아트만(ātman)인

---

10) 기원전 9 - 7세기에 『우파니샤드』라는 문헌이 생겼다. 우파니샤드는 '학생이 스승 가까이에 경건히 앉음'이라는 뜻이며 "궁극적인 지혜에 관한 토론"을 의미한다. 즉 우파니샤드는 우주와 인생의 깊은 뜻을 찾아 스승과 제자가 서로 대화한 기록이라는 뜻이다. 우파니샤드에서의 구원을 얻는 최선의 길은 자연계 및 그 안에서 감각과 정신으로 겪는 체험을 깨버리고 나오는 것, 즉 '육신을 버리고, 영혼을 풀어주는 것'이다.
우파니샤드의 성자들은 자연계의 모든 현상과 존재들은 하나의 근원적인 실재로부터 나왔으므로 개별적인 존재의 참 본질은 궁극적으로 우주의 본질과 동일하다고 생각했다. 그리고 사색과 명상을 통해서 이러한 진리를 깨닫게 되면 삶을 고통스러운 것으로 만드는 지상적인 모든 욕망에서 자유로워지는 해탈의 상태에 이를 수 있다고 보았다.

것으로 파악될 수 있다. 아트만(我)은 원래 호흡(呼吸)을 뜻하는 말이었는데, 그 뜻이 변하여 생기(生氣) 또는 신체라는 뜻이 되었다. 그것은 다시 인간의 본질(本質), 그리고 자아(自我)가 되며, 때로는 영혼(靈魂)을 의미하기도 한다.

브라흐만이 만유의 본질이라면 아트만은 개인 존재의 본질이라고 볼 수도 있다. 그리고 이 브라흐만은 아트만과 결코 다른 것이 아니다. 그 두 가지는 싫든 좋든 간에 하나의 것이기 때문에 이들은 범아일여라는 개념으로 통일된다. 여기서 비로소 유한의 개체가 영원으로 이어지는 길이 열릴 수 있었던 것이다. 아트만이 곧 브라흐만(梵我一如)이라는 사실을 논리적 사고가 아닌 종교적 행법을 통해서 주체적으로 인식했을 때, 개인의 존재는 영원한 삶을 얻고 윤회의 순환에서 벗어나 자유로울 수 있는 것이다.

우주관에서 본 힌두교의 특징은 하나의 종교에서 다양성을 조화롭게 융화시켜 통일성을 이루고 있다는 것이다.

(2) 신관

힌두교는 바라문교의 다양한 신관(神觀)·신화를 수용하고 있기 때문에 다신교(多神敎)의 유형으로 보이지만, 신들의 배후에 유일한 최고자를 설정하고 그 신들을 최고신의 현현(顯現:權化)이라고 보았다. 그래서 힌두교는 다신이나 최종적으로 하나의 최고의 신으로 통일시키고 있는 점에서 일신교사상이기도 하다. 그 예로서 이미 잘 알려진 것이 『푸라나(Purāna)』문헌 등에 나타나는 트리무르티(trimurti: 三神一體; 브라흐마Brāhma, 비슈누 Visnu, 쉬바Siva)이다. 브라흐마는 우주창조의 신이요, 비슈누는 인간의 소망을 들어주고 사랑으로 다가가는 보존의 신 즉, 유지신(維持神)이며 쉬바는 새로운 창조를 위해 파괴할 수밖에 없는 파괴의 신이다. 이 신 중에 하나만이라도 믿고 헌신하면 해탈에 이를 수 있다고 한다. 트리무르티는 최고의 실재원리이자 삼신경배로 삼는다.

크게 부각된 삼신경배사상은 힌두교의 고전 이후 시대와 연관되어 있다. 『베다』[11]로 시작된 힌두교의 고전시대는『바가바드 기타』[12]와 함께 끝이 난다. 『베다』에 나타난 다신론 내지 단일신론적 종교,『부라마나스』에 나타난 제의적 종교,『우파니샤드』에 나타난 철학적 종교,『바가바드 기타』에 나타나 헌신적 종교 등이 고전 시대에 속한다. 이때 생겨난 중요한 종교현상은 첫째로 삼신(三神) 경배이고, 둘째는 철학적 학파형성이다.

(3) 인간관

힌두교의 인간관은 카스트(caste)제도[13] 즉, 바라문에 규정된 사성(四

---

11) 아리안족은 신에게 드리는 예배의식을 위해 여러 가지 노래를 지어 부르고 이를 모아『베다』라고 했다. 『베다』에는 네 가지가 있는데, 『리그 베다』(찬송의 베다), 『야주르 베다』(제문의 베다), 『싸마 베다』(예식의 베다), 『아타르바 베다』(주술의 베다)다. 『리그 베다』에서는 여러 신을 숭배하므로 다신론이랄 수 있지만, 그 신들 중 어느 한 신을 가장 중요한 주신으로 받들어 모시는 셈이다. 유일신론이 다른 신의 존재를 부정하고 오로지 한 신만을 경배하는 데 비해 단일신론은 다른 신의 존재를 부정하지 않은 채 한 신을 경배하는 점이 다르다.

12)『바가바드 기타』는 인도 종교사에서 가장 영향력이 큰 경전으로 기원전 2세기~기원후 3세기에 형성됐고 '신애(信愛)'가 종교 생활에서 가장 중요하다는 것을 강조하는 경전이다. '바가비드'는 주(主), '기다'는 노래라는 뜻이나. 본래는『마하바르타』라는 대서사시의 한 부분이었는데, 나중에 독립된 문헌으로 떨어져 나와 널리 읽히게 되었다. 수행의 모든 방법 중에서 헌신과 경배를 통한 신애의 방법이 많은 사람에게 최선의 방법이라고 강조한다. '바가바드 기타'에 나오는 크리쉬나는 "신애로서 나를 공경하는 사람들, 그들은 내 안에 있으며 나 또한 그들 안에 있다."(9:29) "태생이 천한 사람, 여자, 바이샤, 그리고 슈드라도 지고에 이르게 된다"(9:32)고 하였다.

13) 카스트제도는 기원 후 3세기경에 생긴『마누 법전』에 의거한다. 『마누 법전』은『리그 베다』에 근거하여 이 네 계급이 각각 신의 입, 팔, 넓적다리, 발에서 나왔다고 주장하고, 그러므로 모든 사람은 태어난 계급에 맞는 역할과 의무를 충실히 이행하고 거기에 따르는 법을 잘 지키는 것이 종교생활에서 가장 중요하다고 강조한다. 이는 힌두교인의 실제 종교생활에 가장 큰 영향을 준 문헌이다. 모두 12장으로 구성된 이 책에는 부모나 스승을 어떻게 받들까, 참회와 고백은 어떻게 할까, 어떻게 사는 것이 경건한 삶인가

姓: 브라만(Brahman; 사제)·크샤트리아(Kshatrya;무사)·바이샤(Vaisya; 농
민·상인 등의 서민), 피정복민(被征服民)으로 이루어진 수드라(Sudra:노
예)제도에 기인한다.

수드라를 제외한 세 카스트는 종교적으로 재생할 수 있다는 이유로 드
비자(再生族)라고도 한다. 네 카스트는 존귀한 자와 비천한 자라는 고저
(高低)의 서열을 나타내고 있어, 보다 높은 카스트에 속한 사람은 보다 낮
은 카스트에 속한 사람의 곁에만 가도 더럽혀진다고 할 정도로 본다. 낮은
카스트에 속한 사람은 부정시(不淨視)되었다. 각 카스트는 직업을 세습하
였으며, 카스트 상호간의 통혼(通婚)은 금지되었다.

또한 이 네 카스트 밑의 불가촉민(不可觸民: 하리잔 Harijan)을 아웃 카
스트라고 하는데, 일반적으로 카스트제(制)라고 할 때는 불가촉민도 포함
된다. 사람들은 누구나 이 카스트 중의 어느 하나에 자동적으로 귀속되게
마련이며, 대대로 이 카스트에서 벗어날 수 없는 것이 원칙으로 되어 있다.

카스트는 인도 사회 특유의 신분제도다. 카스트라는 말은 포르투갈어
카스타(casta, 가문과 혈통의 뜻)가 인도-유럽계(系) 언어로 전환된 것이다.
이는 인도의 바르나(varna) 즉 '색(色)', 더 나아가서는 피부의 색을 나타내
는 말에 해당한다. 카스트 집단을 인도에서는'출생을 같이 하는 자의 집
단'을 의미하는 쟈티(Jati)라고 한다.

역사의 흐름에 따라 다양한 직종이 발생되면서 현대의 카스트 제도에는
종족·직업·종교적인 제조건 등이 복잡하게 얽혀 있다. 인도인의 종교생활
과 사회생활은 밀접한 관계를 가지고 있다.

인도인은 엄격한 카스트제도에 한계를 느끼고 있지만 그 제도에 대해서
는 관용적이고 포용적이다. 인도인은 힌두교의 자긍심을 가지고 있고 다
시 힌두교인으로 태어난다고 믿는다.

등의 문제를 구체적으로 가르쳐주는 교훈이 가득하다.

(4) 수행관

힌두인은 4성(계급)제도와 인생의 4주기(學生·家住·林住·遊行期)가 중심으로서, 자기가 소속하는 카스트에 따를 의무의 수행이 강조되었다. 최고신에 대한 바크티(信愛)와 그 은총은 능력·성별·직업·계급 여하에 관계없이 일반 민중의 구제를 위하여 가르쳐진다. 그리고 삶의 네 가지 목적도 욕망, 재산, 의무, 해탈이라는 점에서 확연하다. 재산을 모으는 것과 인생의 즐거움은 추구해야 할 정당한 목표로 인정한 것은 아르타(artha)14)로서 주목된다. 심지어 『카마 수트라』라는 문헌까지 일러주며 성적 쾌락을 포함하여 삶의 즐거움을 극대화하는 방법까지 소상하게 가르쳐준다. 그러나 부와 즐거움이 인생에서 전부가 아니고 결국 사회에서 우리에게 주어진 의무를 다하는 것, 그리고 궁극적으로는 해탈을 얻는 것을 최종 목표로 삼는다.

힌두사회에서 상류 세 계급에 해당하는 사람은 평생 동안 아래와 같은 삶의 네 단계를 지나간다고 가르친다.

인생의 4주기는 베다 시대를 거쳐 굽타 왕조시대부터(4세기 이후) 현세의 삶 속에서 인간이 지켜야 할 올바른 의무적 행위를 규정하는 생활단계의 제도가 체계화되기 시작했다.

① 범행기(梵行期, 學生期)

인생의 제1기인 범행기는 범행자(梵行者)의 생활로 가르침을 받는 수업단계이며, 학생기라고도 한다. 이때에는 아동기(8세에서 12세)를 벗어

---

14) 아르타는 인간의 소유 본능에 바탕을 둔 권력 및 재물, 재산의 향유 그리고 이득을 뜻한다. 세속적이고 일상적인 욕구와 희망을 충족 달성시키기 위한 수단의 획득을 의미한다. 이는 인생에서의 부의 추구가 인간의 정당한 행위임을 주장한 것이다.

나는 성인 입문식을 마치고 출가하여 스승의 지도 아래 베다 등의 학문을 배우며 금욕적인 생활을 한다. 범행기는 우선 그의 카스트를 나타내는 표시인 성스러운 흰 줄(끈)을 수여받아 어깨에 두르는 성인 입문식에서부터 시작된다. 이 의식을 통해 제 2의 정신적인 탄생을 체험하게 되는 것이다. 입문식을 함으로써 진정한 수행 생활이 시작되는 것이며, 이 의식을 마친 다음에 스승의 집에 머물면서 법의 강요서나 법전에 규정된 대로 지적 수련을 쌓는다. 그리고 베다와 카스트의 의무뿐만 아니라 각종 의례 등에 대해 배우게 된다.

스승의 집에 머무는 기간이 일정하게 정해진 것은 아니다. 대체로 20세 전후까지 머무르게 된다. 그 동안의 식생활은 스승에게 의존하는 것이 아니라, 집집마다 돌아다니며 탁발을 해서 스스로 해결해야만 한다.

② 가주기(家住期)

인생의 제2기인 가주기는 '재가자'(在家者)의 단계로서 결혼하여 자식을 기르는 등 사회에서 주어진 임무를 성실히 수행한다. 학습기간이 끝나고 스승을 떠나 다시 가정으로 돌아와 결혼하고 가업에 열중하면서 가장으로서의 의무를 이행하는 것이다. 이 재가자의 단계에서는 정통적인 종교 규범과 갖가지 의식을 최대한 성심껏 준수하고 이행해야 한다. 인도인들에게 있어서는 결혼도 종교적, 사회적인 의무에 바탕을 두고 있다.

이 시기의 의무는 결혼하여 자식을 낳아 조상의 은혜에 보답하며, 배운 것을 전승함으로써 스승에게 보답하는 것이다. '마누법전'에 의하면 결혼한 남자에게 주어진 의무는 신, 브라만, 조상, 인간, 귀신에게 제사를 성대히 지내는 것이다.

③ 임주기(林住期, 隱遁期)

인생의 제3기인 임주기는 수행생활이 중심이 되는 은둔하는 단계다. 이 때에는 자식이 다 자라고 가장으로서, 사회에서 할 일이 끝났다고 보고 재가자의 삶을 마치고 숲이나 산에 들어가 명상도 하고 신에게 제사를 지내며 산다. 숲 속의 은거자로서 명상과 금욕생활을 하기 때문에 가정이나 사회적 관계를 버리고 청정한 종교생활을 하는 시기다.

④ 유행기(遊行期, 苦行期)

인생의 마지막 단계로서 제4기인 유행기는 탁발 성인이 되는 시기이다. 숲 속에서 수행이 끝난 뒤 본격적인 '출가 수행자'로서 완전히 속세를 떠나 걸식(乞食)을 하며 고행과 명상에 전념하는 시기이다. 이때에는 오로지 해탈의 세계만을 추구한다. 이 인생의 마지막 단계에서는 지혜를 통해 이룰 수 있는 최종적 목적에 도달하고자 한다. 즉, 깊은 명상 중에 절대자와의 초월적 합일을 추구하는 것이다. 그러한 인생 4주기는 카스트 제도와 오랫동안 인도의 사회생활과 가정생활의 기준이 되어 왔다.

이 단계가 상류 세 계급에게만 허용되는 것은 슈드라나 천민은『베다』를 읽거나 읽는 것을 들어도 안 되기 때문이다. 상류 세 계급에 속하는 사람도 실제로는 대부분 이런 저런 이유로 셋째와 넷째 단계를 이 생(生)에서는 이루지 못하고 다음 생으로 미루는 형편이다.

(5) 구원관

힌두교는 욕망과 재산, 의무, 해탈을 인생의 네 가지 목적으로 하고 있다. 그리하여 무지(無智)의 상태에서 벗어나는 것을 구원이라 한다. 하지만 이러한 구원(관)은 하루 아침에 이루어지지 않으며 여러 번 환생을 되풀이 하다가 마침내 구원의 상태에 이른다. 우선 욕망을 이루되 그것이 궁극적인 것이 아님을 알아야 한다. 그리고 부귀영화를 누리되 역시 최종목표가 아님을 알고 종교적 의무를 위해 포기할 수 있어야 한다. 결국에는 마지막 목표인 구원(해탈)을 얻도록 노력해야 하며 그 구체적 방법을 요가로 보았다.

① 윤회(輪回, samsara)와 해탈(解脫)

현세는 과거 행위의 결과이며, 미래는 현세의 행위로 정해진다고 하는 업 사상과 표리 일체가 되어 윤회전생설(輪回轉生說)이 발달하였다. 육체는 죽어도 영혼은 불멸한다고 생각한 인도인은 이 세상에서 공덕을 쌓으면 다음 세상에 다시 태어나서 복락을 누릴 수 있다고 생각하였다. 그러나 그 재생도 영구한 것이 아니라 다시금 죽을 수도 있다고 하여, 해탈하지 못한 사람은 생사의 유전(流轉)을 되풀이 한다고 하였다. 이와 같은 윤회는 인간뿐만 아니라 동물, 식물 일체의 것과 여러 신들 조차도 예외가 아니다.

㉮ 윤회

윤회는 바로 이 참 지식을 깨닫지 못하고, 밖으로 나타난 현상을 진정한 실재라고 착각하는 무지로 인해 쌓게 되는 업에 의해 이루어진다. 그러므로 윤회로부터 해탈할 수 있는 유일한 길은 명상과 수행을 통해 실재에 대한 올바른 지식을 깨달음으로써 윤회의 근거가 되는 업(業; karma)을 없애는 것이라고 가르친다.

업은 인과(因果)의 연쇄관계에 놓여지는 것이며 행위는 그 자체로서 단독적으로 존재하지는 않는다. 현재의 행위는 그 이전의 행위의 결과로서 생기는 것이며, 그것은 또한 미래의 행위에 대한 원인으로서 작용한다. 거기에는 과거, 현재, 미래와 같이 잠재적으로 지속하는 일종의 초월적인 힘이 감득(感得)되어 있으며, 흔히 시간, 천명(天命), 천성(天性) 등의 말로도 표현된다. 그러므로 업은 어떤 사람도 피할 수가 없으며, 그림자가 형체에 따라다니듯이 업은 서 있는 자의 곁에 서 있고, 가는 자의 뒤를 따라가며 행위하는 자에게 작용을 미친다고 말한다. 이러한 인과관계에 입각한 행위론은 당연히 선업선과(善業善果), 악업악과(惡業惡果)와 같은 윤리적인 인과의 법칙을 낳게 하였다.

이후 업의 법칙은 점점 더 엄격하게 발전하여 인간의 모든 행위 히니히나가 운명을 결정하는 작용을 하게 된다고 설명되었다. 행위 하나하나가 각자 반드시 어떤 결과를 낳게 마련이며, 그 결과는 좋은 것이든 나쁜 것이든 끝까지 따라오게 된다. 결국 업의 법칙은 마치 자연법칙과도 같아서 어김없이 정확하다고 생각되며, 다음과 같은 이야기가 있다.

"심판관도 없고 재판도 없다. 처벌도 없고 참회나 보상도 없다. 신이 죄를 사하여 준다든가 하는 것도 없다. … 영원한 우주 자체의 냉엄한 인과율만이 있을 뿐이다."

㉯ 해탈

인도인들은 변화와 쇠퇴, 생성과 소멸을 거듭하는 이 세상과는 전혀 다른 영역이 있고, 힘껏 노력하기만 한다면 해탈하여 그곳에 들어갈 수도 있다고 생각하였다. 그들은 이 세상만이 유일한 존재 영역이 아니고 끝없는 괴로움이 인간의 피할 수 없는 운명도 아니며, 아무 희망도 없이 생성, 변화, 해체, 소멸하는 이 세상과는 다른 어떤 실재의 영역 즉, 진정한 존재와 진정한 자유의 영역인 '해탈(열반)'이 있다는 신념을 가짐으로써 비관론에서 벗어날 수 있었다.

인도의 윤회사상으로 본다면 사후의 세계는 영원한 종착점이 아니라 무한한 유전(流轉)의 한 과정에 지나지 않으므로 거기에서는 절대적인 안락을 찾을 수가 없다. 궁극적인 안락을 얻기 위해서는 생생유전(生生流轉)의 굴레에서 벗어나 윤회로부터 자유롭게 해방되어야만 한다. 이 윤회의 속박에서 풀려나 번뇌를 벗어나는 경지에 도달하는 것을 해탈이라고 한다.

② 구원의 길

㉮ 구원의 갈망

힌두교의 중요한 사상은 구원에 대한 욕망과 구도(求道)의 모색이다. 한 마디로 힌두교는 구원과 관련된 깊은 신비적 체험을 추구하는 종교다. 따라서 힌두교의 성자(聖者)는 거룩한 체험의 극치에 도달한 사람을 가리킨다.

덕을 닦고 열심히 믿는 사람은 성자의 일원이 되어 영생을 누린다고 한다. 극락은 '영원한 빛의 나라'로 묘사되고, 성자는 빛나는 옷을 입고 있으며 가장 평화스럽고 안락한 장소에 사는데, 그 곳은 어떠한 결점이나 부족한 것이 없이 모든 희망이 채워지는 곳이라고 한다.

㉯ 구원의 세 가지 길

윤회의 삶, 혹은 삼사라(samsara)의 삶은 이상적인 삶이 아니다. 언제나 변하고 안정이 없기 때문이다. 끝도 없이 이런 윤회의 삶을 계속하는 것은 결국 비극이다. 따라서 삶의 궁극의 목표는 이 비극적 윤회의 고리에서 벗어나는 것이 해탈이다.

궁극의 목표를 이루는 길에는 보통 세 가지가 있다. 첫째는 행업(行業)의 길, 둘째는 신애의 길, 셋째는 인식(또는 지혜)의 길이다. 이 세 가지 길이 가진 공통점이 모두 '자기'를 잊는 것이라는 사실은 주목할 만하다.

㉠ 행업(行業)의 길

행업의 길이란 계율이나 도덕규범을 잘 지키고 이웃에 선행을 많이 하여 구원의 길에 이르려는 것이다. 사람은 각자 자기가 맡은 책임을 완수해야 마땅하다. 그것은 신이 세상을 보존하기 위하여 계속 행동하고 있듯이, 사람도 각자의 책임을 다함으로써 신을 존재에 있어서 뿐만 아니라 행동 면에 있어서도 본받게 되기 때문이다.

신이 우주 안에서 행동한다고 해서 우주에 빠지거나 혹은 우주로부터 어떤 손상을 받지 않듯이, 사람도 비록 좋은 일을 하더라도 그 행동의 결과에 집착하거나 빠져서는 안 된다. 그것은 행동 자체가 구원을 가져다주는 것이 아니고, 다만 만사에서 완전히 탈피하고 초연해 질 때 사람이 구제되기 때문이다.

힌두교의 가르침에 의하면 죄는 사람과 신들의 돈독한 우정을 파괴하기 때문에 나쁘며, 그래서 신들에게 사죄를 구하며 기도드린다.

죄에 대한 진정한 뜻과 기도의 확립은 후기 힌두교에 와서 분명히 나타난다.

㉡ 인식(認識)의 길

인식(또는 지혜)의 길이란 궁극적인 실재를 직접 꿰뚫어 보는 통찰과 직관 그리고 예지 능을 통해 구원에 이르려는 것이다. 무지무명(無智無明)이 모든 문제의 근원이므로 이를 없애야 해방된다고 본다. 이 길은 가장 짧은 지름길이기는 하지만 가장 가파른 길이기에 오로지 몇몇 상근기(上根器)의 사람들에게만 해당되는 것으로 보기도 한다. 『우파니샤드』에 의하면 세상사에 집착하지 않고 초연해지기 위해서는 바른 지식을 가져야 하고, 또 구원의 지식은 3가지 명상을 통해 얻게 된다고 한다. 첫째는 선생의 도움을 받아 우파니샤드를 공부해야 한다. 둘째는 반성인데, 배운 진리를 다시 생각하며 음미해야 한다. 셋째는 자기 자신 안에 그 진리를 실현하는 것인데, 다양한 사물 속에 숨어 있는 보편성을 하나로 묶어 파악하는 것이다.

ⓒ 신애(信愛)의 길

신애의 길이란 어느 신을 마음과 정성과 뜻을 다해 사랑하고 받드는 일이다. 세 가지 길 중에서 가장 많은 사람이 택하는 길이기도 하다. 신을 부모, 주인, 연인, 친구, 심지어 갓난아기로 여기며 경배하고, 그 신의 이름을 열심히 불러 더욱 깊이 사랑하려는 것이다. 그래서 신애는 신을 믿고 사랑하며, 신에게 완전 복종하는 종교적 감정이다.

『바가바드기타』는 신애의 길이란 세상사에서 완전히 초월하여 신에게 모든 것을 바치고 사는 것이라고 가르친다. 박티(Bhakti)는 관여(關與)의 뜻이며, 신에 인간이 결합됨을 말한다. 즉, 신에 대한 열렬한 절대귀의의 감정과 신애다. 이 신애로써 최고신에게 순수무사하게 귀의한다면 그 은총에 의하여 해탈할 수 있다는 것이다.

3) 근대의 힌두교

근세에 힌두교는 이슬람교 및 그리스도교와 접촉하여 여러 가지 영향을 받아 브라마 사마즈(1828년 창립), 아리아 사마즈(1875년 창립) 등의 종교개혁운동이 일어났다. 특히 비베카난다(1863~1902)에 의한 라마크리슈나 교단(1897년 창립)은 모든 종교가 하나로 귀일(歸一)한다고 하여 보편주의적 종교관을 보여주고 있으며, 세계적으로 많은 신자를 가지고 있다.

현대 힌두교 개혁자로서 가장 잘 알려진 사람은 역시 간디(1869~1948년)였다. 그는 힌두교뿐 아니라 자이나교, 이슬람교, 조로아스터교 그리고 특히 예수의 산상수훈에 영향을 받았고, 톨스토이, 소로, 퀘이커교 등에 대해서도 잘 알았다. 이런 다양한 종교적 전통에서 얻은 지혜와 이상에 따라 사회를 개혁하고 인도 독립을 이루려고 노력했는데, 이를 위해 그가 채택한 가장 유명한 원칙은 아힘사('비폭력' 생명을 경외하고 살리는)와 사탸그라(진리파지眞理把持; 참된 현실을 진정으로 꿰뚫어 봄)였다.

간디의 사상이 많은 사람에게 영향을 끼쳤는데, 예를 들면 1960년대 미국 인권 운동을 지도한 마틴 루터 킹 목사와 미얀마 민주화에 앞장 선 여성 지도자로서 1991년 노벨 평화상을 받은 아웅산 수치 여사다.

힌두교 대부분의 사람들이 비슈누와 시바를 숭배한다. 학파형성에 있어서 비슈누계파는 학문적 성격이 강하며, 비교적 사회의 상층부에 속한다. 비슈누는 인간과 동물의 모습을 가지고 지상에 출현하는 것으로 신앙화되고 있다. 비슈누의 10권화(權化) 중의 라마와 크리슈나는 2대 서사시의 영웅이며, 이에 따라 비슈누파는 라마파와 크리슈나파로 나뉘었다.

비슈누파에 비하여 시바파는 사회 하층부에 세력이 있으며, 수행자의 고행, 주술, 열광적인 제의(祭儀)가 특색이다. 또한 인도에서는 옛부터 신비(神妃) 숭배가 성하여 브라마에게는 시라스바티(辯才天), 비슈누에게는 라크슈미(吉祥天)가 배우(배필) 여신으로 간주되며, 시바신의 배우 여신으로는 두르가·파르바티·우마·칼리 등 많은 이명(異名)이 있다. 이 여신들을 샤크티(여성적 창조력)라고 하며, 샤크티를 숭배하는 샤크티파도 있다.

힌두교의 사상은 체험보다 대부분의 사람들이 서적을 통해 알게 된다. 따라서 그 사상을 철학적으로 정립하는데 기여한 학파들이 있다.

고전 후기 시대에 나타난 종교 현상은 신을 숭배하는 것만이 아니라 철학적으로나 영적으로 깊이 천착함으로써 목샤(moksa, 해탈)에 이를 수 있다고 한다. 이런 생각을 가진 사람들이 형성한 종교 내지 철학 학파는 쌍키야 학파와 요가학파, 베단타학파 등이 있다.

특히 요가학파는 정신과 물질을 구분하는 실제적인 방법이 요가라고 하는 학파다. 요가는 기원전 2세기경에 살았던 파탄잘 리가 『요가경』15)이라는 문헌에 정형화해 놓은 '라자 요가'(Raja Yoga, 王 요가)를 말한다. 사람들은 라자 요가를 또한 아쉬탕가 요가(Ashtanga Yoga)라고도 한다. '요가'라는 말은 소를 쉽게 몰기 위해 소에게 씌우는 '멍에'를 의미하는 영어 단어 yoke와 같은 어근에서 나왔다. 『요가경』에 "요가는 마음의 움직임을 중지시키는 것"이라고 했다. 요가는 근본적으로 마음을 다스리는 방법이나, 마음을 다스리기 위해 물론 몸도 다스린다.

---

15) 라자 요가의 8단계.
1. 하지 말아야 할 것을 하지 않는다. 모든 살아 있는 것에게 해를 주지 않는다. 말과 생각에 거짓됨이 없다. 주어지지 않은 것은 취하지 않는다. 정욕과 성욕을 억제한다. 욕심이 생길 수 있는 불필요한 선물은 받지 않는다.
2. 하여야 할 것을 한다. 정결하게 한다. 만족한다. 용기를 갖는다. 경전을 읽는다. 신을 경배한다.
3. 자세를 바르게 한다. 가장 좋은 자세는 가부좌하는 것이다.
4. 숨을 고른다. 스승의 가르침에 따라 호흡 조절을 배운다.
5. 감각을 외부 자극으로부터 거두어들인다. 외부 자극에 주의를 빼앗기지 않는 상태가 된다.
6. 마음을 한 곳에 모은다. 마음을 코끝이나 불꽃이나 작은 신상(神像)같은 물체에 고정시킨다.
7. 명상: 6번을 더욱 오래 연장시킨다.
8. 삼매: 드디어 주체와 객체를 구별하는 이분법적 의식이 없어지고, 영원한 정신이 물질에 오염되지 않은 채"순수의식으로 그 순수한 본성 속에서 빛나게 된다."

2. 불교

불교사상의 원천적인 기반은 힌두교에 있다. 불교가 힌두교의 카스트제도를 부인한 것과 독특한 수행법이 힌두교와의 차별성이 있다. 불교는 믿음보다는 실천을 통해 우주적인 깨달음을 가르치는 종교다. 불교는 마음을 채찍질하는 교훈으로써 인과(因果)를 알고 선악을 다스리며 인격을 닦아 지혜와 도덕적 윤리적 이상을 실현하여 불국토를 이루고자 한다.

존새 세세의 삼라만상은 모두 인과로 나타난 현상이며 무상하다. 인과는 자연의 현상으로서 끝없는 신진대사의 연속을 이루어 가고 있다는 것이다. 인과를 파악하는 지혜가 석가모니의 일대기라고 볼 수 있다. 그는 끝없는 윤회를 단멸하고 원수를 은인으로 교화하여 지옥을 극락으로 바꾸며 무명을 지혜로 일깨워 주는 성인이 되었다.

석가모니는 인과의 법으로 본래부터 갖추고 있는 불성을 다스려서 깨달음과 사람을 교화하는 성인이 되고(成佛), 지상불국토(地上佛國土)를 건설하는 길을 열어 놓았다.

1) 고타마(Gautama:瞿曇) 싯다르타(Siddhārtha:悉達多)의 생애와 사상

(1) 싯다르타의 탄생과 출가

고타마 싯다르타(BC 563?~BC 483?)는 고대 인도 샤카족의 왕이었던 아버지 숫도다나(淨飯王)와 콜리야족의 공주였던 어머니 마야(摩耶)와의 사이에서, 히말라야 산맥 아래에 위치한 카필라성 근처의 마을인 룸비니에서 탄생하였다. 그는 29세에 출가하여 35세에 성도(成道)하였고 45년간 포교활동을 하다가 80세에 입적(入寂)한 불교의 개조(開祖)다.

대각(大覺)을 이룬 싯다르타를 붓다(Buddha:佛陀)라고 한다. 그를 석가모니(釋迦牟尼)라 함은 석가족(族) 출신의 성자라는 뜻이다. 그리고 석가(Śākya)는 민족의 명칭이고 모니(muni)는 성자라는 의미이며, 사찰이나 신도 사이에서는 진리의 체현자(體現者)라는 의미의 여래(如來:Tathāgata), 존칭으로서의 세존(世尊:Bhagavat), 석존(釋尊) 등으로도 호칭된다.

① 탄생의 신비와 선인의 예언

결혼 한지 20년이 지나도록 아들이 없던 마야 부인은, 어느 봄날 새벽에 훌륭한 한 성인이 상아가 여섯 개 난 코끼리를 타고 하늘에서 내려와 자신의 오른쪽 겨드랑이로 들어오는 신비한 꿈을 꾸었다. 마야 부인은 충만한 기쁨과 환희와 온 몸에 생기가 도는 것을 느꼈다. 마야 부인이 꿈 이야기를 왕에게 전하니, 왕도 꿈에서 이미 환한 큰 빛을 보았고 유난히 화사하게 빛나는 부인의 얼굴에서 좋은 예감이 있었다고 말했다.

마야부인은 출산일이 다가오자 친정으로 가는 도중에 룸비니라는 동산에 이르니 갑자기 산기(産氣)를 느꼈다. 부인이 꽃이 만발한 무우수(無憂樹) 나무의 가지를 잡으려고 오른손을 드는 순간 아기를 낳았다.16) 이 아기가 탄생되던 그때, 세상은 눈부신 광명이 비쳤으며 고목에 꽃이 피었다고 한다. 왕은 모든 소원이 성취되었다는 뜻으로 아이에게 '싯다르타'라는 이름을 지어 주었다. 하지만 마야부인은 싯다르타를 출산한지 이레 만에 세상을 떠났다. 싯다르타는 아버지의 후실이 된 이모 마하파자파티의 손에서 양육되었다.

향취산에 안거하여 수도에 전념하던 아시타라는 선인(仙人)이 태자의 탄생을 알고 슛도다나 왕을 찾아와서 "대왕이시여, 태자가 출가하면 반드시 깨달음을 얻어 일체의 세속세계를 교화시킬 것입니다." 이 분은 "비할

---

16) 전해지는 바에 의하면, 아기는 태어나자마자 동쪽을 향해 일곱 발자국을 걸어가더니, "하늘 위와 땅 아래에 나만이 존귀하다(天上天下 唯我獨尊)"고 말했다.

바 없이 높으신 분입니다. 사람 중에 제일 높으신 분입니다.” “태자가 세속
의 삶을 살면 위대한 왕이 될 것입니다”라고 예언했다. 그는 32가지의 중
요한 성인의 징조와 80가지 부차적 관상을 말했다고 한다.

② 궁중생활에서 출가

숫도다나 왕은 오직 하나뿐인 왕자가 성장하여 출가하면 왕실의 혈통이
끊어질까봐 걱정했다. 그는 왕자의 교육과 성장을 면밀하게 배려하면서
궁전의 사방을 장엄하고 화려하게 치장하여 왕자의 눈을 기쁘게 하였고,
왕자가 일곱 살이 되자 승려 계급의 스승을 초빙하여 초등교육을 시켰다.
왕자는 매우 총명하여 때때로 스승을 놀라게 하였으며 태자의 총명함은
학문뿐만 아니라 예기, 천문, 수학, 사술(射術) 등 문무를 통달했다. 왕은
그를 카필라국의 태자로 책봉하였다.

어느 날 태자는 부왕에게 청하여 성 밖으로 외출을 하게 되었다. 태자는
가문의 많은 사람들을 이끌고 밖으로 나가, 봄마다 열리는 춘경제(春耕
祭)를 참관했다. 태자는 날아가던 까마귀가 한 마리 작은 벌레를 주둥이로
물고 달아나 버리는 광경을 보고 홀로 나무 밑 그늘진 곳에 앉아 명상에 잠
겨 있었다.

성 안에 있던 왕은 태자 일행의 환궁이 늦어지자 급히 사신을 보내 태자
의 소재를 탐색시켰다. 왕은 나무 밑에 앉아있는 태자를 발견하고 묻기를,
“왜 환궁하지 않고 나무 밑에 앉아 있느냐?” 태자는 “저는 살상을 목격하
고 마음 아프게 생각하여 잠시 사색하고 있습니다.”라고 답하였다. 왕은
태자의 출가 예언을 상기하면서 깊은 수심에 싸였다. 그는 서둘러 태자비
를 간택하여 태자와 결혼시켰다.

열아홉 살 된 태자는 대신 출신의 마가나마 마라의 딸 야쇼다라와 결혼
하였다. 야쇼다라 태자비는 단정한 용모와 예의범절을 갖춘 총명한 현재

였다. 신부 야쇼다는 태자비가 된 것을 만족하게 여기고 기쁨에 넘쳐 있었다. 젊고 총명한 태자와 재색을 겸비한 야쇼다라 비는 세상이 부러워하는 화려한 궁중 속의 부부가 되었다. 부왕의 속마음은 태자가 젊은 시절에 매우 환락적인 생활을 보내게끔 유도하여 태자가 출가하려는 마음을 없애려 한 것이었다.

그러나 태자는 세상의 즐거움이나 부부간의 애정 같은 것은 안중에도 없었다. 그는 해가 지고 고요해지면 언제나 깊은 사색에 빠져들게 되었다. 상냥한 야쇼다라는 태자의 마음을 돌려보려고 갖은 노력을 다 했으나 태자가 갖고 있는 어머니의 죽음으로부터 시작된 죽음에 대한 근원적인 괴로움은 어떻게 할 도리가 없었다.

공원에 만발한 꽃을 보고 싶은 마음에 태자는 궁 밖으로 나가고 싶어 부왕의 허락을 받고 성 동문을 나섰다. 태자는 백발의 노인이 등이 굽어 지팡이에 의지하고 겨우 걷고 있는 모습을 보고 늙음에 대하여 깊은 명상에 빠졌다. 그 후 태자가 두 번째로 남문을 통해 공원으로 나갔다. 태자가 이번에는 안색이 누렇고 숨결이 몹시 가쁘며 피골이 상접한 병자(病者)를 목격하고 깊은 사색에 들어가자 그날의 유람도 무산되었다.

세 번째 나들이에 나선 태자는 장송(葬送)의 행렬을 만났다. 도대체 죽음이란 무엇인가를 생각하게 되었고 인생의 무상함에 태자는 몸을 떨었다.

네 번째로 나들이에 나선 태자는 공원에 도착하였다. 그는 지나가던 승려와 대화를 나누다가 "이제야 알았다. 이 세상에서 수도자의 길만이 가장 뛰어난 것이다. 오늘부터 나는 오로지 수도자의 길로 매진할 것이다." 라고 말했다. 태자는 오랫동안 노병사고(老病死苦)로 밤낮 괴로워했으나 이제 해탈의 길이 하나임을 알았다. 그리하여 출가의 인연을 구하고자 했다.

이러한 모습을 본 왕은 태자의 출가는 이제 시간문제로 생각되었다. 태자는 삶의 의미에 대해 이렇게 말했다. "이 세계는 참으로 고난에 가득 차 있다.”

사람이 태어나서(生) “늙어(老)서 쇠약해지고, 병(病)들고 죽는다(死). 그런데도 이 늙음과 죽음의 고통에서부터 멀리 떠나 헤어날 줄을 모른다. 어떻게 하면 여기서 벗어날 수 있을까?” “도대체 무엇 때문에 늙음과 죽음이 있는 것일까?”

태자는 스물 아홉 살의 봄을 맞이했다. 그는 출가의 시기가 온 것이라 생각하고 부왕을 배알하였다.

“아버님, 은애(恩愛)의 만남에는 반드시 이별이 따르는 것입니다. 저도 언젠가 한번은 아버님과 이별해야 할 운명이므로 전부터 희망해 오던 출가를 이번 기회에 허락해 주시기 바랍니다.”

왕은 이런 때가 올 것으로 짐작하고 오랜 세월 동안 출가의 뜻을 바꾸기 위해 노력하고 마음 졸이는 생활을 해 왔는데 결국 그때가 왔다고 생각했으나 다시 한 번 간곡히 태자에게 부탁했다. 왕은 말했다.

“나도 점점 늙어가고 더욱이 너의 후사도 없이 출가하겠다는 것은 도저히 용납되지 않는다.”

왕은 눈물을 흘려가며 간곡히 출가를 포기하도록 종용했다. 태자는 할 수 없이 처소로 돌아 왔다. 왕은 태자의 처소로 가서 다시 한 번 간곡히 부탁했다.

“너의 자식이 태어난 후에 출가하여도 늦지 않으니 그때까지만 기다려다오. 마침 태자비의 출산이 얼마 남지 않았으니 네 자식을 보고나서 출가하도록 해라.”

부왕의 간곡한 말을 뿌리칠 수 없어 태자는 자식이 태어나는 날만을 기다리며 번민의 날을 보냈다. 어느 날 숲 속에서 명상에 잠겼다가 어두어진 후에 궁전으로 돌아오니 태자비가 아들을 낳아 온 궁중이 기쁨으로 들썩거렸다. 그러나 태자는 아들의 출생 소식을 듣고 “라후라”라고 외쳤다. 새로 태어난 아들이 자신의 출가 구도의 길에 장애가 된다는 탄식의 말이었다.

태자는 2월 7일 날 출가를 결행하고자 다짐하는 순간에 그 몸에서는 큰 광명이 발하였다. 그 빛은 사천왕궁(四天王宮 : 불법에 귀의한 사람들을 수호하는 네 신이 있는 곳)을 비롯하여 정거천(淨居天 : 성인이 나는 하늘) 까지 비추었다. 천인들은 이 광명에 의해 태자가 출가할 시기가 온 것을 알고 지체하지 않고 천상계에서 이 세상으로 하강하여 태자 앞에 나타나 무릎을 꿇었다.

"태자님, 과거 헤아릴 수 없는 긴 시간의 옛날부터 수행의 공을 쌓으신 희망이 지금 성숙할 때입니다. 저희들은 이것을 삼가 기쁘게 생각합니다."

천계는 그 자리에서 신통력을 발휘하여 성 안팎의 호위 군사나 관리들을 모두 혼수상태로 몰아넣었다. 태자는 마부 챤타카와 애마 칸타카를 타고 한 밤중에 성의 북문을 통해 궁중을 떠났다. 그리고 태자는 엄숙히 맹서했다.

"나는 생로병사 우비고뇌를 단절하지 않는 한 다시는 이 궁전으로 돌아오지 않을 것이다"

(2) 싯다르타의 성도과정

① 고행림(苦行林)에서의 생활과 빈비사라왕과의 만남

고행림은 중인도 마갈타국 부다가야의 남쪽 2마일 되는 곳이며 싯다르타가 성도(成道)하기 전에 6년간 고행하던 숲이라고 한다. 고행림에서 싯달타는 바가바 수도자가 있는 곳으로 갔다.

바가바 수도자는 싯다르타의 모습을 보고 저분은 이 세상 사람이 아닌 천계의 신의 모습으로 여기고 경건한 태도로 정중히 맞이하였다. 수년간 수도자의 암자에서 수도한 수도자들도 싯다르타의 위엄과 광채에 위압되어 그를 상좌에 모시고 머리를 조아렸다. 싯다르타는 그곳에서 놀라움을 금할 수가 없었다.

풀로 엮은 옷을 입은 자, 나무껍질을 걸치고 있는 자들은 초목 열매를 먹거나, 하루 한 끼, 이틀에 한 끼, 또는 사흘에 한 끼를 먹고 있었다. 싯다르타가 수도자들에게 "이러한 수행 방법을 왜 하느냐"고 물었다. 바가바 수도자는 "우리들의 고행은 다시 하늘에 태어나기 위한 것입니다." 싯다르타는 저렇게까지 해서 얻어지는 것은 결국 고(苦) 밖에 없지 않는기. 이 것은 진정한 해탈의 길이 아니라고 생각했다.

싯다르타는 출가한 첫 밤을 이 수도인들과 함께 지내면서 뜬 눈으로 밤을 지새우고 날이 밝자 작별의 인사를 나누었다. 그때 수도자 중에 관상을 잘 보는 자가 태자의 상을 자세히 보고 수도자들에게 속삭였다. "이 인자(仁者)는 모든 모습을 갖추고 계시다. 반드시 가까운 미래에 무상(無上)의 지혜를 얻어 천상계와 인간계의 스승으로 받들어 질 것이다."

수도자들은 "우리와 인자는 수도의 방향이 서로 다른 듯 합니다. 떠나시려거든 북쪽으로 가십시오. 그곳에는 카라마와 웃다 카라마 푸트라라는 두 수도자가 있습니다." 그리하여 싯다르타는 북쪽을 향해 홀로 구도의 길을 떠났다.

싯다르타는 북쪽으로 가는 도중에 탁발(托鉢)하러 갠지스강을 건너 왕사성으로 들어갔다. 사방이 산으로 둘러싸인 왕사성은 당시 인도 최대의 나라였던 마가다국의 수도였다. 사람들은 허름한 옷을 입은 한 젊은이가 길 위의 벌레 한 마리라도 밟혀 죽을까봐 조심스럽게 걷고 있는 모습을 보고 경애의 마음을 일으켰다. 그들은 이 진귀한 나그네의 방문을 입에서 입으로 전하였다. 이 소식은 성주 빔비사라왕의 귀에도 들어갔다.

대왕 빔비사라는 시신(侍臣)을 데리고 출가자들이 거처하는 '판다나산'을 찾아 가서 태자와 대화를 나누었다.

“당신은 아직 젊고, 이제부터 왕위를 계승하실 분인데 어째서 출가를 하셨소? 만일 자신의 뜻을 펼 수 없는 까닭이라면, 내가 어떤 편의라도 보아 드리겠소이다. 다시 한번 속세로 돌아가 보시지요? 이 나라의 절반이 필요하다고 하신다면 절반을 드리겠고, 또 전체를 필요로 하신다면 전체라도 맡겨 드리겠소이다.”

이에 싯다르타는 “제가 구하는 것은 세간의 것이 아닙니다. 생(生)·노(老)·사(死)를 초월한 출세간(出世間)의 것입니다”라고 대답하였다. 그러자 싯달타 태자의 굳은 뜻을 이해한 빔비사라왕은 해탈한 후 자기를 가르쳐 달라고 부탁하고 떠났다.

② 수도자와의 문답

싯다르타는 서둘러 아라라 카라마 수도자가 수행하는 곳으로 갔다. 수도자는 싯다르타에게 “이곳에서 구도 정진하셔서 하루라도 빨리 생과 사의 차안(此岸)에서 열반의 피안(彼岸)으로 이르시기를 기원합니다.”

싯다르타는 “선인이시여, 부디 저를 위하여 생로병사의 괴로움을 단절할 수 있는 방법을 가르쳐 주십시오. 나는 그것을 듣기 위하여 멀리 이곳까지 찾아 왔습니다.”

싯다르타는 아라라 카라마 선인과의 문답을 마치고 이어서 웃다카 라마푸트라 선인의 암자를 찾아 그 선인과 여러 가지 토론을 하였다. 그러나 이 선인도 비상비비상처를 획득하는 것뿐이라고 생각되어 싯다르타는 이 두 선인이 있는 숲을 떠나 가야산의 고행림으로 갔다.

(3) 6년간의 고행

① 우유공양을 받기까지

싯다르타는 네란자라강 기슭에 조용히 앉아 모든 중생들의 성질과 기능을 사유하였다. 그는 중생을 제도하자는 염원을 갖고 수도생활에 용맹스럽게 정진했다. 싯다르타는 참된 길을 구하기 위하여 하루 한 끼 외에는 먹지 않았다. 그러나 그것도 원하는 자가 있다면 자기의 한 끼 양식마지도 내어 주었다.

차차 세월이 거듭됨에 따라 싯다르타는 7일에 한 번씩만 식사를 하였다. 궁중에서 태자의 안위를 탐문하러 온 사자의 눈에 비친 싯다르타는 차마 바로 볼 수 없을 정도로 얼굴은 초췌하고 살은 빠져 피골이 상접하며 푸른 정맥은 모두 드러나 있었다. 그럼에도 불구하고 저들에게는 태자의 몸에서 밝은 빛이 비치는 것을 보았다. 부왕은 많은 식량을 보냈으나 모두 되돌려 보냈다.

세월의 흐름은 누구도 막을 수 없으니 태자의 고행은 거듭되었다. 그러나 해탈의 길은 그 방향조차 뚜렷하지 않았다. 어느 날 싯다르타는 혼자 한숨을 쉬며 고민하였다. 나는 하루에 쌀 한 숟가락과 깨 한 숟가락을 먹거나, 그것도 여의치 않으면 굶으면서 신체는 매우 쇠약해지고 심신을 혹사한지도 6년이 된다. 그러나 아직도 해탈의 길을 발견할 수가 없다. 혹시 고행 그 자체가 해탈의 길이 아닌 것은 아닐까?

그는 해탈의 길이 이렇게 어려운 길이라면 중생들은 육체의 굶주림이 열반의 길로 오해할 것이다. 금식은 그만두고 음식을 섭취한 후 다시 정진하여 열반의 도에 도달하자고 생각했다.

기진맥진한 싯다르타는 수행 자리에서 일어나 네란자라강의 맑은 물에 몸을 깨끗이 씻고 간신히 강물에서 나왔다. 그때에 수자타라는 한 여인이 그곳을 지나가면서 싯다르타를 발견했다. 그 여인은 우유 죽을 싯다르타에게 주었다. 그는 그녀의 공양을 받아먹었다.

이 광경을 본 교진여 등 다섯 사람은 매우 놀랐다. 그는 필시 구도의 희망을 버리고 파계하여 6년의 고행이 실패한 것으로 알고 크게 실망하여 그를 버리고 떠났다. 하지만 싯다르타는 보리수 아래로 가서 조용히 앉아 하나의 성도(成道)의 목적을 세우고 그 목적을 기필코 달성할 것을 서약하고 구도에 정진하였다.

"올바른 깨달음(正道)을 성취하지 못한다면 다시는 이 자리에서 일어나지 않으리라"

② 마왕의 유혹

천계의 선신은 싯다르타의 수도정진을 모두 기뻐했지만 식욕, 음욕, 물욕 등이 강한 욕계(欲界)의 가장 높은 제육천(第六天)에 살고 있는 마왕 파피만(波旬)의 궁전만은 두려움으로 동요가 일고 있었다. 싯다르타의 발원(기도)이 마왕을 번뇌케 한 것이다. 그는 싯다르타가 곧 정각(正覺)을 성취할 것이며 그 도가 성취되면 살아있는 모든 중생을 제도하여 자신의 세력을 능가하게 될 것으로 내다보았다. 그러므로 그는 싯다르타가 성도(成道)를 하지 못하도록 방해하지 않으면 안 된다고 다짐했다.

그리고 마왕 파피만은 손에 큰 활과 다섯 개의 화살을 들고서 많은 부하들을 데리고 싯다르타가 수행하고 있는 보리수나무 밑으로 갔다. 마왕은 큰 목소리로 외쳤다.

"왕족의 싯다르타여, 당신은 여위고 쇠하여 곧 죽게 될 것이다. 목숨이 있은 연후에야 좋은 일도 할 수 있을 것이 아닌가? 목숨이 아깝거든 빨리 그 자리에서 일어나라. 믿을 수 없는 성도의 꿈을 접고 부왕의 뒤를 이어 성왕의 자리에 앉을 준비나 하는 것이 어떠냐? 왕위에 앉아 선행을 쌓아 천상계의 즐거움을 구하는 편이 안전할뿐더러 고행보다 훨씬 나을 것이다." "굳이 내 요구를 거역하고 서원을 지키려 한다면 어쩔 수 없이 내 화살을 받아야 할 것이다. 내 화살 소리는 모든 고행 선인들에게 공포감을 주고 정신을 혼미하게 하여 본성을 잃게 할 것이다. 당신은 도저히 이 독화살을 당해낼 수 없을 것이다. 그럴 능력이 없다면 일신의 안위를 위하여 빨리 그 자리에서 일어나는 것이 좋을 것이다."

그러나 싯다르타는 전혀 놀라는 기색이 없이 빙그레 미소를 짓고 있었다. 화가 난 마왕은 무서운 힘으로 화살을 당겼다. 그러나 그 화살은 싯다르타의 몸에서 튕겨 땅에 떨어지면서 연꽃이 되었다.

끝까지 모든 것을 지켜 본 마왕의 세 딸은 싯다르타의 뒤쪽에서부터 울면서 다가갔다.

"싯다르타님, 당신의 인자하심과 지덕은 가히 천상과 인간의 두 세계가 함께 경모하고 있습니다. 그래서 우리들은 무엇인가 싯다르타님께 도움이 되었으면 좋겠다고 생각하고 있었습니다. 그런데 천계에서 우리에게 명하시어 싯다르타님에게 시중을 들어드리라는 말씀이 있었습니다. 아무쪼록 우리들을 곁에 두시고 무슨 일이든지 시켜 주시기를 바랍니다."

꽃도 질투할 만큼 아름다운 세 천녀가 교태를 부리며 접근해 오는 유혹은 그야말로 싯다르타를 홀릴 만큼 요염한 자태였다. 그러나 싯다르타는 조금도 안색을 변하지 않고 말했다.

"그대들의 형체는 아름답기는 하나, 마음은 정반대로 사악하고 추하다. 음탕한 욕망으로 남을 유혹하는 자는 죽은 뒤에 반드시 지옥, 아귀, 축생 중의 한 곳으로 떨어지는 것이다. 그대들의 불결한 마음, 탁한 정신은 지금 당장 버리는 것이 좋다. 나는 이 이상 그대들에게 바랄 것도 없고 그대들과 할 이야기도 없다."

싯다르타의 말이 끝나는 순간, 꽃같이 아름다웠던 세 천녀는 홀연히 노파로 변하였다. 마왕은 자기 딸들이 시도한 음모가 실패한 것을 의아하게 생각하고, 이번에는 좀 더 겸손한 방법으로 접근하였다.

"싯다르타여, 당신이 만약 인간계의 향락에 불만을 품고 있다면 천상계로 올라가는 것도 좋지 않겠습니까? 그러면 나는 제육천의 왕위를 버리고 당신에게 주겠습니다." 싯다르타가 말했다. "마왕이여, 제육천의 왕위는 원래 한계가 있는 것이다. 더 이상의 악업을 쌓지 말라."

마왕은 여기서 포기할 수 없다. 부하 군대를 동원하여 무력으로 협박할 수밖에 없다고 생각하였다. 마왕은 마력을 부려 순식간에 수많은 군대가 칼과 창 등을 들고 몰려 왔다. 뿐만 아니라 멧돼지, 당나귀, 사자, 곰 등 동물들도 기형적인 모습으로 싯다르타 주위를 에워 쌓다. 또 바람과 불, 연기, 먼지가 천지를 뒤덮었다. 사방이 어두워지고 바다의 물이 한꺼번에 솟아올랐다.

이때 선한 천인들은 마왕군의 행동에 분노하여 안타까워했다. 멀리서 이 광경을 보고 있던 정거천(淨居天)의 성인들은 악마의 번뇌를 가엽게 여기고 대자비심을 일으켜 지상으로 내려와 마왕군 앞을 가로 막았다. 천지를 진동하는 마왕군의 악성도 싯다르타에게 어떠한 두려움을 줄 수 없었고, 그저 사슴의 무리 속에 있는 것처럼 보였다.

초연한 싯다르타의 태도에 마왕군은 더욱 초조해졌다. 단숨에 그의 결심을 포기하도록 최후의 공격을 가했다. 그러나 싯다르타는 대자비심을 가진 존엄한 묘법(妙法), 곧 선인의 신통력으로 날아오는 칼과 창을 멈추게 하고 번개 같은 불꽃은 오색의 꽃으로 화하게 하였다. 마왕군은 어떠한 술수로도 싯다르타의 털 하나 건드릴 수 없었다. 그때 하늘에 있는 부다라는 선인이 큰 소리로 외쳤다.

"나는 오늘에야 싯다르타의 의지가 태연한 것과 마음에 원한의 생각이 추호도 없음을 알았다. 아무리 마왕군이 포악한 행위를 자행하고 있으나 부질없는 짓 일뿐 아무 것도 얻을 수가 없을 것이다." "그대는 지금 독해의 마음을 버리고 기꺼이 공경하는 마음으로 싯다르타의 옹호자가 되어 봉사할 마음이 없는가. 감히 그대를 위하여 호의로써 충고하노라."

마왕은 하늘로부터의 충고를 듣고 또한 모든 박해에도 굴하지 않는 싯다르타의 태도가 너무 태연함으로 그는 마음 깊이 참회하며 천궁으로 돌아갔다. 싯다르타의 마음은 더욱 깨끗해져 깊은 물속처럼 고요해졌다.

(4) 성도(成道)

싯다르타의 성도는 12월 8일 새벽, 악마의 항복이라고 하는 어려운 고비를 넘기면서 이루어졌다. 그때 태자의 나이 35세였다. 성도는 깨달음을 얻었다는 인도 말로서 '보디'(bodhi)다. 이는 한국어로 보리(菩提)라는 뜻이다. 그리고 보리수라는 말은 깨달음을 얻은 나무라는 뜻이다.

① 육도(六道)[17]

살아있는 모든 중생에게는 구제자가 없으므로 오래도록 육도(六道)에 윤회하며 생사의 바다에서 벗어날(解脫) 수가 없는 것이다. 그날 그날의 행동거지는 모두가 거짓이며, 진실한 것은 아무 것도 없고, 더욱이 그 속에서 괴로워하지 말아야 할 것을 괴로워하며, 즐거워하지 말아야 할 것을 즐거워한다. 모든 것이 뒤바뀐 것이다. 망견(妄見)이다. 어찌 이것을 그대로 둘 수 있을 것인가?

싯다르타가 탐구하는 진리, 그것은 즉시 중생 구제의 위력을 가지는 것이다. 보살의 도를 깨달음은 단지 중생 교화를 위한 것이므로 싯다르타의

---

17) 육도: 중생이 선악의 업인에 따라 윤회하는 여섯 세계, 즉 지옥도, 아귀도, 축생도, 아수라(阿修羅, asura)도, 인간도, 천상도이며 이를 또한 六界라고도 한다.

사유는 오로지 중생에 있는 것이다. 그날 밤 구도중인 싯다르타는 천안(天眼)을 얻었다. 천안의 힘은 세상을 투시하여 그르치는 일이 없다. 싯다르타의 천안 속에 비쳐지는 중생은 참으로 무량(無量)하였다. 지옥계에서 행위의 선악은 고락의 과보를 가져오는 것이며 악업으로 보답된 지옥의 중생의 고통을 보았기 때문이다.

싯다르타는 이러한 비참한 광경을 상세히 통찰하고 다시금 깊은 탄식에 빠지지 않을 수 없었다. 이들 중생은 악업을 저지르며 덧없는 세상의 환락을 즐기다가 지금 이와 같은 극고(極苦)의 과보를 겪고 있는 것이다. 만약에 세상 사람들이 이와 같은 참혹한 과보를 자기 눈으로 똑똑히 볼 수 있다면, 감히 불순한 생각이나 행동은 되풀이하지 않을 것이다.

지옥계를 관찰한 후, 싯다르타의 천안은 축생계로 향했다. 이곳은 지옥과 달리 중생의 형태는 천차만별의 추악한 모습을 드러내고 있었다.

축생계(畜生界)를 관찰한 후, 싯다르타의 천안은 아귀계(餓鬼界)로 향했다. 아귀계는 지옥과 축생의 세계와는 달리 늘 암흑세계로, 아직 한 번도 해나 달의 빛을 본 일이 없었다. 따라서 자기들과 같은 종류의 벗들이 어떤 모습을 하고 있는지 모르는 것은 당연했다.

싯다르타는 이 고뇌의 갖가지 모습을 관찰하고 다시금 대자비심을 일으켰다. 이 아귀계의 중생은 과거의 무자비한 탐욕으로 재산을 함부로 모아 보시(布施 : 자비심으로 남에게 조건 없이 베푸는 것)를 하지 않았기 때문에 죄보를 얻은 것이다. 만약 세상 사람들이 한 번이라도 이 아귀계의 고통을 본다면 아낌과 탐욕을 버리고 보시를 하게 될 것이다. 만일 보시할 재산이 없다면 자신의 살을 베어서라도 보시를 하게 될 것이다.

아귀계의 관찰을 마치자 싯다르타의 천안은 인간계로 향했다. 그때 마침, 한 인간이 어머니의 태중에 배태되는 순간이 눈에 비쳤다. 부모가 화합하여 애착의 마음으로 서로 접촉하여 이윽고 배태가 끝나면 태아는 부정

(不淨)한 곳에 살면서 지옥과 같은 괴로움을 맛보게 된다.

싯다르타는 이 가엾은 인간계에 대해서도 크나큰 자비심을 일으켰다. 살아있는 모든 중생은 다들 이와 같이 근심이 있다. 그럼에도 불구하고 그 근심 속에서도 오욕(汚辱)에 빠져 괴로움을 즐거움으로 받아들임으로써 거꾸로 된 근본을 단절할 수 없는 것이다.

인간계의 관찰이 끝나자 싯다르타의 천안은 천상계로 향했다. 여러 천자들을 바라보자니 그야말로 그들의 몸은 맑고 깨끗하여 마치 유리(칠보의 하나)처럼 보였고, 몸에서는 대 광명을 내고 두 눈은 깜박이지 않았으며, 지옥이나 인간세계와는 달리 매우 깨끗한 별천지였다. 그들 중에 어떤 자는 수미산(세계의 중앙에 솟아 있는 산)의 중턱에 살았고, 어떤 자는 수미산의 사방에 살았고, 어떤 자는 하늘 한복판에 살았는데 마음은 언제나 기쁨에 가득 차 있어 눈앞에 전개되는 세계는 바로 열락(悅樂) 그 자체였다.

또한 이 세계에선 음식이나 의복이나 생활용품이 마음먹은 대로 눈앞에 나타나 아무런 걱정거리가 없는 세계이지만, 그래도 욕화(慾火) 때문에 불타는 운명을 벗어날 수는 없는 것이었다. 싯다르타는 이런 천계의 모양을 보고 다시금 대자비심을 일으켰다.

이리하여 싯다르타는 그 천안의 힘으로 지옥에서 천상까지 오도(五道 : 중생이 선악의 업보에 의하여 가는 다섯 세계, 天道, 人道, 畜生道, 餓鬼道 . 五趣)의 세계를 판찰하여 대자비심을 일으켰다.

그리고 싯다르타는 '삼계(三界 : 天界, 地界, 人界)를 두루 살펴보면서 중생이 사는 새 세계 곧, 욕계(欲界), 색계(色界), 무색계(無色界)의 어느 곳에도 변하지 않는 영원한 즐거움은 없다'는 것을 깨우쳤다. 이처럼 영적 세계를 통찰하고 있는 동안에 어느덧 시간은 자정이 넘었다.

야반(夜半)에 들어 싯다르타는 다시 영적세계의 탐구를 거듭하면서 어떠한 인연에 의해서 늙음과 죽음이 있는가를 관찰하였다. 그 결과 늙음과 죽음의 근본은 생겨남(生)에 있다. 그러므로 생(生)을 떠나면 거기는 늙음(老), 죽음(死)이 있지 아니하다. 또 이 생(生)이라는 것은 하늘에서 생기는 것도 아니고, 자연히 생기는 것도 아니며, 인(因)과 연(緣)의 화합을 기다려서 비로소 생기는 것이다. 그 인연에 욕(慾), 색(色), 무색(無色)인 세 종류의 업이 있다. 이 세 종류의 업은 유(有)라고 하는 것인데, 그 유가 바로 미래의 존재를 결정하는 생인(生因)인 것이다. 그리고 다시 근본으로 거슬러 올라가서 이 생인이 유래하는 바를 더듬어 보면 그것은 사랑하는 자에 대한 욕구, 즉 취(取)에서 오는 것이다. 또한 이 취하는 것(取)은 사랑(愛)에서 생기고, 사랑은 고락의 감수(感受), 즉 수(受)에서 생기며 그 수는 외계와의 접촉, 즉 촉(觸)에서 생기는 것이다.

또한 그 접촉은 육입(六入: 눈, 귀, 코, 혀, 몸)[18]을 말하며, 또 육근(六根)이 갖추어진 데에서 온다. 그 육근은 명색(名色)이라 하여 모태 내에서 심신의 생성작용에서 오고, 그 명색은 식(識)이라 하여 수태의 찰나에 의식의 각성에서 오는 것이다. 그 식(識)은 더불어 선악의 행위, 즉 행(行)에서 나오고, 그 행은 무명(無明 : 진리를 깨닫지 못하는 마음의 상태)이라는 근본적인 미망(迷妄 : 사리판단에 어두워서 갈피를 못 잡는 것)에서 나오는 것이다. 그래서 무명의 미망은 살아있는 중생의 근원인 것이다.

그러므로 무명을 멸(滅)하면 행(行)이 멸하고, 행이 멸하면 식(識)이 멸하고, 식이 멸하면 육입(六入)이 멸하고, 육입이 멸하면 촉(觸)이 멸하고, 촉이 멸하면 수(受)가 멸하고, 수가 멸하면 애(愛)가 멸하고, 애가 멸하면 취(取)가 멸하고, 취가 멸하면 유(有)가 멸하고, 유가 멸하면 생(生)이 멸하고, 생이 멸하면 노사(老死)가 멸하기 때문에 근심과 슬픔, 고뇌도 함께 멸진(滅盡)하는 것이다.

---

18) 육입은 여섯 가지 뜻을 낳게 한다고 하여 육식(六識)이라고 하며 그 뜻이 근원이 된다고 하여 또한 육근(六根)이라고 한다.

이와 같이 역순으로, 또는 순서대로 십이(十二)의 인연(因緣)을 관찰하다보니 새벽녘쯤에 무명의 근본 미망을 타파하고 새벽 하늘의 샛별이 빛날 때, 맑고 깨끗하고 초인적인 천안으로써 모든 생존자가 죽고 태어나는 것을 통찰하고 무상각(無上覺)에 도달하였다. 이것이 싯다르타의 성도(成道)인 것이다. 이리하여 싯다르타 태자는 오래 전부터의 소망을 이루고 비로소 여래(如來 : 진리에 도달한 사람), 즉 불타(佛陀 : 깨달은 자 : 부처)가 되었다.

이때 대지는 열여덟 가지로 진동하여 하늘에 떠 있는 안개, 휘날리는 먼지도 모두 정화되고 천고(天鼓)는 자연히 아름다운 소리를 울리며, 향기로운 바람이 서서히 불으니 맑고 시원한 기운이 나타나고, 형형색색의 상서로운 구름에서는 감로의 향기로운 비가 내리며, 원림의 온갖 꽃들은 그 자태를 다투어 때 아닌 자연의 아름다움을 드러냈다. 다투어 만다라화(불법의 모든 덕을 나타낸 그림), 하얀 연꽃, 천화, 금과 은, 유리초 등의 꽃을 비롯하여 칠보의 연꽃이 내렸는데 그 범위는 보리수를 중심으로 사방 36유순(由旬, 40리)에까지 미쳤다고 한다.

그리고 천계는 여러 가지의 기악을 울리며, 꽃을 흩날리고 향을 피워 노래를 부르면서 기쁘게 찬탄하고, 또한 하늘의 보개(寶蓋)를 받치고 당번(幢幡 : 의식 때 쓰는 깃발)을 잡고, 불타를 공양하였다. 단순히 천계뿐만 아니라 용왕에 이르기까지 공양을 바쳤다. 이때 살아있는 모든 중생은 모두 자비의 마음이 가득차서 조금도 남을 해치는 마음이 없이 크게 기뻐하며 마치 성자의 천지를 보듯 했다. 그 마음은 유연하므로 교만한 마음도 없고 또한 무자비함과 질투나 공포의 감정은 조금도 없었다.

태자의 출가 이래, 음으로 양으로 옹호해 오던 정거천(淨居天 : 색계의 4禪天, 성인이 나는 하늘)의 기쁨과 환희는 절정에 달하였다. 이리하여 인간과 하늘도 환희 속에서 시간이 흐르는 것도 잊고 있었다. 다만 마왕만이 어찌할 수 없는 절망에 잠겨 있었다.

② 12인연 통찰과 삼계의 반응

오랫동안의 고행 끝에 깨달음을 얻은 석가세존은 성도 후 7일간 보리수를 바라보면서 이렇게 생각하였다.

'나는 이 보리수 밑에서 일체의 번뇌를 다하여 범천(梵天; 맑고 깨끗한 새 하늘)의 염원을 성취하였다. 그러나 내가 얻은 요법(要法)은 매우 심오한 것이므로 이것을 알아차리는 중생은 세상에 드물 것이다. 부처의 깨우침은 오로지 부처만이 알 수 있는 것이다. 지금 굳이 중생의 악을 제압하고 멀리하는 설법을 한다고 하더라도 그들은 부질없이 미망(迷妄)하여 그 설법을 제대로 들을 수 없을 뿐만 아니라, 오히려 비방하여 끝내는 삼악도(三惡道 : 지옥, 아귀, 축생)에 떨어져서 무거운 고뇌를 겪을 수밖에는 없을 것이다. 그러한 위험을 감수하면서 설법을 한다는 것은 무익한 일이다. 나는 차라리 이대로 무언(無言)의 행을 계속하다 열반에 들어가야겠다.'

하지만 세존은 먼 옛날부터 중생을 위하여 법(진리)을 구하고 도(道)를 위하여 나라와 처자, 골육까지도 다 버리는 모든 고뇌를 겪었다. 그 오랫동안의 고행 끝에 비로소 무상의 깨달음을 얻었는데도 어째서 설법을 하지 않는 것일까. 세존의 침묵에 대해서 대범천왕(인간세계의 천왕)은 하나의 의문을 가졌다. 대범천왕은 그 자리에서 천궁을 떠나 부처님의 발에 예배하고 세존의 둘레를 일천 번을 돌며 그 앞에 무릎을 꿇고 말하였다.

"세존이시여, 세존은 아득한 옛날부터 중생을 위하여 길을 구하고, 때로는 신명(身命)까지도 보시하면서 모든 고뇌를 겪으시며 지금 비로소 무상도를 완성하였습니다. 그런데 막상 바른 깨달음을 성취하고도 설법을 하시지 않는 까닭은 무엇입니까?

대범천왕이나 제석천 등이 계속해서 설법을 간청하자, 세존께서는 다음과 같이 말씀하셨다.

"그대들의 소청이 아니더라도 내 스스로 모든 중생들을 위하여 설법하고 싶다. 단지 무상의 도법은 매우 미묘하기 때문에 이것을 터득하는 것은 어려운 일이다. 설사 설법을 한다고 하더라도 믿지 못하는 중생들이 도리어 비방하는 마음을 일으키면 그것이 원인이 되어 가엾게도 더욱 혼란만 가중시켜 지옥에 떨어질지도 모르는 것이다. 그러므로 하는 수 없이 침묵을 지키고 있는 것이다. 대범천왕들은 네 번을 더 청하여 기다린 끝에 민 7일 동안 깊은 침묵을 지키고 있던 세존에게서 겨우 침묵의 이유를 들을 수 있었다."19)

(5) 석가세존의 깨달음 중의 각(覺)

싯다르타가 선정을 통해 깨달은 것은 네 단계의 선(四禪)과 '세 가지 앎' 을 얻었다고 한다. 훗날 싯다르타가 깨우친 장소를 '보드가야'라고 불렀다.

① 사선(四禪)

"나는 참으로 확고한 마음을 가지고 노력 정진을 했다. 염(念)하는 것이 확립되어 있어서 누실(漏失)이 없고, 육신은 가볍고 흥분함이 없었으며 마음이 통일되어 있었다.

첫 번째 단계의 선정에서는 깊이 생각하고 검토하면서 상쾌하고 즐거운 감정이 생겨나며 마음이 한 곳으로 모이는 것을 경험했다. 둘째 단계에서는 마음이 흔들림 없이 고요하면서 한없이 고양되는 느낌이었다. 셋째 단계에서는 즐겁고 마음이 한 곳에 모이면서 그 위에 마음의 평정과 마음을

---

19) 불교설화편찬회, 『부처님의 일생』(서울: 우리출판사, 불기2538년), pp.137-148 참조.

다함과 밝은 통찰이 찾아왔다. 그리고 넷째 단계에서는 즐거움이 사라지고 오직 셋째 단계에서의 마지막 세 가지 요소가 그대로 남았다.

석가가 "마음이 한 곳에 모이고 깨끗하며 티 없이 자유롭게 된 상태"로 초저녁에 이르렀을 때 첫째 앎인 이른바 숙명통(宿命通)을 얻었다. 숙명통은 전생을 보는 것, 그리고 그 전생의 앞 생(전전생)을 보는 것, 그러다가 점점 많은 생을 보면서 윤회된 전생들을 완전히 다 보게 되는 것을 의미한다. 세존은 '영원한 현재'라는 무시간성을 체험한 것이다.

② 삼명지(三明知)

청정한 제4선을 성취한 후 "나는(석가세존) 그 하나 하나의 상(相) 및 상세한 상황과 더불어 허다한 과거의 생애를 상기하였다. 이것이 내가 초경(初更)에 접어든 밤에 도달한 제1의 명지(明知)다. 여기에 무명(無明)이 사라지고 명지가 생긴 것이다. 암흑은 소멸하고 광명이 생겼다.

그와 같이 마음이 통일되고, 청정하고 맑으며 더러움 없고, 부드럽고 슬기로우며, 굳건하여 움직이지 않게 되었을 때, 모든 사람의 사생(死生)을 아는 데로 내 마음을 돌렸다. 나는 청정하고 초인적인 천안(天眼)을 가지고 모든 중생이 죽고 또 태어나는 것을 보았다. 즉 비천한 자와 고귀한 자, 아름다운 자와 추한 자, 행복한 자와 불행한 자로서 모든 중생이 각자의 업에 따르고 있는 것을 보았다.……. 이것이 내가 중경(中更)에 들어선 밤에 도달한 제2의 명지다."

점차 밤이 깊어지자 두 번째 앎이 이르렀는데, 이것을 천안통(天眼通)이라고 한다. 완전히 깨끗해진 '하늘의 눈'을 가지고 모든 중생의 죽음과 새로 태어남과 그 원리를 알게 된 것이다. 즉, 카르마라고 불리는 업(業)과 인과율의 원칙을 깨달은 것이다.[20] 싯다르타는 중생이 끝없이 윤회하는

---

20) 불교의 업(Karma)설은 불교적 사유의 뿌리가 되며 모든 불법의 기초로 작용한다. 여기

것을 보면서 자비심이 더욱 깊어졌다.

천안통을 깨우친 후에 싯다르타는 제3경(更)에 이른 깊은 밤중에 제3의 명지를 얻었다. 그 제3의 명지를 알고 삼명지의 더러움을 멸하는 지혜가 누진통(漏盡通)이라고 한다. 그는 누진통을 통해 모든 중생으로부터 흘러내리는 쾌락과 욕망, 무지와 사념의 누(漏) 즉, 번뇌를 어떻게 해야 멸할 수 있는지를 밝게 알게 된 것이다.

"이 일체는 고통이라는 것을 여실히 알았다. 내가 그렇게 알고 그렇게 보았을 때, 마음은 더러움에서 해탈되고 마음은 생존의 더러움에서 해탈되며, 마음은 무명의 더러움에서 해탈되었다. 안전하게 해탈되어 버렸을 때, '해탈했다'는 지혜가 생겼다. '생은 다 되었다. 청정행이 완성되었다. 해야 할 일이 이미 다 되었다. 이제는 그러한 생존의 상태에 달하는 일이 없다'고 알게 되었다. 브라흐만아, 이것이 제3경에 다다른 밤중에 도달된 제3의 명지다. 여기에서 무명(無明)은 사라지고, 명지(明知)가 생긴 것이다. 암흑은 소멸되고 광명이 생긴 것이다."

서 업은 불교에서 말하는 심신의 활동과 일상생활이다. 즉, 중생이 몸과 입과 뜻으로 짓는 선악의 소행을 말하며, 혹은 전생의 소행으로 말미암아 현세에 받는 응보(應報)를 가리킨다. 산스크리트 카르마의 의역으로, 음역하여 갈마(褐磨)라고도 한다. 일반적으로 신업(身業)·구업(口業)·의업(意業)으로 나누고 이를 삼업이라 한다. 신업은 신체적 행동으로 나타나고, 구업은 언어적 표현으로 나타나며, 의업은 정신적 활동으로 나타난다. 업 (業)은 본래 행위라는 의미였는데, 후에 불교에 채용되어 선악의 행위가 보이지 않는 힘을 일으켜 그 과보(果報)를 갖게 할 때의 그 힘의 뜻으로 사용되었다. 인간의 일체의 활동을 신체에 따른 행위, 언어에 따른 행위, 마음에 따른 행위 등의 세 가지로 분류하고 이를 업의 설과 관련지어 설명한 것이다. 즉 어떤 일을 하려는 의지가 의업, 그것이 신체적 행동으로 나타나는 것이 신업, 언어표현으로 나타나는 것이 구업이다. 이렇게 볼 때, 의업은 심리적 요소만으로 이루어진 것이고, 신업과 구업은 동기와 결의 등의 심리적 요소와 말을 하고 몸을 움직이는 등의 육체적 요소가 결합되어 있는 것이다. 그러므로 의업을 특히 중요하게 여겨 전통적으로 모든 행위의 본질을 사(思)라고 하였다.

③ 연기(緣起)

석가는 자수용법락(自受用法樂 : 스스로 닦아 얻은 공덕과 불법의 기쁨을 수용하는)의 7일째 되던 날 초저녁에 이 세상 만물의 실존적인 상황을 관찰하시고 연기(緣起)의 이법(理法)을 생각하였다. 사람을 포함한 이 세상 만물은 하나도 남김없이 서로 얽히고 서로 연관되어진 상황에 놓여 있다. 그와 같은 인과관계를 한역 경전에서는 연기법(緣起法)이라고 한다.

연기법은 중생들이 이 세상에 태어났다가 죽어가는 도중에 여러 가지로 갈피를 잃고 고통 속에서 헤매는 인과관계를 의미할 수도 있으며, 반면에 인간들이 그러한 혼미에서 어떻게 벗어나 고통 없는 행복한 경지를 누릴 수 있는가 하는 인과관계를 의미할 수도 있다. 전자를 순관(順觀), 후자를 역관(逆觀)이라고 한다.

순관을 증관(增觀), 역관을 멸관(滅觀)이라고도 한다. 증(增)한다는 것은 복잡 다단화(多段化)함을 말하고, 멸(滅)한다는 것은 단일순화(單一純化)함을 말하는 것이다. 다소 후대의 경전들은 연기를 12가지 현상의 인과관계로 설명하는 경우가 많다. 그것을 십이연기(十二緣起)라고 하는데, 그런 설명 방법은 아마 시대가 조금 지난 뒤 학자들에 의해 체계화된 이론인 것 같다.

또 연기란 모든 것의 있는 그대로의 모습이기도 한 것으로, 우주 만상에 공통되는 움직일 수 없는 이법(理法) 그 자체이기도 한 것이다. 인간이 고통 속에 태어났다가 불행하게 죽어가는 그 알 수 없는 수수께끼를 부처님이 풀 수 있었던 열쇠가 바로 이 연기의 이법인 것이다.

부처님은 이와 같은 영적세계의 관찰을 밤새도록 하였다고 한다. 이것을 통하여 부처님의 사유의 내용을 엿볼 수 있다. 그것은 실로 미혹(迷惑)과 오염(汚染)의 역사에 대한 설명(즉, 순관)이자, 또 각오(覺悟)와 순정(純淨)의 역사에 대한 설명(즉, 역관)이다. 다시 말하면 현상세계가 생겨나는 원인 규명이다, 그리고 깨달은 안목에 의해서 본 제 현상의 여여(如如)한 모습의 관조(觀照)다. '여여(如如)한 모습'이란 영원한 모습, 그냥 그대로 그러하기 만한 모습을 말하는 것이다.

이것은 당시 인도에서 지배적인 종교였던 힌두교 교도들 사이에서 진행되던 교육방법과 비교해 보면 파격적인 것이었다. 당시 그들은 가르침을 받을 대상을 좁게 제한하고, 자기 아들이라든가, 혹은 그 밖의 재간이 있는 몇 사람들에게만 카스트제도에 따라 진리를 전수하고 있었던 것이다. 그런데 부처님은 이런 당시의 제도적 습관을 완전히 깨뜨리고 모든 사람들에게 깨달음으로 가는 진리를 가르쳤다.

그러한 석가는 일찍이 교제가 있었던 사람들을 상기하고 먼저 그들에게 자기가 깨달은 내용을 전하고자, 자신이 수행할 때 돌보아 주던 다섯 사람의 수행자를 찾아 바라나시의 녹야원으로 갔다.

(6) 초전법륜(初轉法輪)

부처님은 성도 후 바라나시에서 다섯 사람에게 최초로 조직적인 설법을 하였는데 이것을 초전법륜(初轉法輪) 또는 최초설법(最初說法)이라고 한다. 초전법륜은 '처음으로 법륜을 굴린다'는 뜻이며, 법륜은 '진리의 수레바퀴'라는 뜻이다. 여기에는 부처님의 가르침의 중요한 부분이 포함되어 있다. 다섯 사람은 부처님의 가르침을 받고 '이미 다시 태어나는 일은 없다'라고 깨닫고 진리의 눈(眼)을 생(生)하고, 불생(不生)하는 무상(無上)의 조용하고 편안한 니르바나(열반)에 이르렀다. 이 다섯 사람은 '안냐 콘다냐', '밧파', '바디야', '마하나마', '앗사지'이다. 그리고 여기서 부처님을 중심으로 하는 여섯 사람으로 구성된 최초의 교단이 탄생했다. 3명 또는 2명의 수행자가 탁발하여 얻어 온 음식물은 모두 6명이 공동 분배하여 먹었다.

① 팔정도(八正道) : 중도(中道)
석가가 초전법륜(初轉法輪)에서 가르친 것은 일반적인 세상 사람들의 향락적인 생활과 수행자들의 단식고행을 넘어서는 중도(中道)의 길을 제시했다.

"비구들아, 출가자로서 피해야 할 두 가지 치우친 길이 있다. 그것은 야비한 욕심에 탐닉하는 어리석고 이익이 없는 향락생활과, 또 헛되이 몸을 괴롭히며 학대하는 어리석은 고행생활이다. 이 두 가지 치우친 생활을 떠나서 마음의 눈을 열고, 지혜를 증진시켜 적정(寂靜)과 성지(聖智), 정각(正覺)과 열반(涅槃)으로 이끄는 중도(中道)가 있다.
중도는 고통을 소멸하는 참된 진리인 8가지 덕목이며 8덕목을 수행에 있어서 여덟 가지의 바른 길(八正道)이라고 한다. 즉, 정견(正見:올바로 보는 것), 정사(正思:正思惟:올바로 생각하는 것), 정어(正語:올바로 말하는 것), 정업(正業:올바로 행동하는 것), 정명(正命:올바로 목숨을 유지하는 것), 정근(正勤:正精進:올바로 부지런히 노력하는 것), 정념(正念:올바로 기억하고 생각하는 것), 정정(正定:올바로 마음을 안정하는 것)이다."

② 사성제(四聖諦)와 삼학(三學)
부처님은 초전법륜에서 사제(四諦, 四聖諦라고도 함)를 가르쳤다. '제(諦)'의 원어는 사티아(satya)로서 진리라는 뜻이다. 고(苦), 집(集), 멸(滅), 도(道)라는 네 가지 거룩한 진리(四聖諦)를 깨달으라는 가르침이다.
고제(苦諦)는 괴로움의 진리다. 삶이 그대로 괴로움이라는 진리를 터득하라는 것이다. '고'에 해당하는 산스크리트어인 두카(duhkha)는 기름을 둘러 부드럽게 돌아가야 할 바퀴에 모래가 들어가 삐걱거린다는 뜻이다.

나고, 늙고, 병들고, 죽는 일이 괴로움이요, 싫어하는 사람이나 사물을 대해야 하는 괴로움, 사랑하는 사람이나 사물과 헤어지는 괴로움, 원하는 것을 얻지 못하는 괴로움, 존재 자체의 괴로움 등을 말한다. 이른바 사고(四苦)와 팔고(八苦)다. 이러한 괴로움은 육체나 정신의 차원뿐만 아니라 인간이 인간이기 때문에 피할 수 없는 불완전함, 제한됨, 모자람 같은 '인간의 조건' 자체를 염두에 둔 말이다. 이러한 인간의 조건이나 고통에 대한 자각은 죽음에 이르는 병이나 비관적 우울증에 빠지는 것이 아니라 새로운 삶의 출발점이다.

집제(集諦)는 괴로움이 어떻게 '일어나는가?'에 대한 진리이다. 이 세상은 고통 속에 있으며 그 고통에는 원인이 있다. 괴로움이 생기는 것은 '목마름' 때문이며, 목마름이란 집착, 정욕, 애욕, 욕심, 욕정으로 열거된다. 결국 괴로움의 원인은 탐욕과 진에(瞋恚; 시기, 질투, 분노) 및 우치(愚癡; 어리석음)로 종합되는 무명(無明)이라는 진리다. 이 둘은 연기의 이론으로 말하면 순관으로서 유전연기(流轉緣起)라고도 부른다.

그 다음은 멸제(滅諦)인데 괴로움은 '없앨 수 있다'는 진리다. 바로 이것이 인간의 가능성에 대해 붓다가 제시한 위대한 선언이다. 우리 인간이 고통을 당하지만 그러한 현실에서 벗어나 해방될 수 있다는 선포인 것이다. 이 괴로운 세상에서 열반 혹은 평오을 얻을 수 있다는 기쁜 소식이다. 우리 내면에 타고 있는 정욕의 불길을 훅 하고 불어서 끈 상태이며 그 상황에서 시원함과 평화로움과 안온함을 느끼는 상태다.

마지막으로 도제(道諦)인데, 괴로움을 없애는 길인 실천도덕에 관한 진리다. 이 길의 구체적인 내용이 바로 팔정도다. 멸제와 도제는 연기의 이론으로 말하면 역관으로서 환멸연기(還滅緣起)라고도 부른다.

사성제의 핵심은 욕망을 완전히 소멸시킴으로써 모든 집착을 떠나는 것이다. 그것은 곧 팔정도이며 인간이 운명에 얽매여 사는 것이 아니라 자유로운 창조활동을 해 나갈 수 있는 가능성과 용기를 북돋아 준 것이다. 이러한 사성제의 설법을 통하여 부처님이 처음으로 가장 강하게 가르친 것은 인간의 실천적 윤리생활이다. 그 실천방도인 팔정도의 내용은 흔히 삼학(三學 : 戒, 定, 慧)으로 축약된다.

계(戒, 하지 말아야 할 禁戒와 이에 따르는 해야 할 실천도덕, 정업과 정명이 해당됨), 정(定, 마음의 정화를 위한 준비적 수행인 정신집중, 삼매의 수련. 정정진, 정념, 정정이 해당됨), 혜(慧, 정신훈련을 통하여 도달되는 최고의 심적 경지, 모든 것을 있는 그대로, 다시 말하면 영원한 상(相) 그대로 달관할 수 있는 맑은 지혜. 정견, 정사, 정어가 해당됨)공부는 우리 인간이 궁극적인 자유를 누릴 수 있도록 하는 배움이다.

삼학 중에서도 가장 중요한 것이 혜다, 혜를 반야(般若)라고도 한다. 반야는 '원융무애(圓融無礙 : 원만하고 융통성이 있어 자유로운 것)한 지혜'를 의미하는데, 이것이 곧 붓다(깨달은 분의 깨달음)의 내용이고, 또한 열반의 내용이다.

③ 무아상경(無我相經)과 삼법인(三法印)

사성제와 팔정도를 가르치자 다섯 수도승 가운데 한 사람이 깨달음을 얻었다. 붓다는 계속해서 무아(無我)에 관해서도 가르쳤다. 이 가르침을 모은 것이 『무아상경(無我相經)』이다. 그 내용은 색(色, 물질)·수(受, 감정)·상(想, 생각)·행(行, 충동)·식(識, 의식)의 오온(五蘊)이 모두 무상(無常)하며 무아(無我)한 것이라는 말이다. 간단히 말하면 우리가 생각하는 자아는 실체가 없는 껍데기에 불과하다는 것이다.

마차가 실제로는 나무판자. 바퀴 살, 밧줄, 넓은 천 등으로 이루어졌으나 '마차'라는 것은 그저 이름에 불과하다. 이와 마찬가지로 우리의 자아라는 것도 색, 수, 상, 행, 식이라는 다섯 가지의 존재요소인 오온(五蘊)의 일시적 가합(假合)일 뿐 그 자체로는 실체가 아니라는 뜻이다. 따라서 자아는 집착할 가치가 없는 것으로 거기에서 해방되어야 한다.

결국 자아에 대한 집착과 자아중심주의가 모든 말썽과 사고의 근원임을 자각한 윤리적 판단을 형이상학적 이론으로 뒷받침해 준 것이다. 우리의 자아가 허구임을 알게 되면 우리는 그만큼 자유스러워지고, 세상도 그만큼 더 아름다워진다.

불교의 교리 가운데 가장 근본이 되는 교의가 3가지 있는데 흔히 삼법인(三法印)이라고 부른다. 여기서 인은 인신(印信)·표장(標章)의 뜻으로 일정불변함을 가리키는 표지이며, 법인이란 항상 불변하고 거짓이 없는 진리를 뜻한다.

㉮ 제행무상인(諸行無常印) : 모든 것이 덧없다.

우주의 온갖 물(物)·심(心)의 현상은 모두 움직이고 변하므로 제 자리에 계속 머무르는 법이 없다. 또 사람도 이 세상에 태어나서(生) 자라고 늙어가면서 변하고 있다. 그래서 우주와 인생이 모두 덧없다고 한다. 여기서 말하는 생(生)은 옮기다, 혹은 흐른다는 뜻으로 변화를 가리킨다. 이처럼 삼라만상은 생멸변화(生滅變化)하는 것인데도 사람들은 이것을 불변·상존하는 것처럼 생각한다. 그래서 붓다는 이 그릇된 견해를 없애 주기 위하여 모든 것의 무상(無常)을 강조한 것이다.

㉯ 제법무아인(諸法無我印) : 만물에는 알맹이인 실체가 없다.

이 세상 모든 만물과 생각에는 나(我)라고 내세울 만한 실체가 없다. 만유의 모든 법은 인연을 쫓아 생긴 것이고 또 인연 따라 없어진다. 실로 자성(自性)이나 자립성(自立性)이 없기 때문이다. 그런데도 사람들은 아(我)에 집착하는 그릇된 견해를 가지므로, 이를 없애 주기 위하여 붓다는 무아(無我)라고 설명했다.

아소(我所)는 한역(漢譯)의 아소유(我所有)를 줄인 용어인데, '내 것'이란 뜻이다. 즉 내게 속하고 내 마음이 집착하고 있는 것을 가리킨다. 무상의 존재론에서 '나의 것'이란 있을 수 없기 때문에, 붓다는 이 말로 소유에 대한 고정관념을 배격하고 나아가서는 소유에 대한 집착까지도 배제하고 있다.

한편, 당시 인도의 우파니샤드 사상가들은 개아(個我, atman)를 보편적 실재자의 위치까지 들어 올려 브라만 신과 일치한다는 이른바 범아일치설(梵我一致說)을 주장하고 있었는데, 붓다는 이를 정면으로 반대한 것이다.

그리고 아체(我體, me atta)를 직역하면 '나의 나'가 되는데, 이것은 중국학자들이 그렇게 번역한 것이다. 여기서 말하는 체는 불변의 본체, 본성, 본질을 가리키는 용어로 서양철학의 실체(substance)에 해당된다. 따라서 붓다는 정신적 실체인 영혼의 존재와 사람의 인격성이라는 알맹이를 거부한 것이다.

㉔ 열반적정인(涅槃寂靜印)

열반이란 온갖 욕망의 불꽃이 타서 없어지고, 다만 고요하고 초월한 자유만을 누리는 마음의 세계다. 인간의 현실세계인 차안(此岸, 이 언덕)에서 이상 세계인 저 언덕(彼岸, 열반)에 이르게 하는 것이 불교 가르침의 궁극 목표다. 원어인 산스크리트어 니르바나(nirvana)를 음역하여 열반(涅槃)이라 했고, 의역으로 멸도(滅度), 적멸(寂滅), 적정(寂靜) 등으로 번역했다. 원래 뜻은 '불이 꺼진 상태' 즉, 연소(燃燒)와 소멸(消滅)을 가리킨다.

열반은 수행에 의해 진리를 체득하여 미혹(迷惑)과 집착(執着)을 끊고 일체의 속박에서 해탈(解脫)한 최고의 경지를 가리킨다. 마치 타고 있는 불을 바람이 불어와 꺼버리듯이, 타오르는 번뇌의 불꽃을 지혜로 꺼서 일

체의 번뇌·고뇌가 소멸된 상태를 가리킨다. 그때 비로소 적정(寂靜)한 최
상의 안락(安樂)이 실현된다. 현대적인 의미로는 영원한 평안, 완전한 평
화라고 할 수 있다.

그러므로 우리가 얼핏 '나'라고 생각하는 그것들 치고 온전한 의미에서
참된 '나'인 것은 없다고 해야 마땅하다. 역설적으로 말하자면 우리가 생
각하는 '나' 아닌 것, 그 일체의 '나'의 요소를 없애 버리면, 오히려 거기에
참된 '나', 이 개체에 사로잡혀 자유롭지 못한 대립적인 '나'와 차별적인
'나'를 초월한 '나'가 나타나는 것이다. 여기서 '나' 아닌 참된 '나'를 '대
아(大我)'라고 부를 수 있다. 후대의 불경에서는 불성(佛性), 여래장(如來
藏), 심진여(心眞如), 본각(本覺), 무아 아닌 묘유(妙有)라고 말했는데, 이
것은 결국 '마음'의 최고의 차원을 일컫는 것이다.

(7) 제자양성과 포교

부처님이 바라나시에 있을 때, 한 부상(富商)의 외아들인 야사라는 청년
이 가르침을 받고 출가하였다. 그 뒤를 이어 그의 아버지와 가족, 친구 등도
모두 출가하여 부처님을 따름으로써 제자들이 60명이 되었다. 비구들은 포
교의 길에 올랐고 부처님은 자신이 6년 동안 고행을 했던 우루벨라로 향하
였다. 그리고 그곳에서 주민들의 대단한 존경을 받고 있으면서 1,000명의
제자들을 거느리고 있던 캇사파 삼 형제를 모두 교화하여 제자로 삼았는데,
그것은 앞으로의 전교(傳敎)에 있어서 중요한 계기가 되었다.

당시 인도의 이대(二大) 중심지는 왕사성과 사위성 이었다. 왕사성은
마가다국의 수도이고, 사위성은 코살라국의 핵심 도시였다. 부처님은 이
이대 중심지에 가장 오랫동안 머물면서 교화하였다. 두 곳의 핵심 도시가
전 인도의 교화를 쉽게 이루어지게 하였다. 신왕사성의 빔비사라왕은 왕

궁으로 부처님을 모시고 진리의 가르침을 받아 부처님께 귀의하였다. 그리고 불교 역사상 최초의 사원이 된 죽림정사를 세워 부처님께 바쳤다. 이 죽림정사는 기원정사와 더불어 가장 유명한 사원으로 부처님이 가장 오래 체류한 곳이다. 기원정사는 사위성의 수닷타라는 상인(商人)이 세워서 부처님께 바친 사원이다.

왕사성 부근에는 여러 종교 단체가 있었는데, 그 중에는 육사외도의 한 사람인 산자야가 250여명의 제자들을 이끌고 살고 있었다. 그에게는 우파팃사와 콜리타라는 두 수제자가 있었다. 친구 사이인 그 두 사람은 스승의 모든 가르침을 다 배웠고 이해했으나, 그것으로 만족할 수가 없었다. 그러던 어느 날 다섯 비구 중의 한 사람인 앗사지가 왕사성으로 탁발하러 들어갔을 때, 우파팃사는 그 앗사지의 위의(威儀)가 바른 데 그만 충격을 받고 앗사지에게 질문했다.

"당신의 모습은 참말로 고요하고 맑고 밝습니다. 어느 분을 스승으로 모시고 계십니까?" "제 스승은 샤카족에서 출가하신 큰 스님이십니다."

"그럼 당신의 스승께서는 무엇을 가르치십니까?"

"저는 이 교에 들어 온지 얼마 되지 않았으므로 자세히 말씀 드릴 수 없습니다. 그렇지만 간추려 말하면 '모든 것은 인연에 의해 생기고 또 인연에 의해 사라진다'는 것입니다."

이 말을 들은 우파팃사는 크게 놀라고 또 기뻐하며, 이것이야말로 참된 법이라고 믿고 친구 콜리야에게 말하고, 또 250여명의 다른 제자들에게도 전하였다. 그들의 스승 산자야가 만류하였으나, 모두 죽림정사로 가서 부처님의 제자가 되었다. 이 우파팃사가 후년에 불제자 중 가장 지혜가 밝다고 한 사리풋타(舍利佛)이며, 또 콜리야도 나중에 신통력이 제일이라고 알려졌던 마하목갈라나(目連)인 것이다. 이 두 사람은 부처님의 이대(二大) 제자가 되었다. 특히 사리풋타는 '법의 장군'이라고 호칭되어 부처님

다음 가는 사람이라고까지 존숭 받았다.

사리풋타와 목갈라나 두 사람이 부처님께 귀의한 이래 부처님의 명성은 더욱 높아졌고 왕사성의 명가(名家)의 제자로서 출가하는 사람의 수효가 점점 늘어갔다. 그 때문에 한편에서는 '고타마 스님은 부모에게서 자식을 빼앗아가고, 아내로부터 남편을 빼앗아가고, 집안의 혈통을 끊는 자'라는 비난을 들었다. 이로 인해 한 때 제자들의 탁발까지도 어려운 형편이 되었으나, 정법을 가르치는 부처님의 의연한 태도에 그 비난의 소리도 점차 가라앉아 교세는 더욱 늘어가기만 했다.

석가세존은 샤카족의 수도(首都)인 카필라성에도 비구들을 이끌고 들어가 탁발하며 전교하였다. 부친 숫도다나왕은 세존에게 귀성(歸城)할 것을 요청했으나, 오히려 많은 사람들이 출가하여 부처님의 제자가 되었다. 석가모니의 이복동생인 난다와 부처님의 아들인 라훌라도 출가하였다. 세존의 제자로서 너무나 유명한 아난다(阿難)는 부처님의 사촌 동생으로 나중에 부처님의 시자(侍者)가 되어 25년 동안 한결 같이 세존을 모셨다. 그는 매우 기억력이 좋은 사람이었으며, 석가세존 곁에서 들은 말씀들을 모조리 암기하고 있어, 최초의 불전 결집(結集)을 할 때에 경(經)을 외우는 자가 되어 '법의 장(藏)'이라고 불리어질 정도였다.

석가모니는 시위성에 머무는 동안에도 기원정사를 중심으로 가르침으로써 많은 제자들을 얻었다. 보통 전 인도에 걸쳐 부처님의 큰 제자로서 75명을 드는데, 그 중에 17명이 사위성 및 그 부근의 사람들이었다.

석가세존은 인도의 카스트(사회계급) 제도를 인정하지 않았다. 그는 실로 서기전 6세기에 난 참된 휴머니스트였다. 부처님의 가르침에 의하면 왕족이거나 브라만족이거나 또는 상인이거나 노예거나, 사람에게 있어서 가장 절대적인 우월성의 기준이 있다면 그것은 해탈 밖에는 없는 것이다. 이 가르침을 '오하일미(五河一味)'라고 한다.

"비구들아, 마치 대해(大海)가 오직 한 맛(一味), 짠맛밖에는 없는 것과
같이 이 가르침은 오직 한 맛, 즉 해탈의 맛밖에는 없는 것이다."

2) 마지막 설법과 입멸(入滅)

부처님의 설파의 나날은 매우 순조롭게 진행되어 갔다. 개천에서 흐르
는 모든 물이 모두가 바다로 흘러 들어가는 것과 같이 사람들이 부처님의
가르침에 귀의했다고 전해질 정도다. 그러므로 새로운 종교의 포교에 뒤
따르기 마련인 박해는 별로 많지 않았다. 다만 몇 가지 전해진 것으로는 코
삼비에서 포교할 때 처음에 약간의 비방이 있었던 사실과 언제의 일이었
는지는 알 수 없으나 사위성에서 외도(外道 : 불교 이외의 종교)가 친자라
는 미녀를 시켜 부처님을 중상한 사실, 또 같은 기간의 일이지만 순다리라
는 여인이 다른 종교를 이롭게 할 목적으로 부처님과 관계가 있었던 듯이
날조하여 말을 퍼뜨리고 다닌 사실이 있을 뿐이다. 그러나 그것도 근거 없
는 사실이었음으로 곧 사라지고 말았고, 부처님이 있는 곳에서는 초목이
바람에 나부끼듯이 사람들의 귀의(歸依)가 있었다고 한다.

부처님이 왕사성의 페리바촌에 들어가 안거하실 때 가르치셨다.

"너 자신에게 이겨야 한다. 좋은 것을 얻어도 좋아하지 않고, 나쁜 것을
얻어도 싫어하지 않으며, 식사는 다만 몸을 유지하는 것으로서, 탐을 내어
서는 안 된다. 탐내기 때문에 생사가 끊임없는 것이므로, 육신을 통제하고
자기 스스로를 이겨 적정(寂靜)을 얻어야만 한다."

그리고 바이샬리에서 부처님은 말씀하셨다.

"욕심을 억제하고 자기 자신을 이기며, 몸을 바르게 하고 뜻을 바르게
하며, 말을 바르게 하고 분노를 버리며, 탐욕을 버리고 항상 죽음에 마음을
쓰라. 마음이 사(邪)를 원하더라고 따르면 안 된다. 마음이 욕심을 일으키

더라도 그런 마음을 허락해서는 안 된다. 마음은 사람에 따라야 하는 것이로되, 사람이 마음을 따라가서는 안 된다. 이 마음은 신도 되고 사람도 되며, 악령도 되고 귀신도 된다. 또 명오(明悟)를 열 수도 있는 것으로서, 모든 것은 다 이 마음에 의해 생겨나는 것이다. 그러므로 너희들은 마음을 바르게 하여 도를 행하지 않으면 안 된다. 도를 행하는 자만이 세상에서 편안을 얻는 것이다.”

부처님이 마지막으로 거처한 곳은 쿠시나라의 우피밧티바란 이름의 사라나무 숲속이었다. 머리를 북쪽으로 하고 서쪽을 향하여 바른쪽 옆구리를 밑으로 깔며, 발은 포개고 누웠다. 부처님은 아난다에게 “이것은 참말로 부처님을 공양하는 길이 아니다. 참된 공양은 정법을 닦는 것이다”라고 말하였다.

아난다가 부처님의 명을 받들어 쿠시나라의 모든 사람들에게 부처님이 입적할 시간이 온 것을 알렸다. 그러자 부처님은 울며 슬퍼하는 모든 사람들을 위로하였다.

“너희들은 내가 죽은 후 스승이 없어졌다고 생각해서는 안 된다. 내가 말한 법과 율 곧 내가 말한 가르침이 너희들의 스승이 될 것이다. 모든 것은 덧없다. 게을리 하지 말고 부지런히 정진하라”는 말을 마지막으로 남기고 붓디는 고요히 대열반에 들었다.

입적(入寂)한 날짜는 인도력(印度歷)으로 둘째 달 벳사카 달의 15일, 만월(滿月)날 아침이었다.

주위 사람들이 모여 장례식을 치른 다음 화장을 하고 그 재는 열 나라에 나누고, 붓다의 지시대로 그것을 봉안하기 위해 ‘네거리’에 각각 무덤을 만들었는데 그것을 ‘탑’이라고 불렀다. 그 후 탑은 여러 모양으로 화려하게 장식되고, 일반 신도의 순례와 경배의 대상이 되었다.

3. 유교

많은 사람들이 유교를 공교(孔敎)·공자교(孔子敎)라고도 한다. 중국 춘추시대말기의 대 사상가이자 교육가인 공자〔BC 551~BC 479; 이름은 구(丘), 자는 중니(仲尼)〕가 일반적으로 유교의 창시자로 알려졌기 때문이다. 하지만 유교 전통은 공부자시대에 갑자기 나타난 것이 아니다. 공자 자신도 겸손하게 "술이부작(述而不作)"이라 하여 옛날부터 내려오던 것을 그대로 전수할 뿐, 새롭게 창작한 것은 없고 요·순 임금으로부터 문왕과 주공을 통해 내려오는 가르침을 전수하는 사람일 뿐이라고 말했다. 그러나 분명히 공부자는 '창조적 전수자'였다. 그때까지 내려오던 전통이 공부자에 의해 비로소 집대성되어 완전히 새로운 모습으로 태어난 것이다. 그러한 의미에서 공부자를 유교의 창시자로 보는 것이다.

1) 유교의 이념

(1) 우주관

공(부)자는 자연과 인간, 사회 그리고 이 세계가 어떠한 원리에 의해 규정되는가에 대해 공부를 했다. 그는 특히 '존재의 생성과 구성, 사물의 운동은 어떠하며, 그 운동은 어떻게 가능한가' 라는 질문에 관해 자연의 변화 속에서 답을 찾고자 했으며, 그것을 자연적 또는 인륜이라는 도덕적 관점에서 통합적으로 규정하고자 했다. 우주변화의 원리와 이치(음양의 動靜)를 탐구하는 안내서가 주역(周易)이다.

공자는 학문에 전념할 때 주역을 좋아했다는 사실은 주역의 해석서인 『십익(十翼)』을 저술한 것으로 보아도 알 수가 있다. 주역(周易)21)이란

---

21) 역에는 간역(簡易)·변역·불역(不易)의 세 가지 뜻이 있다. 간역이란 천지의 자연현상은

글자 그대로 주(周)나라 시대의 역(易)이란 말이다. 역이란 말은 변역(變易), 즉 음과 양이 바뀐다, 변한다는 뜻이며 천지만물이 끊임없이 변화하는 자연현상의 원리를 설명하고 풀이한 것이다.[22] 따라서 주역은 본질적으로 특히, 우주철학(宇宙哲學)을 논하고 있으나 자연과 인간과의 관계에서도 상호 보완적으로 다루어지기도 한다. 대우주인 자연과 소우주인 인간의 구조는 부합한다고 보았기 때문이다. 이 세계가 거대한 도덕적 원리에 의해서 규정된다고 판단하여 자연의 도덕성을 추상화한 대표적 개념이 태극(太極)이다.

태극이라는 말은 『주역(周易)』의 『계사전(繫辭傳)』에서 처음 사용되었다. 여기에서는 태극으로부터 양의(兩儀:음양), 양의로부터 사상(四象), 사상으로부터 팔괘(八卦)라는 생성론적 도식을 제시하였다. 이 우주관을 계승하고 여기에 오행설(五行說)을 가하여 새로운 우주관을 수립한 것이 북송의 유학자 주돈이의 『태극도설(太極圖說)』이다.

태극도설은 만물 생성의 과정을 태극―음양―오행―만물로 보고 또 태극의 본체를 무극이태극(無極而太極)이란 말로 표현하였다. 그 본체는 무성무취(無聲無臭)한 것이므로 이를 무극이라고 하지만 그와 동시에 우주만물이 무극에 조화(造化)하는 근원이 되기 때문에 태극이라 한다.

끊임없이 변하나 간단하고 평이하다는 뜻이며 이것은 단순하고 간편한 변화가 천지의 공덕임을 말한다. 변역이란 천지만물은 멈추어 있는 것 같으나 항상 변하고 바뀐다는 뜻으로 양(陽)과 음(陰)의 기운(氣運)이 변화하는 현상을 말한다. 불역이란 변하지 않는다는 뜻이다. 모든 것은 변하고 있으나 그 변하는 것은 일정한 항구불변(恒久不變)의 법칙을 따라서 변하기 때문에 법칙 그 자체는 영원히 변하지 않는다는 뜻이다.

22) 역은 양(陽)과 음(陰)의 이원론(二元論)으로 이루어진다. 즉, 천지만물은 모두 양과 음으로 되어 있다는 것이다. 하늘은 양, 땅은 음, 해는 양, 달은 음, 강한 것은 양, 약한 것은 음, 높은 것은 양, 낮은 것은 음 등 상대되는 모든 사물과 현상들을 양·음 두 가지로 구분하고 그 위치나 생태에 따라 끊임없이 변화한다는 것이 주역의 원리이다. 달은 차면 다시 기울기 시작하고, 여름이 가면 다시 가을·겨울이 오는 현상은 끊임없이 변하나 그 원칙은 영원불변한 것이며, 이 원칙을 인간사에 적용시켜 비교·연구하면서 풀이한 것이 역이다.

주(周)나라 초기 이래의 경천사상(敬天思想) 중에서는 상제(上帝)를 초감각적인 대상으로서 신비롭게 보는 경향과 함께 종교적 신념으로서의 천명설(天命說)이나 천도관(天道觀)의 전개가 나타났는데, 그 후의 관심은 조화의 도(道)로 향하였다. 형이상학적 본체로서의 도를 개념적으로 처음 규정한 것이 『주역』의 "형이상자(形而上者)를 도(道)라 하고 형이하자(形而下者)를 기(器)라고 한다"는 데서 비롯되었다.

『주역』에서 말하는 도는 실천적으로는 만물화생(萬物化生)의 요인으로 간주되는 천지신도(天之神道)·천지지도(天地之道)·천지인(天地人) 삼재(三才)의 도 등의 총칭으로, 그 중에서도 주로 천지의 도를 의미하는 개념이었다. 그것은 한 번 음(陰)하고 한 번 양(陽)하는 바뀌는 운동에 의해 만물을 화생(化生)하지만 그 자체는 음양불측(陰陽不測)의 신적 존재로서 태극이라는 독립불변의 실체를 내포하는 것이었다. 그 후 이 태극은 『여람(呂覽)』에서 말하는 태일(太一), 『춘추(春秋)』에서 말하는 원(元), 『노자(老子)』에서 말하는 현(玄)과 함께 우주 현상의 근원으로서 논의되었다. 그러나 오늘날 태극에 관한 이해는 송대(宋代)에 이르러서 논의 되었다.

송대에는 리기(理氣)·심성(心性)에 대한 논의가 중시되었는데 리기는 곧 실재로서 본체에 해당된다. 그들은 노장(老莊)과 『주역』, 『계사전』의 사상을 취하여 유가 철학의 본체 관념을 수립하였고 이(理)와 기(氣)의 관계까지 발전시켰다.

이에 대해 다양한 사상가들의 견해 중에 정이(程燎)는 이(理)가 만유(萬有)를 생성케 하는 도(道)이자 일체의 사상(事象)을 차별케 하는 근거로 보았다. 음양(陰陽)이기(二氣)의 작용 속에 그 작용의 원인이 이(理)라는 것이다. 이(理)는 원래 기(氣)나 차별적 사상을 초월해서 존재하는 것이 아니며, 형이상적·초감각적이기는 하지만 차별적 사상에 내재현시(內在顯示)하여, 보편적 일자(一者)이면서 자신을 무한히 특수화한다. 그래서 만물에는 일리(一理)가 있는 동시에 일물(一物)에 일리(一理)가 있다고 하는 것이다.

기(氣)는 만물 또는 우주를 구성하는 기본 요소로 물질의 근원 및 본질이다. 모든 존재현상은 기의 취산(聚散), 즉 기가 모이고 흩어지는 데 따라 생겨나고 없어지는 것이기 때문에 생명 및 생명의 근원으로 보기도 한다. 예컨대 인간의 호흡(呼吸)이 그와 비교된다.23)

(2) 신관

유교사상에서 중요한 가르침 중에 하나가 우주 운행을 관장하는 원리이다. 그 원리는 우주의 참된 실재(實在)와 무관하지 않다. 사람의 머리 위에 퍼져 있는 천(天)의 모습에 자연현상의 주재자라고 하는 직관이 결합되고, 또한 인간의 도덕적 반성이 투영되어 천에 대한 신앙이 형성되었다.

의지나 목적을 지닌 인격신, 자손에게 은혜를 베푸는 조상, 우주의 근원 내지 창조자, 인간이나 만물 속에도 그 본성으로서 깃드는 신 내지는 법칙, 비인격적인 참된 실재, 운명, 인간의 감각을 초월한 우주의 근원 등의 이미지는 다양하나 우주의 궁극적 실재이며 인간의 의미, 세계의 근원 곧 윤리도덕의 원천이라는 점은 일관(一貫)된다.

천은 상제(上帝) 또는 천제(天帝)라고도 부른다. 한편 도가(道家)의 도(道)나 주자(朱子)가 파악한 리(理)도 이 전통적인 천(天) 신앙을 기초로 했다.

각 시대의 철학사상에서 중심적인 역할을 하는 경우가 하늘이다. 문자 그대로 하늘이며, 천지라는 말로 자연계를 나타내듯이 그러한 자연으로서

---

23) 노자·장자가 우주의 생성 변화를 기의 현상이라고 하여 기가 여러 가지 어려운 뜻을 가지는 철학용어로 쓰이게 되었다.

의 의미가 강하지만, 거기에 의지적인 신성(神性)을 발견하고 합리적인 이법성(理法性)을 인식하였다. 때로는 신비로운 불가지(不可知)의 존재로서 운명의 근거로 삼기도 함으로써, 인간생활과 밀접한 관계를 가진 중요한 존재로 여기게 된 것이다.

공자는 "하늘에 죄를 지으면 빌 곳이 없다."(『논어』팔일편) "나에게 잘못이 있다면 하늘이 가만히 있지 않을 것이다."(『논어』옹야편) 또 신령제사에 대하여 "아직 살아있는 사람에 대한 정성도 부족한데 어떻게 귀신을 섬길 수 있겠느냐?" 죽음에 대해서는 "살아있는 사람에 대한 도리도 모르는데 어찌 죽음에 대한 것을 알겠느냐?"(『논어』선진편)고 말했다.

그런가 하면 『중용』에서는 "신의 은덕은 매우 크도다! 그 모습을 보려고 해도 보이지 않고, 그 소리를 들으려 해도 들리지 않지만, 만물을 하나도 남겨 놓지 않고 다 형성하였다. 온 천하의 사람으로 하여금 몸가짐을 단정히 하고 마음을 깨끗하게 먹으며 의관을 갖추어 입고 제사를 받들게 하니, 그 은혜가 충만하여 사람 위에 계신 듯하고, 좌우에 계신 듯하다. 『시경』에 '신의 내림 하심을 사람이 헤아려 알 수 없거늘 하물며 싫어할 수 있겠느냐?'고 하였다. 왜냐하면 숨어 있는 은혜가 나타나는 것이니, 그 정성스러움을 가릴 수 없음이 그러하기 때문이다.

공자(孔子)는 자신의 종교적 심성으로 천(天)을 숭배·경외하였으며, 이를 윤리의 근원으로 삼았다. 천은 여의치 않은 운명으로 인간능력을 제약하는 동시에, 이로써 인간존재를 보증하며, 특히 인간의 도덕활동을 강하게 지지한다고 믿었던 것이다. 이것이 그 후 유교의 정통사상으로서 오래도록 유지되어 나가는데, 공자의 천 숭배는 공자 자신의 내면적 문제였고, 또 유교윤리를 지키는 인격천(人格天)의 근원이었으나, 공자는 하늘(天) 숭배를 사람들에게 강요하지는 않았다.

(3) 인간관

공자는 매우 다정다감한 사람이었다. 어머니의 3년 상을 마치고도 며칠 씩 거문고를 타면서 말이 없었다. 사랑하는 제자 안회가 죽었을 때는 대성 통곡하였고, 염백우가 문둥병으로 죽어갈 때에는 창 틈으로 그의 손을 어루만지며 애통해 하였다.

공자 사상의 핵심은 인(仁)이다. 인은 인간 최상의 미덕으로서 인의 경지에 이른 사람을 가리켜 인자(仁者)라고 하였다. 그리고 "생명도 소중하지만 인이 생명보다 더 소중하다"(『논어』위령편)고 말했다.

공자의 인은 첫째, 사랑을 뜻한다. 인은 사람을 사랑하는 것이라고 했다. 특히 이웃 간의 사랑을 강조했다. 그러나 여기서 말하는 사랑은 원수까지도 사랑하는 사랑이 아니라 합리적인 사랑이다. "덕을 덕으로 갚으면 덕을 무엇으로 갚겠느냐? 원한은 공평무사한 정의로 갚고 덕을 덕으로 갚아야 한다."(『논어』헌문편)

둘째로 '인'은 예절이다. 유교의 본질이 내세를 추구하기 보다는 현세의 생활을 충실히 하는 도덕규범인 만큼 삼강오륜의 예절을 숭상하며, 예절은 곧 '인'의 표현인 것이다.

셋째로 '인'은 '의'와 통한다. "군자는 '의'에 밝고 소인은 '이'에 밝은 법이다. '인'을 숭상하는 군자는 반드시 '의'에 의해서 행동해야 하느니라."(『논어』이인편)

넷째로 '인'은 충직함을 뜻한다. 공자는 표리부동하여 성실치 못한 사람을 가리켜 "남이 듣기 좋아하는 재치 있는 말이나 표정이 그럴듯한 사람에게는 '인'이 드물다."(『논어』학이편)

다섯째로 '인'은 용기를 뜻한다. 진실로 '인'을 갖추고 있는 사람은 '불의'를 그대로 바라보고만 있지 못한다. 공자는 "의를 보고도 행하지 않으면 용기가 없는 것이다.”(논어, 위정편) 이리하여 공자가 당시의 어지러운 세상을 외면하고 혼자 숨어 살며 고고한 체하는 소위 은자들을 못마땅하게 생각하고, 스스로 난세를 바로 잡기 위하여 열국을 순방한 것은 예컨대 인을 행하려는데 있었던 것이다.

여섯째로 ‘인’은 하나의 즐거움이다. 도덕적인 희열이 그것이다. 공자는 “인자(仁者)는 근심하는 일이 없다”(『논어』헌문편)고 말했다. 인자는 마음에 거리낌이 없기 때문이다. “인자는 인(仁)하게 사는 것을 편하게 여긴다.”(『논어』이인편) 두려움을 모르는 마음의 평화는 유유히 인생을 즐기는 인자의 경지이며 도에 투철한 사람만이 맛볼 수 있는 혜택이라 하겠다.

그리고 인(仁)을 실천하고 완성하려고 노력하는 자는 군자(君子)라고 한다. 군자는 유교에서 도덕적으로 완성된 인격자를 일컫는 말이다. 유교에서는 성인이 되는 것이 궁극적인 목표인데, 여기서 성인이란 최고의 인격자, 즉 천인합일(天人合一)의 경지에 달한 사람을 말한다. 공자는『논어(論語)』「술이편(述而篇)」에서 ‘성인은 내 아직 보지 못하였지만 군자만이라도 만나보았으면 한다’ 고 했다.

유교에서는 누구나 노력에 의하여 도달할 수 있는 표준의 인물이며 높은 도덕성을 가진 사람으로, 즉 ‘이래야만 되겠다.’는 사람의 한 본보기로 군자라는 말을 사용했는데, 이는 유덕(有德)한 사람을 말하는 것이다.

또한 성인(聖人)은 인격과 식견이 뛰어나고 덕망이 높은 인물을 뜻하는데, 두 가지 의미가 있다. 첫째는 예의 창작자라는 의미이다. 성인이란 예를 만드는 존재로서 인류에게 문명을 가져다주는 사람으로 해석한다.

둘째는 예의 체득자(體得者)라는 의미다. 예는 사회의 여러 관행을 제도화한 것이기 때문에 거기에는 사람이 행해야 할 규범이라는 성격이 있다. 그리고 성인들은 예를 만들었기 때문에 예의 체득자였으며, 예의 체득을 목표로 하는 유교의 이상적 인격상이 제시된다. 바로 여기서 성인은 예의 학습과 실천에 의해 이루어질 수 있다는 사고방식이 생겨났다. 즉, 성인은 공자가 가르친 인간 최고의 윤리가치인 인의도덕(仁義道德)의 도(道)를 구현한 이상적인 인격자로서 숭앙되었다

(4) 윤리관

어느 종교 어떤 사회이든 간에 그 윤리는 보편성이 있는 대신 특수성을 띠고 있으며, 유교 윤리도 마찬가지다. 인간이 주체가 되고 인간사회의 생활 속에서 움튼 유교는 윤리도덕 위에 정립된 종교이자 철학이다.

유교에서는 윤리도덕의 원리로서, 윤리 도덕의 구체적인 표현으로서 또는 행동지침으로서 예(禮)를 중시하는데, 이 예야말로 크게는 우주의 질서인 동시에 작게는 인간사회에서 요구되는 낱낱의 행동규범인 것이다. 예는 유교의 윤리사상을 모두 포괄하고 있으며, 의례(儀禮)도 이에 포함된다. 유교 윤리는 자기 수양에서 비롯해서 남을 가르쳐서 편안하게 하는 것으로 끝맺는다. 내 몸을 닦는 것을 먼저하고 그런 뒤에 남을 편안하게 한다는 것은 유교사상의 기본이 된다. 비단 윤리에서뿐만 아니라 모든 사상에서 이런 자세가 바탕이 되는 것이다.

그러힌 시상은 『대학(大學)』 첫 장에 잘 나타나 있다. 『대학』 첫 장은 팔조목(八條目)을 설명한 대목이다. 팔조목은 격물(格物)·치지(致知)·성의(誠意)·정심(正心)·수신(修身)·제가(齊家)·치국(治國)·평천하(平天下)의 여덟 가지이다. 격물·치지·성의·정심·수신 다섯 가지는 수기(修己)에 속하는 일이고, 제가·치국·평천하는 안인(安人) 또는 치인(治人)에 속하는 일이다. 그래서 『대학』에서는 자기 자신을 수양해서 인격적으로 완성된 이후에 남을 가르치는 과정을 차근차근 순서를 따져 설명하고 있다. 물론 인격의 완성이란 쉬운 일이 아니고 그 정도를 가늠하기도 어려운 일이지

만 자기 몸을 바로잡고서야 남을 가르칠 수 있다는 윤리는 누구나 지킬 수 있어야 하는 것이다. 더구나 수양은 지식을 먼저 확실하게 다져놓은 뒤에야 가능하다. 지식의 확실성, 그것이 자기 수양의 첫걸음이 된다는 것이다.

자연히 사람과 사람 상호간의 올바른 관계 즉, 인륜성이 거론되는데, 그 대표적인 예가 오륜(五倫)이다. 흔히 삼강오륜(三綱五倫)을 먼저 생각하게 되지만, 삼강은 그 출처가 유교 경전도 아니며, 더구나 공자(孔子)나 맹자(孟子)의 사상도 아니다. 그러나 오륜은 오상(五常)·오품(五品)·오전(五典)으로『서경(書經)』에 이미 언급되어 있다.

(5) 수행관 : 솔성(率性)을 통하여

수신(修身)은 솔성에 절대적으로 필요한 행위다. 그러한 노력이 이루어지면 올바른 제가(齊家), 치국(治國), 평천하(平天下)로 이어질 수 있다는 수행관이다.

15세 때 학문의 길에 들어선 공자는 학문연구를 일평생의 인격수양, 삶의 구도로 생각하고 수행의 길로 보았다. '나이 70에 마음이 하고자 하는 대로 하여도 법도에 벗어남이 없었다'고 말한 일이 이를 증거한다. 오랜 수양과 체험을 쌓은 끝에 자기의 일거수 일투족이 모두 스스로 남의 본보기가 되게끔 행동할 수 있었다는 말이다. 이것은 구도자만이 누릴 수 있는 영성적 최고 단계요, 인간이 도달할 수 있는 인격의 극치인 것이다. 그는 지·정·의의 조화로운 발전을 이루어 인간으로서 가능한 최고의 경지에 이르렀다.

"아침에 도(道)에 관하여 들어서 알게 되면 저녁에 죽어도 좋다(『논어』 里仁편)"고 공자가 말한 것과 같이 도란 공자에 있어서 목숨보다 소중한 절대적인 것이었다. 그는 얼마나 도를 소중히 여겼는지, 사는 보람을 도에 두었다. 그런데 공자가 생각하던 ‘도’란 사람으로서 마땅히 걸어가야만 할 길이요, 인간의 당위법칙이었다.

“나라에 도가 행해지고 있으면 녹(綠)을 먹지만, 나라에 도가 행해지지 않는데도 녹을 먹는 것은 수치스런 일이다.(『논어』先進편)” “군자가 도를 배우면 남을 사랑하게 되고, 소인이 도를 배우게 되면 부리기 쉽게 된다.”

“누가 나가는데 문을 통하지 않을 수 있겠는가? 어찌하여 이 도를 따르지 않는가?(『논어』雍也편)” 능, 여기에서의 ‘도’는 ‘대신 노릇을 하는 올바른 도리’, ‘나라를 다스리는 원리’, ‘사람으로서의 도리’ 같은 것을 말하고 있다.

그리고 공자는 “나의 도는 하나로 관통되고 있다(一以貫之).” 증자가 말하기를 “선생님의 도는 충(忠)과 서(恕)일 따름이다.(『논어』里仁편)” 이에 의하면 공자의 ‘도’는 결국 인(仁), 지(知), 용(勇), 충(忠), 서(恕) 등 여러 가지 덕목으로 발휘되는 ‘올바른 도리’다. 곧 공자의 도는 인간으로서는 ‘인’으로 발휘되고, 사리를 판단해야 할 때에는 ‘지’로 발휘되고, 불의와 대치할 필요가 있을 때에는 ‘용’으로 발휘되는 것이다. 이 밖에는 경우에 따라 효(孝), 신(信), 의(義), 예(禮) 등으로 발휘되기도 한다. 이처럼 경우에 따라 사람을 통하여 발휘되는 ‘도의 효능’을 통틀어 ‘덕’이라고 한다.

이러한 ‘도의 덕’을 추구하는 것이 바로 유교의 수행법인 솔성지위도(率性之謂道)이며 그 도를 갈고 닦아 깨우친 자가 가르치는 것이 ‘교’(修道之謂敎)라고 한다. 최고의 수행관인 도덕이 사회의 환원으로 조화롭게 드러나고 있으며 그 중에 하나가 음악(音樂)이다.

38세의 공자가 3년간 제나라에 체류하면서 순 임금의 음악인 소악(韶樂)을 배우게 되었다. 그는 3개월간 육식을 금하고 정신수양에 힘썼다. 이 음악은 세상의 미와 선을 다한 명곡이었다. 그는 노래 가락에 취하여 감탄했다. “음악의 힘이 여기까지 미치리라고는 생각지 못하였다.”(『논어』술이편) 그는 이 음악으로 이상세계를 감득하였다.

그는 시와 음악에도 조예가 깊었다. "음악은 원리를 잘 알아야 한다. 처음 연주가 시작될 때는 오음(五音)과 육율(六律)의 악기가 조화되어야 하고, 모든 악기가 다 제 소리를 낼 때는 화음을 이루어야 하며, 그 다음에는 화음 속에서도 악기가 저마다 지닌 음색은 맑고 깨끗하게 특징을 나타내고 그러면서도 제각기 음색이 하모니를 이루어 악절이 끝나야 한다."(『논어』팔일편)

수행을 통해 도를 깨우치면 자연의 소리와 음악의 원리가 조화를 이루는 가를 알 수 있다는 예증이라고 할 수 있다.

(6) 가정관

공자, 석가, 예수 이 세 분은 최고의 인격을 완성하였다. 그러나 거기에 이르는 과정은 달랐다. 젊은 예수는 가정을 갖지 않았으며, 석가는 가정을 버렸고, 공자는 가정을 지켰다. 석가는 모든 집착에서 벗어나 열반에 이르기 위해서는 가정을 버려야 한다고 가르쳤으며, 예수는 가정을 갖되 하나님의 복음을 쫓아 영혼을 구제하는데 필요할 경우에는 가정을 버리라고 하였으나, 공자는 우선 가정에 충실하라고 주장하였다.

그의 입에서는 모든 욕심을 버리라거나 원수를 사랑하라는 등의 말은 들을 수 없다. 그는 어디까지나 원만한 가정 생활인이었다. 그리하여 심신의 조화로운 발전을 위해 노력하였고 또 사람들에게 그렇게 할 것을 당부하였다.

"나는 나면서부터 도를 안 천재도 아니나, 오직 옛 성인의 글을 좋아하며 힘을 다하여 연구한 것에 불과하다."(『논어』술이편)

예수가 스스로 하나님의 아들임을 자처하고, 석가가 천상천하에 유일한 존재임을 선언한데 비하여 공자는 스스로 천재도 못된다고 말하며 엄청난 노력을 기울인 분이었다.

공자는 위대한 생활인이었다. 공자는 우리에게 가정에 충실할 것을 요구한다. 물론 여기에 그쳐서는 안 되지만, 그렇다고 자기 집안 살림도 변변히 꾸려가지 못하면서 남을 참견하거나 나라 일에 참여한다는 것은 앞뒤가 뒤바뀐 일이라는 것이다.

임어당은 "공자는 나라를 다스리는 근본은 가정생활의 규율에서 구하고, 다시 가정생활의 규율의 근본은 개인생활의 수양에서 구하였다"고 말했다.

"사람다운 사람이 되려고 노력하는 군자는 좌우로 치우치지도 않고, 위로 너무 올라가지도 않으며 아래로 너무 내려가지도 않는 평범한 중용(中庸)의 원리에 선다."(『중용』2)

가정생활에 있어서도 이 평범한 진리에서 벗어나지 않도록 언제나 몸가짐을 단정히 하였다. "군자의 도는 넓고 크고 은밀하다. 그러므로 어리석은 남자와 부인이라도 다 같이 알고 행할 수 있다. 무한히 넓고 크고 유한하고 좁고 작게 느껴지는 천지를 받아 생활의 원리로 삼는 군자는 그 크기로 말하면 이 세상에서 실(載)을 물건이 없고, 작게는 이 세상에서 깨뜨릴 물건이 없다."

『시경』에 솔개가 하늘에서 떠돌고, 물고기가 연못에서 뛰논다는 시구가 있다. 이것은 위의 세계와 아래의 세계가 서로 뚜렷하게 화합함을 말한 것이다. 군자의 생활철학은 평범한 부부생활에서 비롯되지만, 그 지극한 데 이르러서는 남편은 하늘이요, 아내는 땅임을 알 수 있다.(『중용』12)

여기에서 우리는 공자가 부부의 애정과 가정생활을 매우 소중히 생각했음을 알 수 있다.

(7) 정치관

밝은 덕을 천하에 밝히려고 하는 사람은 먼저 자기 나라를 다스리고, 자기 나라를 다스리려고 하는 사람은 먼저 자기의 가정을 바로 잡고, 자기 가정을 바로 잡으려고 하는 사람은 먼저 자신의 덕을 닦아야 한다. 자신의 덕을 닦으려고 하는 사람은 먼저 자기의 마음을 올바르게 하고, 자기의 마음을 먼저 올바르게 하려고 하는 사람은 먼저 자기의 생각을 성실하게 하여야만 한다.

자기의 생각을 성실하게 하려고 하는 사람은 먼저 자기의 지혜를 넓힌다. 자기의 지혜를 넓히는 것은 사물의 이치를 규명하는데 달려 있다. 사물의 이치가 규명된 후에야 지혜가 생기고, 지혜가 생긴 후에야 생각이 성실해지며, 생각이 성실해진 후에야 마음이 올바르게 되고, 마음이 올바르게 된 후에야 자기의 덕이 닦아지며, 자기의 덕이 닦아진 후에야 집이 바로 잡히고, 집이 바로 잡힌 후에야 나라가 다스려지며, 나라가 다스려진 후에야 천하가 화평하여 진다.(『대학』1장)

하루는 자공이 공자에게 정치의 요령을 물었다. 공자는 이렇게 대답하였다.

"백성들은 식량이 넉넉하고 군비가 충분하면 정부를 믿게 된다. 즉, 정치는 식량과 군비와 신뢰, 이 세 가지가 중요하다."

만일 이 세 가지 중 부득이하게 버려야 할 경우 무엇을 버려야 할지를 묻자 공자는 "군비를 버려야 한다. 만일 나머지 둘 중에서 부득이 또 하나를 단념해야 할 경우에는 식량을 단념해야 한다. 예로부터 사람은 죽게 마련이다. 그러나 백성의 신뢰를 받지 못한다면 어찌 국가가 유지될 수 있겠느냐"(『논어』안연편)라고 하였다.

섭(葉)나라 군주 섭공은 공자를 기꺼이 맞이하여 여러 가지 가르침을 받았다. 그가 공자에게 정치의 도에 대하여 물었다.

"임금에게 가까이 있는 백성들이 기꺼이 충성을 바치게 되면 먼 곳의 백성들도 자연히 찾아와서 이에 따르게 마련입니다."(『논어』자로편)

이렇게 민의를 존중하라는 말은 극히 당연한 상식 같지만, 옛 봉건 군주 국가에서 민심을 운운 한다는 것은 생각조차 할 수 없는 일이었다.

성인 중에 공부자만큼 정치에 관심이 많은 분은 없었을 것이며, 공자 자신이 위대한 정치가이기도 하였나. 기골이 장대한 풍모하며 유창한 변설부터가 정치가의 기질을 타고 났지만, 지상에 낙원(소송이 없는 나라)을 세우기 위해 정치를 하고, 정치를 하기 위해 인격을 수양했으며 인격을 수양하기 위해 학문을 연구하였던 것이다. 그에게는 학문과 수도, 정치가 불가분의 관계에 있었다. 이것은 '인간의 척도는 인간'이라는 그의 근본 사고방식에서 비롯된 것이다.

공자의 정치관은 넷으로 나누어 생각할 수 있으나 그의 근본 정치사상은 어디까지나 인을 바탕으로 한 덕치에 있음을 알 수 있다.

① 덕치(德治)주의

공자는 나라를 다스리는데 덕을 근본으로 삼았다. 이를 덕치주의라 하며 법에 의존하여 나라를 다스리는 법치주의와 대립된다. 나라를 다스리는데 법이 필요 없다는 것이 아니라 법은 어디까지나 2차적인 수단으로서 덕치를 보조하는 도구에 지나지 않는다는 것이다.

공자는 덕치와 법치의 차이를 이렇게 말하고 있다.

"나라를 법률로 이끌고 형벌로 다스리면, 백성들은 벌을 받을 일만 면하려고 할 것이니, 잘못을 저지르고도 부끄러운 줄을 모르게 된다. 이와는 달리 덕으로 인도하고 예로 다스리면 잘못을 부끄러워하고 스스로 선에 이르게 된다."(『논어』위정편)

공자는 국민 한 사람 한 사람이 양심이 마비되지 않고 칼날같이 살아서 자기의 잘못을 스스로 크게 뉘우칠 줄 아는 정치를 하기 위하여 법보다 덕이 앞서야 한다는 것이다. 그는 정치의 기본 이념을 다음과 같이 내세우고 있다.

"도덕으로 정치의 근본을 삼으면 온 백성의 마음이 그 위정자에게 돌아간다. 이것은 마치 뭇별들이 일정한 자리에 있는 북극성을 중심으로 도는 것과 같다."(『논어』위정편) 이것은 정치의 대도를 밝힌 말이라 하겠다.

이러한 덕치주의는 위의 물이 맑아야 아래 물이 맑아진다는 말과 같이 덕치주의는 윗사람부터 솔선수범할 것을 요구했다.

② 예치(禮治)주의

예치주의는 예악의 치(治)라고도 말하며 예와 음악으로 백성을 다스리는 것을 말한다. 예악은 백성들의 마음을 선도하고 질서를 바로 잡는데 큰 역할을 한다는 것이다. 공자가 말하는 인은 "자기를 이기고 예로 돌아오는 것이다." 또 공자는 인의 실천에 대하여 "예가 아니면 보지 말고, 예가 아니면 듣지 말고, 예가 아니면 말하지 말고, 예가 아니면 행하지 말아야 한다." 여기서 자기를 이기고 예로 돌아간다는 말은 자기의 소아(小我), 즉 사사로운 욕심을 버리고 천리의 표현인 예를 지킨다는 뜻이다. 여기서 '인'이 주체적, 적극적 도덕임을 가르키는 것이며, '인'이 도의 내면적 원리라면 '예'는 도의 외면적 원리라고 하겠다.

예의 근본은 형식보다 성실성이라고 밝히면서 예의 본질이 마음가짐에 있음을 강조하고, 허례허식을 경계하였다. 그리고 '예'의 효용에 대해서 공자는 말했다.

"공손한 것은 좋으나 예절이 없으면 초라해 보이고, 일을 할 때에 삼가하는 것은 좋으나 예절에 맞지 않으면 겁쟁이가 되고, 용기가 있는 것은 좋으나 예절로 조절하지 않으면 난폭하게 되고, 정직한 것은 좋으나 예절이 없으면 박절하게 된다.”(『논어』태백편)

이것으로 공자가 왜 예치(禮治)를 표방하고 나서는가를 잘 알 수 있다. 공자의 예치의 도는 나라의 위정자가 예로 백성을 다스리고 백성들이 예를 잘 지키지 않는 한, 다른 어떤 조건들이 구비되어도 정치에서 결코 유종의 미를 거둘 수 없다는 것이다.

③ 정명(正名)주의

정명이란 명분을 바로 잡는다는 뜻이다. 공자는 인에 기반을 둔 예치로써 그가 기도하는 정치적 실효를 거두고, 예치를 진작시켜 기강을 바로 잡기 위해 정명주의, 즉 천자(天子), 제후(諸侯), 대부(大富), 서인들이 각기 자기 신분을 지켜 책임을 완수하고 남의 지위나 권한을 침해하지 말 것을 역설하였다.

그는 군신 부자가 자기의 명분을 지키지 않는데서 사회의 질서가 문란해진다고 말하고 임금부터 임금답게 행동할 것을 주장하였다.

공자는 정명(正名)의 도에 대하여 덕치에서 예치로 나가는 것이 극히 자연스러운 경로라면, 예치에서 정명주의에 이르는 것은 당연한 귀결이라고 하였다.

“명분이 바로 서지 않으면 말이 도리를 따르지 못하며, 말이 도리를 따르지 못하면 일이 이루어질 수 없고, 일이 이루어질 수 없으면 예악이 일어나지 못하고, 예악이 일어나지 못하면 형벌이 공평을 잃게 되고, 형벌이 공평을 잃게 되면 백성들은 발을 펴고 잠을 못자는 법이다. 그러므로 나는 명분을 먼저 내세우는 것이다.”(『논어』자로편)

④ 민생(民生)주의

공부자는 정치에서 민생고의 해결이 급선무임을 각별히 주장하였다. 민권이 전혀 인정되지 않았던 전제 군주사회에서 이와 같이 서민을 위한 정치를 주장한 것은 주목할 만한 일이다.

공자가 위나라에 갔을 때 백성을 다스리는 법을 말하였다. "무엇보다도 생활이 안정되도록 나라 살림을 부유하게 해야 한다. 그 다음에는 잘 가르쳐서 예절을 지키도록 해야 한다."(『논어』자로편)

또 공자는 분배의 균등을 주장하였다. "나라를 가진 제후나 집을 가진 대부는 물자가 모자라는 것을 근심하지 않고 백성들에게 고루 나눠 주었는가를 근심하며, 백성의 가난을 근심하지 않고 백성의 생활이 안정되어 있는가를 근심한다고 한다. 그것은 백성들이 고루 나눠 가졌다면 가난할 리가 없고, 생활이 안정되어 있다면 나라가 망할 우려가 없기 때문이다."(『논어』계씨편)

(8) 교육관

공자는 정치가로서는 성공하지 못했으나 교육가로서는 성공한 분이다. 3천명의 제자들이 모여들은 것과 2천 5백년이 지난 오늘날까지도 그의 가르침이 살아 있는 증거다.

공자는 사람들을 가르치면서 스스로 학문연구를 게을리 하지 않았다.

"옛 학문을 되풀이 하여 연구하고 현실을 처리할 수 있는 새로운 학문을 이해하여야 비로소 남의 스승이 될 자격이 있다"(『논어』위정편)는 것이 그의 지론이었다. 그리하여 학문에 정진 또 정진하였다.

그의 교육 목표는 역시 인격 배양이었다. 그는 도덕 교육을 가장 중요시하였다. 그는 "문(文), 행(行), 충(忠), 신(信)의 네 가지를 가르쳤다."(『논어』

술이편)

여기서 '문(文)'이란 당시의 고전을 말하며, '행(行)'은 덕의 실천을, '충(忠)'은 마음의 성실을 그리고 '신(信)'이란 남을 속이지 않음, 곧 신의를 말한다. 그러므로 공자가 가르친 교과과목 중에 '문' 하나만 제외하고는 모두 도덕교육에 해당한다. 그런데 이 '문'도 역시 도덕의 이론에 불과하였기 때문에 공자의 교육은 한마디로 도덕 일색이었다.

이 네 가지 교과과목은 다시 둘로 나눌 수 있는데 '문'이 이론면이고, '행', '충', '신'은 실천면이다. 그 중에서도 공자는 실천면을 더욱 중요시하였다.

공자가 이런 도덕교육을 실시하는데 있어서 첫째, 감화를 위주로 하였다. 자기 자신이 행동으로 시범해 보임으로써 제자들이 감화를 받아 스스로 깨닫게 하였다. 둘째, 피교육자의 인격을 존중하였다. 제자들의 재능, 성격, 취미, 지식 정도에 따라서 적절한 교육을 실시하였다. 셋째, 문답식 교육에 치중하였다. 공자께서는 가르쳐 주기에 앞서 상대방의 열의를 촉구하고, 되도록 스스로 깨우치도록 유도하고 계발해 주었다. 주입식 교육이 아니라 어디까지나 자발적인 노력으로 해득하도록 하였다.

넷째, 전인교육을 들 수 있다. 인간의 모든 기능을 골고루 그리고 조화롭게 발전시키도록 하였다. "군자는 한 가지 그릇이 되어서는 안 된다." (『논어』위정편) 이는 인간의 풍부한 교양과 인격을 길러 원만한 사회생활을 영위할 수 있도록 해야 한다는 것이다.

다섯째, 신용교육을 들 수 있다. 공자의 교육목표가 실력을 쌓고 인격을 길러 나라를 바로 잡을 수 있는 일꾼을 기르는데 있었던 까닭에 어디까지나 현실에 눈을 돌려 이에 슬기롭게 적응할 수 있는 기능을 기르도록 하였다.

이렇게 공자의 교육은 처음부터 정치성을 띠었고 현실참여의 선비를 길러내려는 것이 그의 의도였다.

따라서 유교의 교육은 인격을 갖춘 인간으로서의 인간 교육을 근본정신으로 한다. 개개인 속에 들어 있고 만인에게 공통된 가치를 확인하며 인간의 본래적 생명을 실현케 하려는 것이다. 그렇게 함으로써 서로 이해하고 조화할 수 있는 바탕을 구축하려는 것이다. 또한 개인에게서의 자주정신과 인류사회에서의 봉공의식을 주 가치로 하는 인도주의 정신의 배양, 전통문화의 계승과 새로운 창조를 주된 이념으로 하고 있다.

공자는 생전에 일세의 사표가 되고 죽어서 백대의 목탁이 된 대인격자였다.

(9) 세계관 : 대동사회(大同社會)

대동사회는 중국 전국시대에서 한(漢)나라 초 사이에 유가학파(儒家學派)들이 주장한 일종의 이상사회다. 사람이 천지와 만물과 서로 융합하여 한 덩어리가 된다는 말이었는데, 유가학파들은 논리적 근거를 경서인 『예기(禮記)』 「예운편(禮運篇)」에 둔다.

큰 도[大道]가 행해지고 어진 사람과 능력 있는 자가 버려지지 않으며, 그들은 가족주의에 얽매이지 않고, 실천을 통해 덕(德)을 베푼다. 이에 노인은 자기의 생을 알고 편안한 마음으로 생을 마칠 수 있다, 그리고 젊은이는 모두 일할 수 있으며, 노약자, 병자, 불쌍한 자들이 부양되며, 길에 재물이 떨어져도 사리사욕을 채우려고 줍지 않는 세상이 된다. 백성들이 지극한 선한 마음으로 이웃과 함께 밝게 사는 사회는 도(道)와 덕(德)이 하나로 일치되어 도덕사회를 구현할 수 있어 대동사회를 이룬다.

대동사회는 세계를 하나의 가정으로 보는 안목이 형성되도록 이끌어나가기 때문에 대동장춘세계가 이루어진다는 것이다. 이는 사해동포주의(cosmopolitanism) 사상과 연관성을 가지고 있어 세계평화사상으로 계승

되었고 평화를 사랑하는 인류에게 세계일가 사상이 21세기의 패러다임으로 주목받고 있다.

2) 공부자의 생애

(1) 탄생

공자는 기원전 522년 10월 21일에 춘추전국시대 말엽 노나라 수도 곡부(曲阜)에서 얼마 떨어지지 않은 추(陬)라는 마을(지금의 산동성 곡부현 동남의 추성)에서 태어났다. 성은 공(孔), 이름은 구(丘), 자는 중니(仲尼)다.
아버지 숙량흘(淑梁紇)은 부인 시씨(施氏)와의 사이에서 딸만 아홉을 낳고 아들을 두지 못하여 대를 이을 후계자가 없음을 무척 안타까워하던 끝에 소실을 얻어 요행히 아들 하나를 낳았으나 다리가 온전치 못하였고 어려서 사망했다. 그는 나이가 이미 칠십을 바라보게 되었지만 슬하에 아들을 하나 두고 싶은 마음을 억제할 길이 없어 안씨(顔氏)의 셋째 딸 징재(徵在)를 아내로 맞았다. 이때 숙량흘의 나이가 예순, 아내 안징재는 열여섯 이었다고 한다. 이들은 정식 결혼도 하지 않고 살면서 아들을 낳기 위해 온갖 정성을 들였다. 더구나 아내 안징재는 니구산(尼丘山)에 가서 매일 신령에게 기도를 올렸다고 한다. 그리하여 이듬해 공자를 낳았다.

(2) 유소년시대

공자가 세살 때 부친 숙량흘은 세상을 떠났다. 모친은 오직 어린 공자를 키우는 것으로 낙을 삼고 절후를 따라 남편의 제사를 정성껏 지냈다. 이러한 어머니의 태도가 이심전심으로 어린 공자에게도 반영되어 여섯 살 난

어린 공자는 동네 아이들과 장난을 하면서도 곧 잘 제사 지내는 흉내를 냈다. 제단을 만들고 그 위에 여러 가지 제기를 늘어놓고 공손히 절을 하곤 하였는데, 그 거동이 어른다웠다. 후일 예(禮)의 화신이 된 공자의 인품은 이미 이 무렵에 기초를 닦았던 것이다.

공자는 신체의 발육도 좋았지만 두뇌의 발육은 더욱 좋았다. 보고 듣는 일이 남달리 영특하여 어머니의 말을 잘 알아듣고 잊어버리는 법이 없었으며 주위에서 일어나는 일을 예사로 보아 넘기지 않았다.

공자의 나이 열 살 때의 일이다. 그 무렵 정(鄭)나라는 자산(子産)이 정치를 맡고 있었다. 그는 유능한 정치가로 춘추의 강대한 제후들과 어깨를 나란히 하고 정나라를 주 나라의 완충지대로 유지하는데 성공하였다. 공자는 어렸지만 자산을 존경하였다. 그런데 하루는 사람들이 모여서 그를 가리켜 성미가 난폭하다고 욕설을 퍼부었다. 어린 공자는 옆에서 잠자코 듣고 있다가 사리를 올바르게 따지고 식견을 말해 주위 사람들을 감탄케 하였다.

그리고 공자는 15세 때에 학문에 뜻을 두었다고 말하였는데, 그 당시 귀족의 마을에서 세운 글방에 들어간 것으로 짐작된다. 그러나 워낙 살림이 넉넉지 못하여 정상적인 교육은 얼마 못 받았다고 한다. 여기서 공자가 뜻한 학문이란 제세안민의 길, 즉 넓은 의미의 수양을 말한다. 그 당시의 학문은 이치를 궁리하는 공부와 정신세계를 탐구하는 공부 모두를 내포하고 있다. 공자는 학문과 심신수련공부를 15세 때 접하였다고 볼 수도 있고 그의 실천적 정열은 대단하여 향학심이라는 용어는 그를 대신 할 정도였다. 그 용어에는 학문공부와 정신수련공부를 동시에 실천했다는 뜻이 내재되어 있다. 예컨대 그는 훗날 자기 자신을 회상하면서 향학심이 대단한 소년으로 여겨졌다는 것을 다음과 같이 말하기도 했다.

"10호밖에 안 되는 조그만 마을에도 반드시 나만큼 성실한 사람은 있지만 나만큼 학문을 좋아하는 사람은 없었다.”

그는 가난한 환경에서도 결코 배우기를 단념한 적이 없었다.

“나는 일찍이 종일 먹지도 않고 밤새도록 자지도 않으면서 생각해 보았으나, 얻은 것이 별로 없었다. 역시 성철(聖哲)의 가르침을 배움만 못하였다.”(『논어』위령공편)

얼마나 배우기에 힘썼는가를 이 말에서도 엿볼 수 있다. 그는 어디서나 배웠으며, 또 배운 것을 모조리 소화하여 자기 것이 되게 하였다. 그의 눈동자는 언제나 빛났으며, 배우기 위해서라면 물불을 가리지 않았다.

전하는 바에 의하면 공자는 예(禮)를 노담(老聃)에게서, 음악을 장홍(萇弘)에게서, 벼슬하는 도리를 담자(郯子)에게서 각각 지도를 받았다고 한다. 그러나 공자에게는 일정한 스승이 없었다. 그는 세상 사람이 함께 간다면, 그 가운데는 반드시 나의 스승이 있다(논어, 술이편)고 하였다. 그는 누구나 스승으로 삼고 학문, 곧 수도를 게을리 하지 않았다. 당시는 읽을 책이 귀하였으며, 그 내용은 대체로 마음의 양식이 되는 수도정진에 관한 것이었다. 이렇게 학문과 수행에 정진하는 동안 확고한 주관이 서게 되어 세상을 비판적으로 내다보기 시작했다. 그런데 그의 눈에 비친 세상은 크게 병들어 있었다. 도의는 땅에 떨어지고 피비린내가 코를 찌르는 약육강식의 어려운 세상이었다. 그는 어지러운 현실을 개탄하면서 차츰 자신의 사명을 자각하게 되었다.

그는 17세 때 모친을 여의었다. 그는 당시의 풍습에 따라 모친의 유해를 부친의 산소에 합장(合葬)해야만 하였다. 그러나 부친의 산소가 어딘지 알 길이 없었다. 다행히 어떤 노파의 도움을 받아 부친의 산소를 찾아서 모친을 합장하였다.

(3) 관료(官僚)시대

모친의 3년 상을 마친 공자는 19세 때 노나라의 말단 공무원이 되었다. 그의 직함은 위리(委吏)라 하여 창고지기의 일을 맡아 보았다. 일정한 고정수입이 있어 궁색을 면하게 되었다. 이 해에 공자는 결혼을 하였다. 신부는 송나라 사람으로 지금은 노나라에 와서 살고 있는 변관(辯官)씨의 딸이었다. 공자는 신부에게 "나는 학문에 뜻을 둔 가난한 선비로 부귀를 원하지 않소. 우리 살림은 남들처럼 넉넉하지 못하리다"라고 말한다. 살림이 무엇인지 생각해보지도 못한 그녀는 다만 기골이 장대한 남편이 믿음직스럽기만 하였다.

후년에 공자는 "거친 밥을 먹고 맹물을 마시며 팔을 굽혀 베개 삼아 누워 있을지라도 도에 뜻을 둔 즐거움이 그 가운데에 있으니, 부정과 불의로 얻은 부귀영화 따위는 내게는 저 하늘에 뜬 구름과 같다"(『논어』술이편)고 말했다.

그는 결혼한 지 1년 만에 아들을 낳았다. 공자로서는 첫아들이자 마지막 아들이었다. 노나라의 왕 소공(昭公)은 이 소식을 전해 듣고 축하의 뜻으로 잉어(鯉) 한 마리를 하사하였다. 이것은 공자의 명성이 이미 궁중에까지 알려져 있음을 입증하는 것이라 할 수 있다. 일개 말단 관직의 하잘 것 없는 젊은 관원의 득남에 군왕이 선물을 하사했다는 것은 공자의 깊은 학식과 고매한 인격을 가상히 여겨 특별히 취해진 일이었다. 그는 이러한 왕의 뜻을 기념하기 위해 아들의 이름을 이(鯉)라 하고, 자를 백어(伯魚)라 하였다.24) 그리하여 젊은 내외는 아들과 함께 화목한 가정을 이루었다.

---

24) 이(鯉)는 아버지와 달리 별로 학술적인 업적을 남기지 못하였다. 공자의 주위에는 언제나 제자들이 모여들었으므로 아들이라 해서 특별히 교육시키지 않고 그들과 함께 배우게 하였다. 그러나 그의 아들, 즉 공자의 손자 자사(子思)는 유학자로서 성실을 천지자연의 근본이라고 하며 천일합일의 철학을 세웠으며 『중용』을 저술하였다.

공자는 21세 때 창고지기인 위리에서 사직(司職)으로 승진했다. 사직이란 제사 때 제물로 바치는 가축을 기르는 일을 관할하는 일이며, 위리보다는 등급이 높다고 하더라도 여전히 하급 공무원의 지위를 벗어나지 못했다. 그러나 공자는 지위 고하에 구애되지 않고 맡은 일을 충실히 수행했다. 그러나 그의 명성은 점점 높아갔다. 그것은 충실한 국가 공무원으로서가 아니라 학식과 덕망이 높은 선비로서였다. 그것은 후일의 대성을 위하여 학업과 수양에 남달리 꾸준히 애써왔기 때문이었다. 그는 항상 "수양과 학문 연구와 옳은 일을 실천하는 일과 잘못을 알고도 고칠 수 없지 않을까? 이 네 가지 걱정을 하였다고 한다.(『논어』술이편) 이렇게 하루하루를 충실히 보냈으므로 남들의 눈에 현저히 돋보이게 된 것은 당연한 일이다. 다음해에는 태묘(太廟)에 들어가 사람들에게 제사법을 가르치게 되었다. 그 자리에 참석한 귀족들이 그의 말은 귀담아 듣지도 않고 시기부터 먼저 하는 것이었다. 그러나 공자는 "남들이 자기를 몰라줄지라도 불만을 품지 않고 진리 탐구에 열중한다면, 이 또한 군자다운 사람이 아니겠느냐."(『논어』학이편) 하고 조금도 개의치 않았다. 그리하여 주위의 여러 제후들은 앞을 다투어 자제의 교육을 맡아달라고 의뢰해 왔다. 공자가 사람들을 가르치기 시작한 것은 아마도 22, 23세 때 사직의 일을 맡아 볼 무렵인 것으로 짐작된다.

공자는 나이 삼십에 학문의 기초가 확립되었다고 스스로 말한 적이 있다. 이것은 도의 원리로써 인을 내세운 것을 의미한다. 공자가 숭상한 학문은 시(詩), 서(書), 예(禮), 악(樂)이었다. 그는 학문을 연구하고 몸을 닦아 나라의 살림을 바로잡는 큰 그릇이 되려는 것이 당초의 뜻이었다. "시로써 덕을 일으키고, 예로써 뜻을 세우고, 악으로써 정서를 길러 인격을 완성 한다"(『논어』태백편)는 것은 이를 가리키는 말이다. 또한 공자는 "군자가 폭넓은 학문을 연구하고 이를 요약하여 실천에 옮길 때는 예, 즉, 바른생활 규범을 기준으로 하면 도에 어긋나지 않는다"(『논어』옹야편)고 하여 일상생활에서 예를 매우 중요시했다.

① 첫 번째 외유(外遊)

공자가 35세 되던 해 노나라에는 큰 정변이 일어났다. 당시 노나라에서는 군주인 소공보다도 삼환(三桓 : 노나라 3대부 환공의 자손으로 맹손씨, 숙손씨, 계손씨)이 더 큰 세력을 장악하고 있었다. 그리하여 명색이 노나라 군사일 뿐, 삼환이 이를 삼분하여 각각 거느리고 있었다.

이 정변으로 소공은 제나라로 도망치고 왕이 없는 노나라는 혼란 상태에 빠져 버렸다. 공자는 전부터 삼환의 횡포를 못마땅하게 여겨 왔었는데 왕도 없는 그곳에 더 이상 머물러 있을 수 없다하여 제자들을 데리고 제나라로 떠났다. 이것이 그의 첫 번째 외유였다.

공자 일행이 태산 밑을 지나갈 때의 일이다. 한 여인이 무덤 앞에 슬피 울고 있었다. 공자가 제자를 시켜 그 여인이 우는 까닭을 물어 오게 하였다. 그 여인은 호랑이가 산에서 내려와 시아버지를 잡아가더니, 얼마 후엔 남편을 그리고 이번엔 아들을 잡아갔다고 한다. 공자는 다시 제자를 시켜 이 고장을 떠나지 않는 이유가 뭐냐고 물었더니, 이곳의 정치는 그다지 가혹하지 않다고 답하자, 공자가 이 말을 전해 듣고, "가혹한 정치는 호랑이보다 더 무섭구나!"하여 제세안민(濟世安民)을 반드시 이루어야 한다는 것을 마음 속으로 거듭 다짐하였다고 한다. 공자는 안자(晏子)와 일행을 데리고 상공업과 문화가 발달한 제나라를 향해 떠났다. 수도 임치(臨淄)는 그 당시 중국에서 문화도시로 손꼽을 정도로 대단히 번화했다.

제나라 경공은 공자가 30세에 재상 안자(晏子)를 대동하고 노나라에 갔을 때 공자와 정담(政談)을 나눈 일이 있었다. 그 때 경공은 공자의 높은 식견에 탄복하였다. 경공은 정치의 대도에 관해 물었다. 공자는 이렇게 답하였다.

"임금은 임금다워야 하고, 신하는 신하다워야 하며, 아버지는 아버지다
워야 하고, 아들은 아들다워야 합니다."(『논어』안연편) 이 말은 정치의 근
본은 명분을 세워 인륜을 바로잡는데 있다는 뜻이었다. 즉, 군신과 부자가
각각 맡은 일에 충실할 때 사회 질서가 바로잡히고 나라의 정치가 올바로
된다는 것을 강조한 말이었다. 그 무렵 제나라에서는 경공이 많은 후궁을
두었는데 태자를 봉하려 하사 서로 암투를 벌였던 것이다. 하지만 경공은
별로 반성의 빛이 보이지 않았다.

공자는 그의 나이 38세 때 제나라에서 자기의 경륜을 펼 수 없음을 알고
노나라로 돌아오고 말았다. 그가 노나라로 돌아가자 그를 맞아 준 것은 가
족과 제자들뿐이었다. 정세는 여전히 혼란 상태였다. 국내정세가 지나치
게 어지러워 공자는 그곳에서도 정치에 참여할 기회를 얻지 못하고 낙양
(洛陽)으로 향한다.

② 두 번째 외유

평생에 한번 정도는 가보고 싶었던 주의 수도 낙양에서 공자는 갖가지
고적들을 두루 살펴보았고 노자(老子)를 만나기 위해 노나라를 떠났다. 이
것은 공자의 두 번째 외유로 그의 나이 47세 때의 일이었다.

노자는 당시 낙양에서 주의 문물을 보관하는 곳의 책임을 맡고 있었던
것으로 생각된다. 공자는 당시의 예에 따라 기러기 한 마리를 노자에게 선
물한다. 그 때 노자의 나이는 공자보다 훨씬 많았었다. 공자는 노자와 인생
에 대해 논했다.

"어떻게 하면 도의를 잘 이룰 수 있겠습니까?"

노자는 "큰 장사는 좋은 물건을 깊이 간수하여 내놓고 자랑하지 않는
법이오. 이와 마찬가지로 군자는 덕을 지니고서도 밖으로는 어리석은 사
람처럼 행동해야 하오. 무엇보다도 교만과 욕심, 허식과 부질없는 뜻에서

벗어나야 하오. 이런 것들은 당신을 조금도 이롭게 하지 않소. 당신에게 할 말은 이것뿐이오"라고 하였다.

공자는 현실을 외면하는 노자의 사상이 못마땅하였으나 그의 늠름한 기품에 크게 느낀바가 있었다. 그는 애써 주관적인 편견을 버리고 모든 문제를 더욱 냉철하게 고찰하였으며 학문에 한층 더 정진하였다.

공자는 난세를 한탄하면서 섣불리 나서지 않고 당분간 제자들의 교육에만 전념하였다. 그는 이제 사상의 원숙기에 접어들어 그의 깊고 넓은 학식을 실천에 옮겨 볼 기회를 찾았으나 좀처럼 오지 않았다.

(4) 출사(出仕)

공자가 주의 낙양에서 노나라로 돌아온 후로 하극상의 폐풍은 최고조에 이르렀다. 공자는 나이 50세가 되었다. 그는 하늘이 자기에게 부여한 사명이 경세안민(經世安民)임을 믿어 의심치 않았다.

이 때 노나라에서 또 정변이 일어났다. 실권자 양호가 계환자를 제거하려다 뜻을 이루지 못하고 제나라로 도망치자 계환자의 가신 중에서 공산불뉴(公山不狃)라는 자가 새로운 강적으로 나타났다. 공산불뉴가 공자를 부르게 되었고, 공자가 공산불뉴에게 갈지도 모른다는 소문이 파다하게 퍼져 정공(定公)의 귀에 들어가게 되자, 정공은 사태가 심상치 않은 것으로 보고 공자를 중도(中都)의 재(宰 : 지금의 서울시장과 같은 직위)로 임명하였다. 이는 공자의 나이 51세 때의 일이었다. 국정을 바로 잡으려는 자신의 오랜 소망을 이룰 수 있는 계기가 마련되었기 때문에 공자는 정공의 부름에 응했다. 공자는 "소송을 공정하게 판결하는 것은 나도 다른 사람과 같지만, 내가 간절히 바라는 것은 백성들이 예의를 지켜 소송을 일으키지 않는 것이다"라고 말했다.

중도는 공자가 부임한 뒤부터 달라지기 시작했다. 모든 일을 공평무사하게 처리하여 인재 등용에 정실(情實)을 배제하고 적재적소에 배치하였다. 그는 주민의 생활 안정에 힘쓴 결과 길바닥에 떨어진 물건이라도 집어 가는 사람이 없었다. 그리고 장례식도 정성들여 간소하게 치르게 하였다. 거리의 저속한 모습도 사라지고 보행시의 남녀 구별도 뚜렷해졌다. 이를 가까이 본 정공은 공자의 인격이나 학식에 대하여는 높이 평가하였지만 이렇게 행정 능력까지 발휘할 줄은 미처 몰랐었다. 이듬해 공자는 사공(司空 : 재무장관급에 해당)으로 승진하였다. 그리고 얼마 안 되어 다시 사구(司寇 : 법무장관급에 해당)의 요직으로 승진하였다.

공자는 차츰 자신의 이상 정치를 실천하고자 했다. 그는 우선 귀족 세력인 삼환을 무너뜨려야 했다. 그는 도의정치(道義政治)의 이상을 실현하여 모든 백성들이 도리에 맞는 생활을 하기를 원했다. 그는 도의가 사람을 속박하는 것이 아니라 진정한 자유와 평화를 가져오는 것이라고 믿었다.

공자가 45세 때에 한 아버지와 아들이 맞고소를 해 온 일이 있었다. 공자는 이들 부자를 같은 감옥에 석 달 동안 가두어 두게 했다. 석 달이 지나자 아버지 쪽에서 후회하고 고소를 취소하였다. 그래서 공자는 감옥에서 이들 부자를 다 내놓았다. 이 소식을 전해들은 계환자가 말하기를 "그는 전에 나에게 말하기를 나라를 다스리는 데 있어서는 효(孝)를 제일 중요시해야 한다고 하였다. 따라서 그 불효자를 마땅히 사형에 처하여 백성에게 효도의 중함을 가르쳐야 할 터인데 무죄로 석방하다니 어찌 된 일이냐?"라고 공자의 제자 염유에게 물었다.

염유에게 이 말을 전해들은 공자는 말했다.

"위에서 남을 다스리는 자가 백성을 함부로 죽인다는 것은 있을 수 없는 일이다. 효를 가르치기 전에 그 죄를 다스리는 것은 무고한 사람을 죽이는 결과가 된다. 윗사람의 가르침이 고루 퍼지기 전에는 백성들에게 죄가 있다고 볼 수 없다. 법령을 엄하게 만들어 마구 처벌하는 것은 백성만 들볶는 짓이고, 물자를 거두어들이거나 세금을 징수할 때 시기를 고려하지 않는 것은 백성을 괴롭히는 일이며, 잘 타이르지 않고 결과만 책망하는 것은 잔악한 짓이다. 정치에는 이 세 가지 과오가 없을 때 비로소 형벌을 내릴 수 있다.”

염유는 그제야 탄복하고 자신의 경솔함을 송구스럽게 생각하였다.

공자의 나이 55세 때, 사구(司寇)로서 재상의 실권도 겸하게 되었다. 공자는 매우 흡족하였다. 이제야 마음껏 원대한 경륜을 펼 수 있게 되었기 때문이다. 공자가 국정에 참여한 후로 왕정을 회복하고 일취월장 눈부시게 발전하는 노나라를 가장 두려워 한 것은 이웃의 제나라였다. 제나라의 군신들은 노나라의 발전을 저지하는 길은 공자를 제거시키는 길이라고 생각했다. 이들은 덕을 이기는 길은 여색이 가장 좋다는 의견에 모두 동의하였다.

제나라는 문화가 가장 발달한 나라인 동시에 안일한 퇴폐풍조로 유녀들이 많았다. 제나라 군왕은 사신을 통해 정공에게 악녀(樂女)와 준마를 선물로 보낸다. 정공은 궁중으로 미녀들을 불러들여 계환자와 함께 날마다 노래와 춤으로 세월을 보냈다. 공자는 몇 차례 정공을 찾아갔으나, 정공은 공자를 귀찮게 생각할 뿐이었다.

공자는 진퇴와 거취에 대하여 냉정히 생각해 보았다. 정공은 본래 지각이 없는 임금이요, 계환자도 가신 공신불뉴의 세력을 꺾기 위해 자기를 이용한 것이었다. 이제는 이들과 손을 잡고 국정을 의논할 여지가 없게 되었다. ‘나의 주장이 세상에 용납되지 않는구나. 이것이 천명인가 보다’하고 공자는 노나라를 떠나기로 결심한다. 그의 나이 56세 때 공자는 위나라로 떠났다. 이로부터 14년간의 주유천하 시대가 시작되었다.

(5) 주유천하

　당시 위나라의 정치는 비교적 안정되어 영공이 38년 동안이나 통치하고 있었으며, 그 밑에서 공자를 흠모하는 거백옥(蘧伯玉)이 정무를 원만히 처리해 나가고 있었다.

　공자의 명성은 위나라에도 이미 널리 알려져 있었다. 공자가 노나라에서 벼슬을 내놓고 위나라로 왔다는 소문이 퍼지자 중신들은 당황하였다. 위나라의 영공은 공자를 반겼지만 결단에는 우유부단이었다. 그리고 위나라의 신하들이 반대했다. 공자가 그들의 정치를 돌보아 준다면 나라가 발전할 것은 정한 이치이지만, 자칫하면 그들은 공자의 그늘에서 기를 펴지 못할까 우려했기 때문이다.

　공자는 위나라의 영공에게 실망하고 진(陳)나라로 가기 위해 길을 떠났다. 그는 천명을 받아들일 마음의 준비가 되어 있었다. '어진 사람은 슬픔에 잠기지 않고 지혜로운 사람은 후회하지 않으며, 용감한 사람은 두려워하지 않는 법이다'라고 하였다.

　공자 일행은 진(晉)나라로 향했으나 국경지대에 이르러 당시 진나라의 유력한 권신 조간자(趙簡子)가 어진 선비 두 사람을 무참히 처형하였다는 소식을 듣고, 방향을 돌려 다시 위나라로 향하였다. 자공은 공자가 공손술과의 약속을 어기는 것을 보고 묻자, 공자는 "그야 강제로 한 약속이 아니냐? 그런 약속은 이행하지 않아도 하늘이 벌하지 않는다."고 하였다.

　위나라로 되돌아 온 공자를 영공은 반가이 맞이한다. 공자는 공손술의 세력이 커지기 전에 처치하는 것이 좋겠다고 영공에게 건의하였으나, 이 고장이 진과 초의 두 나라로부터 위를 보호하는 완충지대라는 신하들의 의견을 받아들여 선뜻 공자의 건의를 받아들이지 못했다. 그리하여 공자는 위나라를 떠나기로 하였다. 영공은 나라 일을 공자에게 맡길 결심은 하지 못하면서도 공자가 언제까지나 위나라에 머물기만을 바랐다. 그러나 번번이 말없이 떠나는 공자를 붙잡을 수는 없었다.

이때부터 공자의 제자들 가운데는 앞날에 대하여 불안을 느끼고 마음이 차차 동요되는 사람이 생기기 시작하였다.

진나라는 송나라 남쪽에 자리 잡은 조그마한 나라로 오와 초, 두 나라의 전쟁 사이에 끼어 언제나 편할 날이 없었다. 당시의 군주 민공(潛公)은 공자를 정중히 맞아들여 그의 가르침을 받았다.

민공을 비롯하여 대부들은 공자의 박식함에 감탄하였다. 그러나 민공은 의지가 박약하여 공자를 등용하기를 끝내 주저하였다. 그 때 공자는 위나라의 영공이 자기를 몹시 그리워 한다는 소식을 전해 듣고 위나라로 떠났다. 이것이 그의 세 번째 위나라 방문이었다.

그러나 막상 위에 와보니 영공은 이미 늙어서 정치에 의욕을 상실하였고 공자를 여전히 등용할 생각은 하지 않았다. 하루는 공자가 영공에게 정치에 대한 근본 문제를 열심히 들려주는데, 마침 머리 위로 기러기가 날아가자 거기에 정신을 팔고 있었다. 이를 본 공자는 궁정에서 물러나와 다시 진나라로 떠났다. 그 후에 영공은 재위 42년 만에 세상을 떠났다. 공자의 나이 59세 때의 일이다.

진나라로 돌아와 해가 바뀌었다. 이 해 노나라의 세도가였던 계환자가 죽었다. 그는 우리 노나라도 강국이 될 좋은 기회였는데 내 불찰로 공자를 노엽게 하여 나라에 큰 손실을 가져왔다고 자탄하면서 후계자인 계강자에게 공자를 등용할 것을 유언으로 남긴다.

하지만 계강자의 신하들은 공자의 고집을 당하지 못하게 되면 더욱 큰 수치를 면하지 못할 것이라며 말린다. 이 말을 듣고 계강자는 선왕의 유언을 저버릴 수 없어 공자 대신 제자인 염유를 등용한다.

공자는 햇수로 3년 동안 진나라에 머물러 있다가 섭(葉)나라를 거쳐 채

(蔡)나라로 떠났다. 채나라로 가는 길에 자로를 시켜 밭을 갈고 있는 두 농부에게 나루터가 있는 곳을 물어오게 하였다. 두 농부는 장저와 걸익이라고 하는 은자였다. 자로는 장저에게 나루터가 어디 있는지 묻자, "천하를 떠돌아다니는 공자라면 나루터가 어디라는 것쯤은 알고 있을 텐데……"라며 가르쳐 주지 않았다.

자로는 옆에 있는 걸익에게 물었다. 걸익은 자로에게 누구냐고 물었고, 자로는 노나라 공자의 제자라고 밝힌다. 그러자 걸익은 "온 천하가 탁류와 같이 어지럽게 소용돌이치고 있는데, 당신의 사부는 누구와 함께 이 난세를 바로잡겠다는 거요. 당신은 '이 사람도 나쁘다, 저 사람도 글렀다'하고 사람을 찾아 헤매는 그런 사부를 따라 다니는 것보다 차라리 우리네와 같이 이 어지러운 세상을 초연하게 숨어 사는 사람을 따라다니는 것이 나을 거요."

그는 이렇게 말하고 계속 밭고랑에 씨앗을 뿌렸다. 자로가 돌아와서 이 말을 전하자 공자가 말하였다.

"세상을 피해 새나 짐승들과 함께 살 수는 없다. 사람이 사람과 함께 살지 않고 누구와 산단 말이냐? 만일 세상에 도가 있다면 나도 구태여 동분서주하지 않을 것이다."(『논어』 미자편)

채나라에 있는 동안 초나라 소왕에 관한 이야기를 전해 듣는다. 어느 날 초나라가 오나라 군대와 맞서서 진을 치고 있는데 하늘에 빨간 구름이 3일 동안 태양을 가리고 있었다. 소왕은 천문을 맡아보는 관원에게 그 까닭을 알아오게 하였다. 관원은 초나라 임금에게 불길한 징조가 있으므로, 신에게 제사를 지내면 그 재앙이 신하에게 옮아가게 된다고 보고하였다. 그러자 소왕은 자신을 대신하여 신하에게 재앙을 받게 할 수는 없다고 하였다. 소왕은 시름시름 앓기 시작하더니 아무리 약을 써도 좀처럼 낫지 않았다.

공자는 이 이야기를 채나라에서 전해 듣고 신하를 사랑하는 그의 자애심과 철저한 인본 사상을 크게 치하하였다. 그 때 초나라 소왕은 이렇게 중대한 난국에 유능한 제자들을 거느리고 열국을 순방하고 있는 공자를 모셔오기 위해 사신을 공자에게 보냈다. 공자는 초나라 소왕이 영특할 뿐만 아니라 신흥국가이므로 자신의 뜻을 비교적 펴기 쉬울 것이라 생각해 초나라로 갈 준비를 서둘렀다.

이 소식이 채나라와 진나라까지 전해지자, 초나라가 강대국이 될지 모른다는 생각에 공자 일행을 포위한다. 초나라로 향하지 않겠다고 해도 그들은 풀어주지 않았다. 그런데도 공자는 태평스럽게 수레 위에서 책을 읽거나 거문고를 타며 아무 걱정도 하지 않았다. 자로가 "아마도 우리의 인덕이 부족하여 사람들이 우리말을 믿지 않나 봅니다. 그렇지 않으면 아직 우리가 현명하지 못하여 사람들이 우리의 가르침을 따르지 않는 것 같습니다."라고 말한다.

그러자 공자는 "만일 인덕이 있는 사람이 언제나 신임을 받게 마련이라면 백이(伯夷)와 숙제(叔薺)는 어찌하여 수양산에 들어가 굶어 죽었겠느냐? 그리고 만일 현명한 사람을 누구나 따르게 마련이라면 비간(比干)은 주왕(紂王)에게 간하다가 살해당했겠느냐?" 그러자 자공은

"사부님의 이상이 너무 높기 때문에 일반 사람들에게 잘 통용되지 않나 봅니다. 저의 생각으로는 이상과 현실을 적당히 절충하는 것이 어떨까 합니다."

공자는 자공의 말을 듣고 이렇게 말하였다.

"농부가 아무리 열심히 밭을 갈아 정성껏 씨를 뿌리더라도 수확이 좋으리라고 보장하지는 못하는 법이다. 또 공인(工人)이 아무리 좋은 물건을 만들더라도 손님들의 마음에 꼭 맞으라는 보증은 못하는 법이다. 군자는 마땅히 도를 닦고 사람들에게 올바른 길을 가르쳐야 하지만 그렇다고 반

드시 그들이 그 가르침을 잘 받아들인다고 보장은 못하는 것이다. 지금 너는 도를 닦기 보다는 사람들로부터 환영받기를 더 원하지 않느냐? 그렇다면 너의 뜻은 원대하지 못하다" 고 하였다.

공자는 초나라로 발길을 옮긴다. 공자 일행이 채나라 어느 벌판에서 괴한들에게 포위되어 고초를 겪게 되었다. 공자 일행은 초나라 군사의 구출로 초나라로 들어가 초나라 진중에서 소왕을 만났다. 그는 병상에 누워 있었으나 공자를 보고 매우 반가워하며 장차 공자에게 서사의 땅 7백 리를 줄 심산이었다. 그러자 초나라의 재상 자서(子西)는 공자에게 7백리의 땅을 주었을 경우 공자가 그 유능한 제자들과 함께 강대한 나라로 발전시킨다면 초나라의 운명은 어떻게 되겠느냐며 심사숙고 할 것을 요청한다.

소왕은 병석에 누워 결단을 내리지 못하다가 세상을 떠나고 만다. 공자는 자신을 반대하는 초나라에 있을 필요가 없다고 생각하여 위나라로 향해 떠났다. 이렇게 공자는 어느 나라에서나 자기의 경륜을 펴 볼 기회를 갖지 못했다.

위나라에 머무는 동안 노나라에서는 제나라의 침입을 받아 공자의 제자 염유가 적을 크게 무찌른다. 그러자 계강자가 염유의 병법을 묻는다. 염유는 자신의 스승 공자에게 배운 것이라며 "만일 공자를 등용한다면 지상천국을 이룰 수 있을 것입니다. 그는 덕치의 명수로 자기 자신을 위해서는 추호도 권력을 남용하는 일이 없습니다." "그러면 그 분을 모셔올 수 있을까요?" "모셔올 수 있습니다."

그리하여 공자는 68세에 14년 동안의 유랑생활을 마치고 노나라에 돌아왔다. 이역만리 길을 두루 돌아다니며 정치다운 정치를 하여 모든 백성들로 하여금 올바른 길에서 벗어나지 않도록 하려는 그의 위대한 포부는 끝내 펴볼 길이 없었다.

(6) 고향에서 만년의 삶

고국을 떠난지 14년 만에 노나라에 돌아와 보니 부인은 이미 2년 전, 즉 공자의 나이 66세 때 세상을 떠난 뒤였다. 그의 부인은 공자가 열국 유랑의 길에 오른 후 간혹 소식을 얻어 들을 뿐, 10여 년을 아들과 함께 쓸쓸히 세상을 보내다가 작고하였다.

공자는 나라에서 국로(國老)의 대접을 받았다. 국로란 경(卿)·대부(大夫) 벼슬을 지난 사람에게 예로써 대우하는 것을 말한다. 공자는 이런 대접을 받으면서 정치의 자문에 응하였다. 당시 노나라는 오·제 두 나라의 외환이 긴박하여 전부(田賦)라는 세제 개혁에 대해 공자의 의견을 물었다. 전부란 땅에서 나오는 곡식의 수입에 의하여 징수하는 세금으로 중국의 여러 가지 세금 중에서 그 기원이 가장 오래된 것이다. 이는 기존의 세금을 16배나 인상하는 것이었다. 공자는 이 개혁안을 반대하였으나 해가 바뀌자 공자의 승인없이도 세제 개혁을 기어코 실시하게 되었다. 공자는 계강자의 부당한 처사를 크게 꾸짖고 밑에서 이를 방조한 제자 염구는 '나의 제자가 아니다'라고 까지 극언하였다. 이해에 공자는 69세였고, 그의 아들 백어(伯魚)는 나이 50세로 세상을 떠나 공자는 손자인 자사(子思)와 함께 여생을 보내게 되었다.

공자는 날이 갈수록 노쇠하여 자리에 눕는 일이 많았다. 그리하여 자로는 자기의 제자 몇 사람을 공자의 가신(家臣)으로 정하여 그 시중을 들게 하였다. 어느 날 병세가 나아지자 공자가 이 사실을 알고 자로를 꾸짖었다.

"자로는 오랫동안 거짓 행동을 해왔구나. 나는 대부의 벼슬을 내놓고 가신이 없어진지 오래다. 세상도 속일 수 없는데 하늘을 속이려 했구나. 나는 대부로서 가신들의 호송 아래 죽기보다는 제자들 곁에서 죽고 싶다. 비록 내가 성대한 장례로 묻힐 수 없더라도 설마 길바닥에서 죽기야 하겠느

냐?"(『논어』자한편)

또 하루는 공자의 병세가 중하므로 자로가 병이 낫도록 기도를 드리려 하였다. 그러자 공자가 이렇게 물었다.

"그런 전례(前例)가 있느냐?"

자로가 대답하였다.

"네, 있습니다. 제문에 '너를 위해 하늘과 땅의 신들에게 기도한다'고 하였습니다."

"그런 기도라면 나는 해온 지 오래 되었다."(『논어』술이편)

즉, 자신은 천지신명의 뜻에 어긋나지 않게 살아왔으므로 새삼 기도할 필요가 없다는 말이었다.

공자는 노나라로 돌아온 후에는 주로 제자들에 대한 교육에 힘을 기울이는 한편 저술과 고전 정리에 골몰하였다.

죽음을 몇 달 앞둔 공자의 생활은 매우 쓸쓸하였다. 어느 날 그는 제자 자공에게 이렇게 말하였다. "나는 이제 아무 말도 하고 싶지 않다."

"사부님께서 아무 말씀도 하지 않으신다면 저희들은 사부님의 가르침을 어떻게 전하면 됩니까?"

"저 하늘을 보려무나. 하늘이 무슨 말을 하더냐? 그래도 4시절이 운행되고 만물이 생장한다."(『논어』양화편)

기원전 479년 봄, 공자는 몸에 이상을 느끼고 자리에 눕게 되었다. 자공이 이 말을 전해 듣고 달려가니 공자가 말했다.

"나는 지난 밤에 두 기둥사이에 앉아서 제주(祭酒)를 마시는 꿈을 꾸었다. 하나라 사람들은 장례를 치르기 전에 관을 동쪽 뜰 위에 안치하고, 주나라 사람들은 서쪽 뜰에 안치하였으니, 나는 분명히 은나라의 후손이로구나."

공자는 뜰에서 노래를 부른 그 날부터 의식을 잃더니 그로부터 한 주일 만에 조용히 운명하였다. 4월 11일 공자의 나이 73세였다.

사기에 의하면 공자의 제자는 3천명이었고 그 중에서 고대 중국의 여섯 가지 교육과목(六藝)에 정통한 자는 72명이었다고 한다. 이 중에서 특히 뛰어난 열 사람의 제자를 공자의 문하 10철(十哲)이라고 한다.

4. 도교(道敎)

노자와 장자(莊子)의 사상을 중심으로 형성된 도가(道家) 그리고 노자(老子)를 교조로 삼은 오늘날의 중국, 타이완, 홍콩의 토착종교인 도교(道敎)와는 크게 구별된다. 전자는 노장(老莊)철학을 중심으로 형성된 학문적 계파이고 후자는 후한(後漢)시대에 패국(沛國)의 풍읍(豊邑)에서 태어난 장도릉(張道陵)이 세웠다고 전한다. 그는 만년에 장생도(長生道)를 터득한 뒤 곡명산(鵠鳴山)에 들어가 신자(信者)를 모집했다. 그의 신자들은 다섯 되의 쌀(斗)을 바쳤기 때문에 오두미도(五斗米道) 또는 미적(米賊)이라고도 불렀다.

차후 도교가 상류 지식층의 신앙이 되면서 교리와 학설·교양 등의 체계화가 필요했다. 3～4세기 무렵 위백양(魏伯陽)과 갈홍(葛洪)의 학술적인 기초 제공은 도교가 하나의 종교로서 이론체계를 갖추는데 크게 기여했다. 또한 구겸지(寇謙之)가 전래 종교인 불교의 의례(儀禮)를 수용하여 도교를 천사도(天師道)로 개칭함으로써 종교로서의 교리와 조직이 정비되었다.

우리가 여기서 논하고자 하는 것은 노자의 도가(道家)사상이나 편의상 혼란을 피하기 위해 일반적인 관점에서 주제어를 도교라고 하였음을 먼저 밝힌다.

학술적 도가사상의 원천은 노자라고 알려졌다.[25] 노자의 본 이름은 이이(李耳)이며 자는 담(聃) 또는 노담(老聃)이라고도 한다. 그 당시 성(姓)

---

25) 노자는 전설적 인물이다. 노자의 출생에 대한 여러 이야기가 전해온다. 『사기(史記)』의 각주에 따르면, 노자가 어머니의 뱃 속에 81년 동안이나 있다가 어머니의 좌측 겨드랑이에서 태어났다는 이야기도 있다. 또 노자의 어머니인 현묘옥녀(玄妙玉女)의 꿈에 유성이 입으로 들어가 임신한지 72년 만에 노자가 태어났다는 이야기도 있다. 태어난 아기의 머리가 뱃속에 오래 있어서 이미 늙은이처럼 하얗게 되었기 때문에, 노자 즉, '늙은 아이'라는 이름이 붙었다는 전설이 있다. 물론 노자는 '존경스러운 스승'이라는 뜻의 존칭이었을 것이다.

아래 자(子)를 붙이는 것은 존칭으로서 장자, 순자, 한비자 등을 보더라도
알 수 있다.『사기정의』에 담(聃)에 대해 "담이란 귀가 질펀하고 귓바퀴가
없다는 뜻"이라고 기록했다. 어쨌든 노자는 귀가 길고 컸던 것 같다.

　그는 초(楚)나라 고현〔苦縣:허난성(河南省) 鹿邑縣〕에서 출생했다
고 하나 연도는 확실치 않다. 다만 그가 춘추시대(春秋時代) 말기 주(周)
나라의 수장실사(守藏室史:장서실 관리인)였다는 것은 알려졌다.『사기』
의 기록에 따르면 노자는 "주나라가 쇠퇴해가는 것을 보고 관직을 버리고,
서쪽의 관문으로 갔는데 그의 최후를 아는 사람은 아무도 없다"고 한다.

1) 노자와 도덕경(道德經)

　노자의 일생 가운데 가장 큰 업적은 이미 위에서 언급되었듯이『도덕경』
을 저술한 일이다. 노자가『도덕경』을 저술하게 된 계기는『사기』에 이렇
게 적혀 있다.

　노자는 허무(虛無)의 도덕을 닦아서 스스로 재능을 숨겨, 이름이 드러
나지 않도록 힘쓰는 데에 학문의 목표를 두었다. 주나라에 오래 머물렀는
데, 주나라가 쇠퇴해지자 마침내 떠나기로 작정하고, 서쪽으로 가다가 함
곡관이라는 고개에 이르렀다.

　관령(關令) 윤희(尹喜)가 전날 밤 꿈에 한 성인이 물소를 타고 고개로
오는 것을 보았는데, 노자를 보고 분명히 꿈에 점지 받은 성인이 틀림없다
고 생각했다. 그래서 윤희는 왜 세상을 등지려 하시느냐고 말렸지만 쓸데
없음을 깨닫고, "선생님께서는 이제 은거하시려고 하니, 이 사람과 후세를
위해 가르침을 남겨주십시오"라고 청하였다.

　이에 노자는 3일 동안 함곡관에 머물면서 상하 두 편을 저술하여 도덕
의 의미를 밝힌 5천여 글자를 남기고 관(關)을 떠났다. 그 후로 노자의 최

후를 아는 사람은 아무도 없었다.

여기서 노자는 도덕을 닦고, 자은(自隱), 무명(無名), 무위(無爲)에 힘썼음을 알 수 있다. 이때에 그가 쓴 『도덕경』을 『노자』라고도 한다.

노자의 사상은 후세에 이르러 중국 고래의 여러 가지 사상을 흡수하여 도교(道敎)라는 새로운 종교를 이룩했다. 도교에서는 노자를 자기 종교의 개조(開祖)라고 받들고 있어서 도가사상과 혼돈하기 쉬우나 도교와 도가(道家)는 판이하게 다른 것이다. 도교에서는 불로장생(不老長生)을 지향하며 선술(仙術 : 신선이 행하는 술법)을 믿고 있는데, 이것은 생사를 초월하는 노자와 장자의 사상과는 크게 다른 것이다. 그러나 이 세상의 일반적인 가치를 부정하고 현실을 초극(超克)하려는 기본태도에 있어서는 상통(相通)하는 점이 많다. 어떻든 도가사상의 변질이라고도 볼 수 있는 도교는 민간신앙과 결합하여 민간생활 깊숙이 파고들었다. 그 후 2000여 년의 역사를 통하여 중국 사회의 외면(外面)을 지배해 온 것이 유교라면 그 내면을 다스려 온 것은 도교라고 할 수 있다.

그러면 도교는 어디서 시작되었는가? 도교의 시조에 관한 서책을 살펴보면 도교의 근원은 노자에게서 나왔다. 그는 스스로 말하기를 도는 하늘과 땅보다 먼저 생겨나 만물의 근원이 되었으며, 위로는 옥경(玉京 : 하늘위에 옥황상제가 산다는 가상적인 서울)에 자리 잡아 신왕(神王)들의 조종(祖宗)이 되었고, 아래로는 자미(紫微 : 天帝가 거처하는 곳)에 거처하면서 날아다니는 신선들의 종주(宗主)가 되었다고 한다.

따라서 도교의 창시자에는 노자가 그들의 개조로 받들어 졌고, 그의 도덕경은 도교의 성전으로 존중되었다. 그 후 무수한 개조들과 노교의 진인들이 덧붙여지게 되었다. 그러나 도교는 시종 노자와 그의 『도덕경』의 역할을 부인할 수 없다. 중국에는 옛날부터 여러 가지 귀신에 대한 신앙과 무술(巫術)을 비롯하여 음양오행설(陰陽五行說)같은 이론이 민간에 유행

했었는데 여기서 신설술이 보태지며 노자의 도가 사상이 결합함으로써 도교가 형성되기에 이르렀다.

그리하여 도교는 두 계통으로 발전해 왔다. 하나는 남방의 정일교(正日教)인데, 이들은 부록(符籙)과 과교(科教)를 위주로 한다. 북방의 전진교(全眞教)는 복식(服食)과 연양(煉陽)을 위주로 한다. 정일교는 교리를 존중하고 전진교는 수양을 위주로 한다.

(1) 도덕경을 통해 노자의 깨달음을 접하다

① 도(道)와 덕(德)

노자의 도덕경은 도경(道經)과 덕경(德經)으로 되어 있다. 도덕경은 노자의 중심사상인 '도'와 '덕'의 뜻을 이야기하고 있다. '도'란 유교와 도교의 '가장 기본이 되는 원리'를 뜻하고, '덕'이란 '도'를 따라 사람과 사물을 통하여 발휘되는 기능을 말한다. 다시 말하면 '덕'이란 '도'의 발현이기 때문에 '덕'의 성격은 '도'에 의하여 결정된다. 그런데 공자와 노자는 똑같이 '도'란 말을 쓰고 있지만 그 '도'의 성격은 현저히 다르다.

노자의 '도'는 우주적인 관점에서 절대적이고 본원적인 것이다. 그것은 사람에 관계되는 올바른 도리뿐만 아니라 형이상학적인 인간과 만물 그리고 우주 전체의 본체(本體)를 뜻한다.

유교의 "일음(一陰) 일양(一陽)을 도라고 한다(易經)." 인간의 도(道)뿐만 아니라 '하늘의 도(天道)'에 관한 도의 개념조차도 '인간으로서의 올바른 도리' 곧, '사람의 도리(人之道)를 전제로 한 것이다. 이에 비하여 노자의 도는 인간의 존재 이전의 우주의 본원(本源)이며 만물의 생성과 존재의 법칙인 것이다.

"어떤 물건이 혼돈되어 있었는데, 그것은 하늘과 땅의 생명보다 앞서 있었다. 아무 소리도 없고 아무 형체도 없지만, 홀로 존재하며 바꾸어지지 않고, 모든 것이 두루 행하여지면서도 위태롭지 않으니, 천하의 모체라 할 만한 것이다. 나는 이 이름을 알지 못하므로 그것을 도(道)라고 이름 지었고, 억지로 그것을 대(大)라고 부르기로 하였다.(『도덕경』25장)"

노자의 '도'는 공자처럼 인간의 당위법칙으로서의 범주를 뛰어 넘어 우주의 생성보다 앞선, 그리고 '천하의 모체(母體)'가 되는 절대적인 것이다. 곧, 우주의 모든 존재는 '도'를 바탕으로 하여 이루어졌고, 도로 말미암아 존재하고 있다. 따라서 도란 인간 지성의 한계를 초월한 절대적인 것이어서, 사람으로서는 그 존재를 정확하게 파악하기도 어렵고 말로써 그것을 표현하기도 어려운 것이라고 했다.

어쨌든 이러한 '도'에 대한 인식은 노자의 학문 내용을 도에 관한 추구가 되게 하였고, 그 사상의 전개는 '도'에 대한 순종의 길을 모색하는 것으로 만들었다. 노자의 학파를 도가(道家)라 부르고, 이들의 사상을 '도가사상'이라고 부르는 근거가 여기에 있는 것이다.

노자의 도에 관한 이러한 성격 때문에 도의 발현인 덕도 공자의 덕과는 그 성격이 판이해진다. 공자는 사람을 통하여 발휘되는 올바르고 훌륭한 효능이 곧 '덕'이라고 하였으나, 노자의 덕은 인간이 올바르다는 판단이나 훌륭하다고 생각되는 행위를 초월한 것이 된다. 노자는 인간들이 올바르다, 그르다는 판단이나 모든 의식적인 작위(作爲) 자체가 도에 어긋나는 그릇된 것이라고 생각하였다. 곧 '덕'이란 '도'가 우주를 생성하고 존재케 하고 있는 상태와 같이 극히 자연스럽고 있는 그대로의 상태이어야만 하며 거기에는 아무런 인간의 의식적인 행위(行爲)도 가하여지지 않아야만 하는 것이다.

이러한 노자의 기본 개념 때문에 공자의 유가사상이 현실주의적이라면, 노자의 도가사상은 초현실적이다. 노자는 사람들이 자신의 이성이나 능력이 유한하다는 것을 의식하지 못하는데서 인간의 모든 갈등과 분쟁이 생기는 것이라고 생각하였다. 노자는 '도'라는 절대적인 원리를 추구함으로써 사회의 부조리뿐만 아니라 인간이 타고난 모든 불행의 요인으로부터 해방되자는 것이었다.

노자사상의 근본 목표는 '도'가 지니는 무위(無爲 : 자연의 법칙에 따라 행위하고 사람의 힘(人爲)으로 하지 않는 것)하고 자연스런 '덕'을 터득함으로써, 우주의 한 구성요소로서의 인간 본연을 회복하자는 것이다. 이것은 사람들의 이성이나 감성 또는 욕망으로부터 사람들을 해방시켜, 인간의 완전한 자유 곧, 완벽한 행복을 이루자는 데 있다.

② 우주의 본원(本源)으로서의 도 : 무(無)

노자에 의하면 '도'란 바로 우주의 본원이다. 하늘이며 땅이며 온 만물이 '도'를 바탕으로 하여 이루어졌다는 것이다. 그 '도'를 대(大)라고 부르는데, 그 대는 끊임없이 변화하여 간다. 끊임없이 변화하는 것은 멀리 극도(極度)에까지 이른다. 극도에 다다르면 제자리로 되돌아간다. 그러므로 도란 위대한 것이며, 하늘도 위대하고 땅도 위대하며 왕도 역시 위대하다. 그런데 사람은 땅을 법도로 삼고 땅은 하늘을 법도로 삼으며, 하늘은 도(道)를 법도로 삼고 도는 자연을 법도로 삼고 있는 것이다.(『도덕경』25장)

제25장은 '도'의 개념을 가장 구체적으로 설명하고 있다. '도'란 하늘과 땅보다도 앞서 존재하는 것이며, 우주 만물의 생성과 변화 그리고 모체로서 영원히 변함없이 모든 것을 지배하고 있는 것이다. 따라서 '도'의 존재나 성격은 사람의 이성으로서는 정확히 파악할 수도 없는 것이며, 적당한 명칭도 없어 임시로 '도'라 부르기로 하였지만, 그 위대한 작용에서 볼 때에는 '대(大)'라 불러도 좋을 듯하다. 노자는 이처럼 절대적이고 우주의 본원으로서 영원한 원리를 막연히 파악하고 있을 뿐만 아니라 그것을 사람

들에게 적용시키는데 역점을 두고 있다.

　노자는 다시 '도'에 대하여 "위대한 덕(德)을 지닌 사람의 모습은 오직 도만을 따른다. 도라는 것의 성격은 황홀해서 종잡을 수가 없다. 종잡을 수 없는 그 가운데 만물이 존재하는 것이다. 심원하고 어두운 그 가운데 정수(精粹)가 존재한다. 그 정수는 매우 참된 것이어서 그 가운데 진실한 증험(證驗)이 드러난다. 옛날에서 지금에 이르기까지 그 이름은 사라져 버린 일이 없이 만물의 생성과 소멸을 총괄하여 왔다. 우리는 무엇으로써 만물의 생성과 소멸이 그러함을 아는가 하면 바로 이러한 까닭 때문이다.(『도덕경』21장)

　여기에서 '황홀하다'는 것은 사람의 육감으로는 파악하기 어려운 것임을 형용한 말이다. 그러나 도는 의연히 존재하면서 만물의 생성과 소멸을 지배하는 근본이 되고 있는 것이다. 제14장에서도 다음과 같은 말을 하고 있다. '도'란 만물의 생성변화의 근본이 되는 것이지만 사람의 지각으로서는 종잡을 수 없는 것임을 설명하고 있다. 그것은 도의 절대성을 강조하는 한편, 사람의 지각이란 믿을 것이 못 된다는 결론으로 유도하고 있다. 일(一)이라고 표현한 도는 눈에 보이지 않는 '이(夷)', 귀에 들리지 않는 '희(希)', 손에 감촉되지 않는 '미(微)'의 성격, 곧 '무(無)'의 성격을 뜻한다.

　제1장에서 '무명(無名)'은 '천지가 시작되던 상태'라 하고 다시 '언제나 무(無)는 도의 묘용(妙用)을 드러내 보이려 한다'고 한 것도, '도'는 인간의 의식에서 볼 적에는 무의 상태나 같은 것임을 설명하는 것이다. 그래서 제32장에서도 '도는 언제나 이름 없이 있는 것(無常無名)'이라 하였다.

　따라서 "모든 유(有)는 무(無)에서 시작되었다.(『도덕경』제1장)", "모든 유는 허(虛)에서 생겨났다." "천하의 만물은 유에서 생겨났고, 유는 무에서 생겨났다.(『도덕경』40장, 天下萬物生於有, 有生於無)" 곧 천하 만물은 모두 유를 가지고 생겨났다고 하지만, 유의 시작은 무를 근본으로 삼고 있는 것이다. 만물은 '도'로 말미암아 생겨났다고 하고 다시 유는 무에서 생겨났다고 했으니, '도'의 상태는 사람의 지각으로 볼 때 아무 것도 없는 무 또는 텅 비어 아무 것도 없는 허(虛)인 것이다.

그러하다면 이러한 무이며 허인 '도'가 만물을 어떻게 생성하였는가? 그것은 '도'가 1을 낳고, 1은 2를 낳고, 2는 3을 낳으며, 3은 만물을 낳는다. 만물은 음을 짊어지고 양을 안고 있는 셈이며, 충기(沖氣 : 화하는 기)를 통하여 조화되는 것이다.(『도덕경』42장)

이것은 '일음과 일양을 도라고 한다.(一陰一陽之謂道 :『역경』계사편)' 그러므로 주역(周易 : 유교 경전의 하나)에는 태극(太極)이 있는데, 이것이 양의(兩儀 : 양음)를 낳으며, 양의가 사상(四象 : 日月星辰의 총칭)을 낳고, 사상이 팔괘(八卦)를 낳는다고 말한 주역의 개념과 통한다. 노자가이미 "영원히 위대한 덕은 어긋남이 없어 무극(無極)으로 되돌아가게 된다.(『도덕경』28장)" 따라서 11세기에 주돈(周敦)이의 태극도설에서 "무극이면서 태극"이고 "태극이 음양을 낳고, 음양이 오행(五行 : 만물을 조성한 목, 화, 토, 금, 수의 다섯 가지 원기)을 낳는다고 말한 것은 노자의 우주 생성이론을 그대로 원용한 것이었다.

그러면 노자의 일(一)이란 무엇인가? "혼백(魂魄)을 잘 간수하고 일(一)을 지니어, 여기로부터 떠남이 없어야 한다.(『도덕경』10장)" 왕필은 여기에서 말하는 일을 "사람의 참됨(人之眞)"이라고 설명했다. 아마도 사람의 진실한 근본 또는 참된 모습 같은 것을 의미하는 것으로 이해하였다. 다시 『도덕경』10장에서 "삐뚤어진 것은 온전히 되고 만다. 구부러진 것은 곧게 되고 만다. 움푹한 곳은 가득 차게 되고 만다. 낡은 것은 새롭게 되고 만다. 적은 것은 더 보태어지고 만다. 많은 것은 미혹되어 잃고 만다. 그래서 성인은 일(一)을 안고서 천하의 규범이 되는 것이다." 여기서 적은 것의 극치(少之極)라는 것은 '일'이 무(無)에 가까운 것이며, 유(有)의 시발점이라고 본 것이다.

일은 수의 시작이며 만물의 극치로서 만물은 각각 이 일을 통하여 이루어짐으로 무에서 유로의 생성을 뜻한다. 따라서 일이란 도의 별명이라고 보아도 좋을 만큼 아주 그것에 가까운 것이다.

후대에 '도'와 '일'에 대한 설명이 구체화되었는데

"이른바 무형의 것이란 일(一)을 말하는 것이다. 일이란 천하에 짝이 되어 합할 수 없는 절대적인 것이다. 우뚝이 독립하고 홀로 자리해서 위로는 구천(九天 : 하늘을 아홉 개로 구분한 호칭)에 통하고, 아래로는 구야(九野)를 꿰뚫어 둥글지만 규(規)에 맞지 않고 모가 졌지만 구(矩)에 맞지 않으며, 크게 혼돈(混沌)되면서도 하나가 되고, 잎이 쌓여 뿌리가 안 보이듯 하여 천지를 포괄하고 도의 관문이 된다.… 그러므로 그것은 보아도 그 형체가 보이지 않고, 들어도 그 소리가 들리지 않으며, 그것을 따라가도 그 몸을 파악할 수가 없다. 형체가 없지만 유형을 생성케 하고, 소리가 없지만 오음(五音)이 울리게 하고, 맛이 없지만 오미(五味)를 이룩케 하고, 색깔이 없지만 오색(五色)을 생성케 한다.… 없는 듯 하면서도 있고 없어진 듯 하면서도 존재한다. 만물의 모든 것이 다 '일'이란 구멍 속에 포용되고, 모든 일의 근원이 모두 일이란 문에서 나온다. 그 움직임에는 형체가 없고 변화는 신(神)과 같으며, 그 행동에는 흔적이 없으며, 늘 뒤진 듯 하면서도 앞서 간다."(『회남자』, 원도훈 35~36쪽)

③ 만물의 존재 원리로서의 도(道) : 무위(無爲), 자연(自然)

도는 만물 생성의 본원일 뿐만 아니라 그것을 변화하게 하고 존재하게 하는 기본원리이기도 하다. 그러면 도는 우주 만물을 어떤 원리로 존재케 하고 있는가? "위대한 도는 장마 물처럼 왼편 오른편 어디에나 있다. 만물은 이것에 힘입어 생성되고 있지만 그것을 내세워 얘기하지 않으며, 공을 이룩하고서도 이름을 내세우지 않는다. 만물을 입혀주고 길러주고 하면서도 그 주인 노릇을 하지 않는다. 언제나 바라는 게 없어 작은 존재라 부르기 일쑤다. 그래서 성인은 끝내 스스로 크다고 내세우지 않는 것이다. 그러므로 그의 위대한 업적을 이룰 수가 있는 것이다.(『도덕경』34장)"

위대한 도는 어디에나 있으면서 만물을 생성케 하고 또 그것을 존재케 하고 있다. 그러나 스스로 그러한 능력이나 공로를 내세우는 일이 없기 때문에 사람들도 '도'의 존재조차도 소홀하기 쉽다. '도'의 실체가 무(無)일 뿐만 아니라 그 작위(作爲 : 의식적으로 행동하는 것)까지도 무인 것이다.(37장) '도는 언제나 무위이지만 하지 않는 일이란 없는 것'이라는 말은 도의 작용을 단적으로 잘 설명하고 있다.

"그러므로 도는 생성하고 덕(德 : 도덕적 윤리적 이상을 실현해 나가는 인격적 능력)을 길러주는 것이다." 생성하게 하고 생육(生育)하게 하며, 생성케 하고 성숙케 하며 보양(保養)해 주는 것이다. 생성케 하고 소유하지는 않으며, 그 공을 내세우지 않고 성장케 하되 지배하지는 않는다. 그래서 이것을 현묘(玄妙 : 이치나 기예가 깊고 미묘함)한 덕이라 말하는 것이다.

곧 '도'의 작용은 만물을 생성케 하고 존재케 하지만 거기에는 아무런 의식적 행위(作爲)도 가해지지 않는다. "무명(無名)은 천지의 시작이고(『도덕경』1장)" "도란 언제나 이름 없는 것(道常無名)이라 말하고 있듯이(32장)", 도의 본체는 무명(無名)의 것이며 '무형(無形)' '무상(無狀)'의 것인데(4장) 그 작용은 '무위(無爲)'한 것이다. 모든 것을 생성하고 존재케 하고 있지만 '도'는 '언제나 무욕(無慾)하여(34장), 전혀 만물을 차지하거나 지배하려 들지 않고 자기 공을 내세우는 것도 없다.

이 무위, 무욕에서 다시 "언제나 백성들로 하여금 무지(無知) 무욕케 한다(3장)"하고 "지혜가 생겨나면서 대단한 거짓이 존재하게 되었다(3장)"라고 말하며, '무지의 개념이 나오고, 심지어 아무런 일도 의식적으로 하지 않아야 한다는 무사(無事)의 개념이(48장, 63장), 아무런 일에도 집착하는 일이 없어야 한다는 무집(無執)의 개념 등이 나온다. 그리고 이 무위, 무욕, 무지, 무사, 무집의 개념은 결국 무사(無思), 무심(無心)을 거쳐 무사(無私) 무아(無我)의 경지에까지 이르게 된다.

또 『도덕경』7장에는 "하늘은 영원하고 땅도 영존한다. 하늘과 땅이 영원하고 영존할 수 있는 까닭은 그들 스스로 생존하려 들지 않기 때문이다. 그 때문에 영원히 생존하게 되는 것이다. 그래서 성인도 그 자신을 뒤로 미루지만 자신이 앞서게 되며, 그 자신을 도외시하지만 그 자신이 생존케 되는 것이다. 그것은 사아(私我)가 없기 때문에 그의 사아도 또한 완성될 수 있는 것이다.

그리고 13장에는 "우리에게 큰 환난이 있는 까닭은 우리가 자신(自身)이 있음을 의식하기 때문이다. 우리가 자신을 의식하지 않게 된다면 우리에게 어찌 환난이 있겠는가? 자기 자신에 대한 의식이 있는 한 완전히 무위할 수는 없다. '도'가 '무위'한 이상 무욕(無慾)하고 무지(無知), 무사(無事), 무집(無執), 무아(無我)한 것은 말할 나위도 없는 일이다. 노자의 이러한 이론 전개는 덕론에서 이야기할 인생론의 전개를 위한 것이다.

그러면 이처럼 '무위'한 도의 상태란 어떤 것인가? "도는 자연을 법도로 삼는다(道法自然 : 25장)"고 말하고 특히 "자연을 따르는 것(順自然 : 37장주)"이라고 설명한다. 왕필의 더 자세한 설명을 보면 "자연은 일컬을 게 없는 것을 말하는 것이며, 궁극적인 것을 형용하는 것이다." 곧 자연은 아무런 작위나 의식도 가해지지 않아 아무런 말도 할 수 없는, 있는 그대로의 상태, 존재나 변화의 의식조차도 가해지지 않은, 진실로 소박한, 있는 그대로의 궁극적인 상태라는 것이다. 글자 그대로 풀이하면 아무런 작위도 가해지지 않고 순전히 '스스로(自) 그러한(然)', 또는 아무런 의식조차도 없이 진실로 '저절로(自) 그러한 것(然)'을 뜻한다. 그런 까닭에 도의 무위한 상태나 도를 따르는 무위의 행위를 '자연을 따른다'고 한다.

이 때문에 만물의 존재 원리는 '무위'라고 표현할 수도 있지만, 한편 '자연을 따르는 것'이라고도 말할 수가 있다. 곧 노자의 무위, 무욕, 무사, 무아의 상태가 자연인 것이다.

④ 도의 성격 : 반(反), 약(弱)

도가 무이며 무위하고 자연스러운 것이면 도의 성격은 어떤 것인가? 도의 작용은 반(反)이라고 하였다. "반(反)이란 도의 움직임이다.(反者道之動)" 이 반이란 도의 움직임을 두 가지 방향에서 파악할 수가 있다.

첫째, 도는 언제나 움직이며 변하고 있지만 반드시 '근본으로 되돌아오는' 방향으로 움직이고 있다. 도란 "모든 것에 두루 행하여지며, 천하의 모든 것의 모체가 되는 것이다." 곧 영원히 변화하면서도 언제나 극점을 지나 제 자리, 근본으로 되돌아오는 방향으로 움직이고 있다는 것이다. 노자는 반(反)이란 표현을 복(復)으로 바꾸기도 하였다.

"마음을 비우는 것을(虛) 극도로 하고, 고요함(靜)을 지키는 일을 독실하게 하면, 만물이 아울러 생겨나고 있지만, 우리는 그것들이 근원으로 되돌아감을 본다. 만물이란 번성하고는 있지만, 제각기 그 근원으로 되돌아가고 있는 것이다. 근원으로 되돌아감을 정(靜)이라 말하는데, 정이란 운명으로 되돌아감을 말하고 운명으로 되돌아감이란 일정한 법칙을 두고 말하는 것이며 일정한 법칙을 아는 것을 명(明)이라고 하는 것이다.(『도덕경』 25장)"

다시 노자는 '도'의 성격을 약(弱)이란 면에서 파악하고 있다. 이것은 물론 반(反)의 성격과도 밀접한 관련이 있는 것이다. 『도덕경』40장에서 "약(弱)이란 것은 도의 작용이다.(弱者道之用)"라고 말한다. 약은 유(柔)와도 통한다. 약의 반대는 강이고 유(柔)의 반대도 강(剛)이다. 무의한 도의 성격은 강강(剛强)하기보다 유약(柔弱)할 수밖에 없을 것이다.

『도덕경』76장에서는 유약(柔弱)의 철학을 강조하고 있다.

"사람이 살아있을 적에는 유약하지만, 죽고 나서는 견강(堅强)해 진다. 만물이나 초목도 살아있을 적에는 부드럽고 여리지만, 죽고 나서는 말라서 뻣뻣해진다. 그러므로 견강한 것은 죽음의 무리이고 유약한 것은 삶의 무리인 것이다. 그래서 군대가 강하면 승리하지 못하고 나무가 강하면 꺾어지는 것이다. 강대한 것이 아래쪽에 위치하고 유약한 것이 위쪽에 위치한다." 이 밖에도 "유약함이 강강(剛强)함을 이긴다.(36장)"

"강하고 억센 자는 제 목숨에 죽지 못한다.(42장)" "천하에 유약한 것으로는 물보다 더한 것이 없지만, 견강한 것을 공격하는데 있어서는 그보다 더 나은 것이 없다.… 약한 것이 강한 것을 이기고, 유한 것이 억센 것을 이긴다.(78장)"

노자는 여러 곳에서 '유약'의 이론을 내세우고 있다. 그것은 도의 작용 자체가 유약한 것이라고 생각하였기 때문이다. 도의 성격을 이처럼 반(反)과 약(弱)의 면에서 파악한 것은 노자의 인생론이나 정치론에도 매우 큰 영향을 미치게 된다.

(2) 덕론(德論)

① 상덕(上德)과 하덕(下德)

'덕'이란 사람이나 사물을 통하여 발휘되는 '도'의 공용(功用 : 공을 들인 보람)이다. 도의 기능이 덕인 까닭에 도의 개념이 덕을 결정하게 된다. 노자는 "위대한 덕의 모습은 오직 도만을 따른다(『도덕경』21장)"고 한 것도 그 때문이다. 곧 '도를 따르고 도를 지키는 것'이 덕이다.

그런데 노자는 덕경(德經) 첫 머리에 '덕'을 상덕과 하덕으로 구분하여 말하였다.(38장) "상덕은 덕을 의식하지 않으니 그래서 덕이 있는 것이다. 하덕은 덕을 잃지 않으려 하니 그래서 덕이 없는 것이다." "상덕은 무위하며 행위의 목적이 없다. 하덕은 유위(有爲)하며 행위의 목적이 있다." 상인(上仁)은 유위하면서도 행위의 목적은 없다. 상의(上義)는 유위하면서도 행위를 의식한다.

'덕'은 사람을 통하여 드러나는 것이기 때문에 실제로 드러나는 덕은 사람의 수양이나 교양 정도에 따라 차별이 생기지 않을 수가 없다. 상덕은 '도'에 합치되는 완전히 무위, 무욕한 덕으로서 그러한 덕을 지닌 사람은 덕 자체를 의식하는 일도 없고 덕 있는 행동을 하되 그 행동은 아무런 목표도 없는 무의식적인 것이다. 반대로 하덕은 덕을 닦으려고 의식적으로 노력하며 그 행동에 뚜렷한 목표를 지니고 있다. 곧 노자는 '무위'의 원리를 기준으로 하여 덕을 평가하고 있는 것이다.

노자는 최상급의 인애(仁愛)를 뜻하는 '상인(上仁)'은 남을 위하고 사랑하는 행동을 하되 거기에는 어떤 보답 같은 것을 기대하는 일이 없다고 하였다. 또 상의(上義)는 자기와 남 사이에 일어나는 문제들을 올바로 판단하고 올바로 해결할 수 있는 최상급의 정의(正義)를 뜻하는데 그 행동에는 뚜렷한 목표와 신념이 있다. 그리고 상례(上禮)는 자기와 남들 사이의 관계를 적절히 구분하여 사회에서 올바른 몸가짐과 적절한 행위를 하는 최상급의 예를 뜻하는데, 이것은 처음부터 자기뿐만 아니라 남의 행동이나 생각까지도 규제하지 않으면 안 된다. 노자는 이 상인, 상의, 상례도 모두 '하덕'에 속하는 것으로 보았다. 그는 '무위'를 근거로 하여 '하덕'에는 상인, 상의, 상례 같은 것이 있다고 생각한 것이다.

그러나 여기에서 최상급의 인, 의, 예를 말하고 있는 것은 유교를 비롯하여 보통 사람들이 그것들을 훌륭한 덕이라고 생각하고 있기 때문이었다. 그것은 의식적인 행동에 속하는 것이기 때문에 진실한 '덕'이 아닌 '하덕'에 속하는 것임을 강조하기 위해서였다. 따라서 노자의 진실한 덕이란 오직 '도를 따르는 것'이어야 하며 도처럼 완전히 무위하여야만 하는 것이다. 아무리 훌륭하다고 생각되는 행위도 일단 유위하기만 하면 그것은 '덕'이 될 수 없다는 것이다.

따라서 노자가 덕으로 숭상하는 것은 완전히 무위(無爲)한 '상덕(上德)'이지 유위(有爲)한 '하덕(下德)'이 아니다. 또한 덕은 사물이나 사람을 통하여 계속 드러나고 있는 도의 효능이기 때문에,『도덕경』51장에는 도와 덕의 관계에 대하여 다음과 같은 설명을 하고 있다.

"도는 생성하고 덕은 길러주어, 만물은 형체를 지니게 되고 여러 가지 형세(形勢)가 이루어지는 것이다. 그래서 만물은 도를 소중히 하고 덕을 귀중히 하지 않을 수가 없는 것이다. 도가 소중하고 덕이 귀중한 것은 어느 누가 그렇게 만든 것이 아니고 언제나 자연스럽게 그러한 것이다. 그러므로 도는 생성하고 덕은 길러주며, 생장케 하고 생육케 하며, 성장케 하고 성숙케 하고 보양해 주고 보호해 주는 것이다. 생성케 하되 소유하지 않으며 생장케 하되 지배하지 않는다. 그래서 이것을 현묘(玄妙)한 덕이라 말하는 것이다."

'도는 생성하고 덕은 길러 준다.' 도가 만물 생성의 본원(本源)이라면, 그 도에 따라 자라고 성숙하며, 변화하는 성능이 덕인 것이다. 도가 '무위하면서도 이루어지지 않는 것이 없듯이', 덕도 '무위하고 아무런 행위의 의식도 없지만' 여러 가지 현상과 변화를 나타내게 된다. 그래서 덕을 '현묘(玄妙)하다'고 표현한 것이다.

② 성인(聖人)

'성인'은 노자의 '이상적인 인간상'이며 '온전한 도를 터득한 사람', 또한 '완전한 덕의 실현자'다. 성인은 "문을 나서지 않고서도 천하의 일을 알고, 창밖을 내다보지 않고서도 하늘의 도(道)를 볼 수가 있다. 그가 밖으로 나가는 것이 멀수록 그가 아는 것은 더욱 적어지는 것이다. 그러므로 성인은 아무데도 가지 않고서도 알게 되며, 보지 않고서도 올바로 식별하고 작위(作爲)를 하지 않으면서도 일을 성취하게 되는 것이다.(『도덕경』47장)"

노자가 성인의 상대되는 말로 '사람들', '백성', '중인' 등의 말을 쓰고 있는 것을 보면, 노자도 '성인'을 그 사회의 지배자로 생각하였음에 틀림없다. 그러면 노자가 생각하던 '성인'은 어떤 사람인가? "성인은 무위(無爲)하며 공을 이룩하면서도 스스로를 드러내지 않는다.(2장)"

노자가 말하는 '성인'은 무위(무위)하여 남에게 어떤 행동을 강요하는 말도 하지 않을 뿐만 아니라 자기를 전혀 내세우지도 않는다. 그러면서도 모든 일을 이룩하게 한다.

"그래서 성인은 본능적인 배를 채우기 위한 행동은 하지만 욕망인 눈을 즐겁게 하는 행동 같은 것은 하지 않는다.(12장)"

"성인이란 끝내 큰일을 하려 들지는 않지만 큰일을 완성시킬 수 있는 것이다.(63장)" 이것 모두가 무위(無爲), 무사(無事), 무욕(無慾)하기 때문이다. 한편, 그것은 성인이 도를 따르기 때문이다. "성인은 언제나 사람들을 잘 구제하기 때문에 돌보지 않고 버려지는 사람이 없고, 언제나 사물(事物)을 잘 구원하기 때문에 돌보지 않고 버려지는 사물이 없게 된다.(27장)"

노자는 이러한 성인의 모습은 갓난 아기와 같은 것이라고 하였다. 노자가 생각한 무위, 무욕, 무사하여 맑고 고요하고 허(虛)하고 참된 이상적인 인간의 모습이 아무 의식도 없고 깨끗하기만 한 갓난아기와 같다는 것이다.(『도덕경』28장) 도를 따르는 사람은 모두 갓난 아이 같지 않을 수 없다고 하였다.

③ 양생론(養生論) : 심신의 수행법

도를 따라 덕을 닦으려면 어떻게 해야 하는가? 물론 무위(無爲)해야 하겠지만 그 무위한 상태는 어떤 것인가? 사람은 무엇보다도 무위, 무욕, 무사(無事 : 걱정할 일이 없다)함으로써 박(樸)하여야만 한다. '박'하다는 것은 나무토막이 본래의 자연바탕 그대로 있는 것을 말한다. '박은 참의 뜻(소박)'이라고 설명하고 있다.

다시 노자는 "도란 언제나 무명(無名)하며, '박'하여 비록 작게 보이지만 천하에는 그것을 지배할 수 있는 게 없다.(『도덕경』32장)"

"변화하는데 있어 작위(作爲)를 가하려 하는 일이 있다면 우리는 그것을 무명(無名)의 '박'(樸)함으로써 눌러야만 한다. 무명의 '박'함이란 무욕(無慾)한 것이다.(37장)" 곧 '박'하다는 것은 물건이 극히 소박하고 순박한 것으로서 '자연의 상태'를 뜻한다. 도를 따름으로써 무위(無爲)한 자연의 상태는 '박'하여야만 하는 것이다. 따라서 물건의 자연스러움을 '박'이라고 하였다.

노자는 또 도의 극치에 이른 상태를 '청(清)' '정(靜)' '허(虛)'라고 하였다. 이는 '박'이 외형적인 면을 표현한 말인데 비하여, 그 정신 또는 상태, 성격 등의 면을 표현한 말이다. 『도덕경』45장에 "청정함으로써 천하의 올바름을 이룩한다"고 하였고, 39장에 "하늘은 일(一)을 체득하여 청(清)하다"고 말한 것은 '청'이란 "하늘처럼 맑은 상태" 또는 "도의 지극한 상태"를 뜻한다. 다시 16장에서 "허(虛)함에 이름을 지극히 하고, 정(靜)함에 대해 지킴을 독실하게 하면, 만물이 아울러 생겨나지만 우리는 그것들이 그 근원으로 되돌아감을 보게 된다"고 말했다.

『도덕경』제3장에서는 "그 마음을 허하게 한다(虛其心)" 하였으니 왕필은 "모든 유(有)는 허(虛)에서 생겨나고, 움직임은 정(靜)에서 생겨난다. 그러므로 만물이 비록 다 같이 생겨나고 움직이지만 끝내는 허 · 정으로 다시 돌아가게 된다. 이것이 사물의 지금 하는 일이요, 독실함이다. 이와 같이 '허'는 도의 성격이고 '정'은 도의 움직이는 상태를 말한다. 따라서 사람이 올바로 도를 따라 살기 위해서는 박·자연·청·허·정의 상태를 유지해야 한다는 것이다.

노자는 '무위'를 주장했지만 '유위(有爲)'라고 볼 수 있는 양생(養生)에 대한 개념도 갖고 있었다. 노자의 양생론은 사람이 스스로 사지(死地)로 가게 되는 일이 없도록 잘 살아가야 한다는 것이다. '사지'가 없는 삶이란 "잘 먹고 잘 입고 잘 살려는 의식적인 노력이 없는 박·청·허·정의 상태의 삶이다. 그러면 사나운 짐승이나 무기를 든 강도라 할지라도 그를 해칠 수가 없는 상태가 된다." 이것이 노자의 양생론이다.

『도덕경』55장에서도 삶을 증진시키려 하는 것은 나쁜 징조라 하며, 마음이 기운을 부리는 것을 부러지기 쉬운 강한 것이라고 한다. 만물은 장성해지면 늙게 마련인데 이것을 부도(不道)함이라 말한다. 부도함이란 일찍이 죽게 마련이다. 다시 75장에 "오직 삶 때문에 행동하지 않는 사람이 삶을 귀중히 여기는 사람보다 현명하다"고 말했다. 이러한 양생론도 그의 '무위' 사상에서 나온 것이다.

노자는 무위·무사(無私)·무욕(無慾)해야만 인간이 완전한 자유를 누릴 수 있고 행복하게 살 수 있게 된다고 하였다. 무엇보다도 자기 위주의 생각을 버려야 한다. "스스로 드러내려 하는 사람은 분명히 알려지지 않는다. 스스로 옳다고 하는 사람은 밝게 인정받지 못한다. 스스로 자랑하는 사람은 공적이 인정되지 않는다. 스스로 뽐내는 사람은 재능이 훌륭하다고 알려지지 않는다.(『도덕경』24장)" 22장에서는 이를 뒤집어 표현하고 있다. 정말로 훌륭한 사람은 자신을 전혀 드러내지 않기 때문에 바보같이 보이기 마련이다.

그러기에 노자는 사람들에게 "겸손하고" "남의 아래쪽에 처신하고"

"남보다 뒤쳐질 것"을 가르쳤다. 그것은 "모든 귀한 것이란 천한 것으로서 근본을 삼고 있고, 높은 것은 낮은 것으로써 기초를 삼고 있기 때문이다.(39장)" 남보다 낮고 남보다 뒤지게 처신한다는 것은 자신의 양생(養生)을 위해서 뿐만 아니라 큰일을 이룩하기 위해서도 필요한 원리라고 생각하였다. "그러므로 성인은 백성들의 윗자리에 있으려 한다면 반드시 말을 함에 있어서 자신을 낮추었다. 백성들의 앞자리에 서려 한다면 반드시 자신을 그들 뒤로 미루었다.(66장)"

그래서 노자는 훌륭한 덕의 상징으로 물을 들어 가르쳤다. "최상의 선이란 물과 같은 것이다. 물의 선함은 만물을 이롭게 해 주고 있지만 다투지 아니하며, 여러 사람이 싫어하는 낮은 위치에 처신한다. 그러므로 거의 도에 가까운 것이라 할 수 있다. 처신은 땅과 같이 훌륭하게 되고, 마음은 심연(深淵)과 같이 훌륭하게 되며, 남에게 주는 것은 인애(仁愛)로써 잘하게 되고, 말은 신의(信義)가 있어 훌륭하게 되며, 정치는 잘 다스려져 훌륭하게 되고 일은 능력이 있어 훌륭하게 되며, 행동은 때에 알맞아 훌륭하게 되는 것이다. 오직 다투는 일이 없기 때문에 아무 탈도 없게 되는 것이다.(8장)"

"천하에 부드럽고 약한 것이 없지만 굳고 강한 것을 공격하는 데는 물보다 더 나은 것이 없으니, 그 아무 것으로도 이에 대신할 수는 없는 것이다.(78장)"

노자는 물처럼 부드럽고 약하며 아래로만 처신하는 것이 가장 강할 수 있는 태도라고 역설하였다. 이와 같이 겸하(謙下)하는 사람은 물질적으로도 당연히 검소하게 마련이다. "나에게는 '세 가지 보배'가 있는데 그것을 받들어 보배로 삼고 있다. 첫째는 자애로움(慈)이요, 둘째는 검약(儉)이요, 셋째는 감히 천하에서 앞서지 않는 것(67장)"이라고 선언하였다.

"그래서 성인은 심한 짓을 하지 않고 사치한 짓을 하지 않으며, 교만한 짓을 하지 않는다(29장)"고 하였다. "그러므로 만족할 줄 알면 욕을 당하지 아니하고, 멈출 줄 알면 위태롭지 않게 되며, 오래도록 자신을 보존할 수 있게 된다."(33장) 또 "만족할 줄 앎으로써, 만족을 하게 되면 언제나 만족스럽게 되는 것이다.(『도덕경』46장)"

(3) 도술(道術)론

① 수행의 방편으로

도술이란 도를 닦아 여러 가지 조화를 부리는 술법(術法)인데, 도술이 일종의 술법이며 기교라면 아무리 도를 바탕으로 한 술법이라도 노자의 무위·무사(無事)의 근본원리와 모순되지 않을 수 없다. 그러나 인간은 초목이나 목석과 달리 먹고 자고 움직이며 생각하고 느끼는 존재일뿐더러 남과 어울려 살아야 하기 때문에 완전한 무위나 무사는 있을 수가 없다.

이에 노자는 도에 합당하게 올바로 움직이고 올바로 생각하며 제대로 느끼는 방법을 생각하지 않을 수 없었다. 이에 노자는 올바른 처신(處身) 처사(處事)의 방법과 세상을 올바로 다스리는 방법, 올바로 전쟁을 수행하는 방법 등을 한데 묶어 '도술'이라고 부르게 되었다.

사실 도를 따르는 노자의 방법은 오묘한 술법(術法)의 경지처럼 느껴지기도 한다. 노자 스스로 성인은 "불언(不言)의 가르침을 행한다.(『도덕경』 2장)", "상급의 선비는 도에 관한 말을 들으면 부지런히 그것을 행한다(41장)"고 하였다. 그것이 아무리 도에 합당한 행위라 하더라도 '행 한다'는 것은 완전한 무위는 아니다. 따라서 무(無)의 효능을 통한 유(有)의 기능발휘나 무위를 바탕으로 한 유위(有爲)한 행동이나 처신을 이야기하자니 현묘(玄妙)한 술법이 되지 않을 수 없는 것이다.

노자 스스로 "불언(不言)의 가르침과 무위의 이익은 천하에 이것을 따를 것이 드물다(43장)"고 말하고 있듯이 무위와 무사(無事) 간에 그것이 사람들에게 '이로운 것'이라는 전제가 붙는 이상 그것은 술법과 같은 것이 되지 않을 수 없을 것이다.

그러나 실제는 문제가 생기지 않도록 미리 조치하고 혼란이 일어나지 않도록 미리 다스린다는 것은, 일어난 문제를 처리하고 혼란한 것을 다스리는 것 이상으로 어려운 일이다. 어려운 문제나 사회의 혼란이 그 사람 자신과는 관계없이 남에 의하여 일어나는 것이라면, 그것들을 미리 조치한다는 것은 자신이 무위함으로써 될 수 있는 일이 아니다.

이렇게 보면 노자의 '도술'은 논리상 모순이 없을 수 없다. 그러나 노자의 이러한 교훈들은 사람이 처신(處身)하는데 있어서 올바른 일면이 있는 것도 사실이다. 너무 악착같이 직선적으로 어떤 일에 매달리는 것이 오히려 그 일을 그르치는 경우가 세상에 흔히 있기 때문이다.

노자의 정치이상은 무위(無爲)로써 세상을 다스린다는 것이다.

"천하를 취하여 그것을 인위(人爲)로 다스리려 하는 것은 불가능한 일이다. 천하란 신묘(神妙)한 그릇이어서 인위로 다스릴 수가 없는 것이다. 인위로 다스리려는 자는 그것을 망치고, 거기에 집착하는 자는 그것을 잃을 것이다.(29장)"

"백성들은 아무도 명령하지 않아도 스스로 고루 다스려지게 된다.(32장)" "천하를 위함에 있어서는 언제나 무사(無事)함으로써 하여야 한다. 그에게 일이 있게 되면 천하를 취하지 못하게 되는 것이다.(『도덕경』48장)"

② 노자의 삼보(三寶)

그러면 천하를 다스리는데 필요한 노자의 도술은 어떤 것인가? 첫째 '자애로움(慈)', 둘째 '검약(儉)', 셋째 '감히 천하에서 앞서지 않음'(『도덕경』67장)의 세 가지를 삼보(三寶)라고 말하고 있다. 이것이 노자 정치술의 요약이라고 할 수 있다.

2) 노자의 이상세계

노자가 바라는 모든 사람이 무위하고 무위의 다스림이 이루어져 모두가 소박하고 청정한 자연의 상태를 이룬 사회는 어떤 모습일까? 그의 이상향이 다음과 같이 그려져 있다.

첫째 : "나라는 작고 백성들은 적어야 한다." 또 "큰 나라는 하류(下流)"(『도덕경』6장)라고 말했다. 그 까닭은 나라가 크고 백성이 많을수록 일이 많아지고 다스림이 복잡해져서 '무위의 다스림'을 하기 어렵게 되기 때문이다.

둘째 : "비록 갖가지 연장이 있다 하더라도 쓰지 않는다." 노자가 이상적으로 생각한 나라의 백성은 소박하고 청정하여 무슨 일이나 연장의 힘조차도 빌리려 하지 않는다.

셋째 : "백성들로 하여금 죽음을 중히 여기고 멀리 이사 다니지 않도록 한다." 죽음을 중히 여긴다는 것은 삶을 중요하게 여긴다는 말이요 곧 생존에 필요한 본능적인 욕구의 충족만을 위한다는 뜻이다. 그리고 '멀리 이사 다니지 않는다'는 것은 명예와 이익을 뒤 쫓지 않는다는 뜻이다.

넷째 : "비록 배와 수레가 있더라도 탈 일이 없어야 한다. 비록 갑옷과 무기가 있더라도 그것을 벌여 놓고 쓸 일이 없어야 한다." 이것은 이상향의 둘째와 셋째 조건과 관련이 있다. 완전한 무위의 다스림이 이루어진 상태에서는 배나 수레를 타고 먼 곳을 쫓아다닐 일도 없을 것이며, 전쟁을 할 필요는 더욱이 없게 되기 때문이다.

다섯째 : "사람들로 하여금 다시 새끼줄에 매듭을 지어 즐기고 좋아하는 일로 사용하던 옛 상태로 되돌아가게 한다." 『주역』「계사전」에, 상고

시대에는 새끼줄에 매듭을 지어 기호로 사용하며 다스렸는데, 후세에 성인이 글자로 사물을 표시하는 표 부호로 대치하였다고 쓰어 있다. 따라서 이 말은 태고적 사회와 비슷한 상태의 정치로 되돌아가야 한다는 것을 주장한 것이다. 이것은 원시(原始)로 복귀할 것을 의미한 것이었다.

여섯째 : "그들의 음식은 달게 먹고 그들의 옷은 아름답게 여기고, 그들의 주거에 안주하며, 그들의 풍속을 즐긴다." 사람들이 원시적이고 동물적인 생활을 하고 있지만, 모든 사람이 자신의 생활에 만족하며 그 생활을 즐기게 되어야 한다는 것이다. '만족할 줄 안다.(知足)'는 것은 노자의 행복의 중요한 깨달음이기도 하다.

일곱째 : "이웃나라가 서로 바라보이고, 닭과 개 짖는 소리가 서로 들리지만 백성들은 늙어 죽을 때까지 서로 내왕하는 일이 없다." 노자의 이상향은 동네국가의 범위를 벗어나지 못한 원시적인 것이었다. 그러기에 이웃 나라의 '닭과 개 짖는 소리'까지도 잘 들린다. 그러나 사람들은 제각기 자급자족하며 살아가고 있기 때문에 다른 사람들과 어울리거나 다른 나라와 왕래할 이유가 없게 되는 것이다.

진(晉)나라 도연명(365~427)은 자신의 도화원기(桃花源記)에서 노자의 이상향을 무릉도원(武陵桃源)으로 구체화시켰다.

5. 그리스도교(Christianity)

그리스도교는 오늘날 로마-가톨릭교회·동방정교회(正敎會)·성공회(The Anglican Domain)와 프로테스탄트교회의 네 갈래로 분파되었다. 동방정교회 내에서는 또 소수의 독립적인 분파가 있으나 프로테스탄트교회 내에는 수많은 교파들이 세계 곳곳에 산재해 있다.

이스라엘의 수도 예루살렘에는 로마 황제 아우구스투스가 임명한 헤롯왕이 지배하고 있었다. 유대인은 메시아가 오면 이스라엘을 로마로부터 해방시켜 주고 이스라엘을 잘사는 나라로 만들어 줄 것이라고 믿고 있었다. 그러한 메시아는 이스라엘 사람들에게 있어서 단 하나뿐인 희망이었다.

그러한 시대에 예수가 이스라엘에 출현했다. 이스라엘은 아시아와 유럽의 경계선이 되는 팔레스타인 지역으로 소아시아에 속한다. 예수사상이 유럽으로 건너가는데 최적의 전초기지가 된 그 지역에서는 아라비아인의 상권이 형성되어 근동지역의 타국인들과 물물교환이 활발하게 이루어졌으며, 아랍어가 사용되었다. 물론 예수도 아랍어로 복음을 전했다.

1) 예수님의 생애

(1) 탄생의 징조와 피신

이스라엘이 로마 제국에 정복되어 지배를 받고 있기 전부터 이스라엘 사람들은 여러 예언자들이 이스라엘을 구원하기 위하여 구세주가 반드시 올 것이라고 예언한 말을 믿고 기다리고 있었다.

① 하나님이 요셉과 마리아에게 천사 가브리엘을 보내다

아주 어렸을 때 부모를 잃은 요셉은 친척 아저씨의 집에서 자랐다. 요셉의 아저씨가 목수였기 때문에 그도 자연히 목수 일을 배우게 되어 목수가 되었다.

나사렛 마을에서 아름다운 처녀로 이름난 마리아는 하나님을 진실로 믿고 따를 뿐 아니라, 마음씨가 곱고 착하기로 소문이 나 있었다.

마리아는 집안 일을 돕느라 무척 바쁘게 지냈으나 해가 뜨기 직전과 점심 때 그리고 해가 질 무렵에는 반드시 하나님에게 정성스러운 기도를 드렸다.

마리아는 오늘도 저녁 식사를 끝마치고 나서 옥상으로 올라갔다. 그런데 잠시 후에 한층 더 밝은 빛을 내는 수많은 별들의 빛 속에서 소리가 들렸다.

"마리아! 나는 하나님을 모시고 있는 천사 가브리엘입니다!" "당신은 하나님의 은혜로 아기를 잉태할 것이며, 그 아기가 태어나면 예수라고 이름 지으세요." "그 분은 하나님의 아들이며 하나님께선 그 분에게 다윗의 왕위를 물려주실 것입니다."

마리아의 기쁨은 두려움으로 바뀌었다. '나는 아직 처녀인데 어떻게 아기를 낳는다는 말인가?' 이런 생각과 함께 결혼을 약속한 요셉의 얼굴이 떠올랐다. 그러나 마리아는 자신의 의심을 크게 뉘우치면서 가브리엘에게 "저는 하나님의 종이오니 당신의 말씀대로 이루어지기를 바랍니다"라고 말하였다.

마리아가 아기를 가졌다는 소문이 퍼지자 요셉은 당황하여 어찌할 바를 몰랐다.

요셉은 마리아를 보자 믿기지 않는 소문에 대해서 물으려고 하였다. 그런데 마리아가 먼저 "저에게 아주 두려운 일이 일어났어요." "요셉, 그 소문은 사실"이라고 말한 후 마리아는 그동안에 있었던 일에 대하여 차근차근 설명했다.

요셉은 이야기를 듣고 마치 넋이 나간 사람처럼 앉아 있었다. '정말 그런 일이 일어날 수 있을까?' 고통 속에서 울며 괴로워하던 요셉은 어느 순간 잠이 들었다. 그런데 갑자기 환한 빛이 느껴져 요셉은 눈을 떴다.

자세히 보니 가게 안에 흰 옷을 입은 사람이 서 있었는데, 그 눈부신 빛이 그 사람에게서 퍼져 나오고 있었다. "다윗의 자손 요셉!" "네, 그런데 당신은 누구십니까?" "나는 하나님을 모시고 있는 천사 가브리엘입니다. 당신은 두려워하지 말고 마리아를 아내로 맞아들이십시오." "마리아가 잉태한 아기는 하나님의 능력으로 이루어진 것입니다. 마리아가 아기를 낳거든 그 이름을 예수라고 지으십시오." "그 분은 사람들을 구원하실 분입니다." 이 말을 듣고 요셉은 감격하여 자리에서 벌떡 일어났다.

② 로마 황제의 명령

마을 사람들은 요셉과 마리아에게 손가락질을 했다. 요셉은 하루라도 빨리 마리아를 아내로 맞아들이고자 마리아의 부모님과 의논했다. 두 사람은 곧 결혼식을 올렸다.

이러한 정황 속에서 "로마 황제가 호적을 등록하라는 명령이 내려졌다. 이번에 호적을 등록하라는 이유는 빠졌던 주민들을 찾아내어 주민세를 받기 위한 것이었다.

요셉과 마리아는 다윗의 후손이므로 베들레헴에 가야만 했다.

③ 마구간에 든 요셉과 마리아

나사렛 마을에서 베들레헴까지의 거리는 약 130킬로미터로 3일이면 갈 수 있었으나, 요셉은 출산을 앞둔 마리아의 건강을 생각하여 천천히 여행을 하였다.

베들레헴에 도착한 것은 나사렛 마을을 떠난 지 며칠 후 해가 질 무렵이었다. 여관을 찾아보았으나 모두 만원이었다. 한 여관집 부인은 집 뒤에 있는 마구간으로 안내하였다. 그리고 재빨리 마구간 안으로 들어가 바닥을 쓸고 보릿짚을 가져다 깔았다.

④ 목자들의 경배

베들레헴 성문 밖에서 양을 치는 목동들이 자려고 누웠는데 많은 사람들이 합창하는 노랫소리가 들려 왔다. 하늘에 강렬한 빛이 나타나더니, 그 빛은 아래로 내려오면서 점점 커지며 밝아졌다. 그 때 이런 말소리가 들려 왔다. "모두들 두려워하지 말라." "내가 너희들에게 기쁜 소식을 말하여 주겠다. 오늘 베들레헴의 마구간에서 그리스도가 나셨느니라. 지금 곧 그곳으로 가서 그리스도를 만나 보아라. 그리스도는 포대기에 싸여 구유에 누워 있을 것이다."

아기 예수를 찾아온 목자들은 아기 예수 앞에 무릎을 꿇었다. 그리고는 허리를 굽혀 절을 하였다. 요셉과 마리아는 목자들에게 감사의 눈길을 보냈다.

⑤ 동방박사들과 헤롯왕

예루살렘성 밖의 언덕 위로 낙타 네 마리가 천천히 걸어가고 있었다. 이들은 페르시아에서 온 박사들로 하늘에 뜬 유난히 밝게 빛나는 별을 보고 새로운 왕이 태어났음을 알리는 징조라고 확신하고 왕에게 경배하기 위하여 찾아온 것이었다. 이 별이 신기하게도 박사들에게 길을 안내해 주었으므로 박사들은 별이 뜨는 밤에 여행을 하고 낮에는 잠을 잤다. 지금도 하늘에는 별들이 총총히 떠 있는데, 그 가운데 유난히 크고 밝은 별이 박사들의 앞쪽에 떠 있었다. 박사들은 날이 새기를 기다려 예루살렘으로 들어갔다. 예루살렘에는 헤롯왕의 궁전이 있었다. 박사들의 소문은 곧 헤롯왕의 귀에도 들어가게 되었다. 헤롯왕은 깜짝 놀랐다. '이스라엘의 왕은 나인데, 누가 또 왕으로 태어났다는 말인가?'

의심 많은 헤롯왕은 이제까지 자신의 왕위를 위태롭게 할 듯한 자는 누구든 죽였으며, 심지어는 아내와 장모를 죽이고, 두 아들도 죽인 사람이었다.

헤롯왕은 장소를 알아낸 다음 군인들을 보내 아기 예수를 죽이려고 계획했다.

⑥ 동방 박사들의 증언

박사들은 아기 예수가 태어난 집을 쉽게 찾을 수 있었다. 그들은 낙타를 문 앞에 세워 두고 아기 예수에게 줄 선물을 각각 들고 집 안으로 들어갔다, 그리고 아기 예수에게 무릎을 꿇고 절을 한 후 아기 예수를 위하여 각각 준비해 온 선물을 내놓았다. "저희들은 예루살렘에서 헤롯왕을 만났습니다. 헤롯왕은 아기 예수가 태어나셨다는 소식을 듣고 무척 불쾌하게 여기고 있더군요. 헤롯왕을 조심하라"고 당부했다.

⑦ 이집트로 피신하다

밤이 깊어지자 어느새 요셉도 깊은 잠에 빠졌다. 그런데 꿈속에서 누군가 "요셉!"하고 부르는 소리가 들려 처다 보니 천사 가브리엘이 서 있었다. "헤롯왕이 아기 예수를 찾아 죽이려고 하니 어서 이집트로 피신하십시오." "언제까지 이집트에 있어야 합니까?" "헤롯왕이 죽을 때까지 있어야 합니다."

요셉은 벌떡 자리에서 일어나서 모두를 깨워 가브리엘의 말을 그대로 전하였다.

박사들이 선물한 상자 안에는 눈부시게 화려한 황금 덩어리가 들어 있었기 때문에 여비 걱정을 하지 않고 요셉과 마리아는 아기 예수를 데리고 이집트로 피신할 수가 있게 되었다.

박사들이 돌아오지 않자 헤롯왕은 부하들에게 두 살 아래의 사내아이들을 모조리 죽이라고 명했다.

(2) 소년기

요셉은 이집트의 고젠에서 목수 일을 하면서 살았다. 고젠에 온 지 반 년이 조금 지난 어느 날이었다. 또다시 천사 가브리엘의 목소리가 들려 왔다. "요셉, 예수와 마리아를 데리고 이스라엘로 가십시오. 헤롯왕이 죽었습니다." 다음날 두 사람은 아기 예수와 함께 나사렛을 향하여 출발하였다.

① 어린 시절

마을 사람들은 예수를 그저 똑똑하고 영리한 아이로만 보았지만 예수는 다른 아이들과 많이 달랐다. 예수는 풀 한 포기를 보더라도 예사로 넘기지 않고 늘 감사의 눈길로 바라보며 다듬어 주었다. 이름도 없는 들꽃 한 송이에서도 예수는 아름다움을 느끼고 기쁨과 만족을 얻는 듯하였다. 사람들이 징그럽다고 피하는 벌레도 예수는 사랑스러운 눈길로 바라보고 돌보아 주었다. 예수는 어느덧 자라서 학교에 들어가게 되었다.

그 무렵에는 학교가 따로 없었기 때문에 아이들에게는 교회가 바로 학교였다. 교회는 일요일마다 마을 사람들이 모여 하나님께 예배를 드리는 곳이었지만, 일요일 이 외에는 아이들을 모아놓고 글을 가르쳤다. 교과서는 구약 성서로, 그 중에서 아이들은 시편, 잠언, 율법을 주로 배웠다.

예수는 집에서 요셉과 마리아에게 엄격한 가정교육을 받았다. 그동안 예수에게도 동생들이 태어났다. 예수는 동생들을 무척 사랑하였고, 동생들도 예수를 따랐다. 예수는 학교에 가지 못하는 여동생들에게 글을 가르쳐 주기도 하였다. 어느덧 예수는 열한 살이 되었다.

② 예루살렘 성전에서

이스라엘 풍습으로 남자들은 열두 살이 되면 어른으로 여겨 율법을 지켜야만 했다. 예수도 어느덧 열두 살이 되었다. 그 해의 유월절이 다가오고 있었다.

유월절은 이스라엘의 최대 명절로써 매년 1월 14일로부터 예루살렘 성전에서 일주일 동안 기념행사를 벌였다. 유월절은 이스라엘 사람들이 옛날에 이집트에서 노예 생활을 하다가 지도자 모세를 따라 이집트를 빠져 나와 젖과 꿀이 흐르는 가나안 땅에 새 나라를 세운 것을 기념하는 날이었다.

예수도 이 유월절 행사를 보기 위하여 요셉과 마리아를 따라 예루살렘에 갔다. 태어난 지 8일 만에 하나님께 바치는 의식을 치르기 위하여 마리아의 품에 안겨 간 적이 있었으므로 예루살렘에 가는 것은 이번이 두 번째였다. 이제 예수는 열두 살이 되었으므로 성전에 들어가 하나님에게 예배를 드릴 자격이 있었던 것이다.

예로부터 이스라엘 사람들은 하나님에게 죄의 용서를 받기 위하여서는 어린 양을 죽여 그 피를 하나님께 보여 드려야만 죄를 용서받을 수 있다고 믿고 있었다. 이 의식을 번제라고 하였다.

예수는 번제 드리는 것을 보고 눈살을 찌푸렸다. 수없이 죽어 가는 어린 양이나 비둘기들이 너무나 가엾게 느껴졌기 때문이었다. 유월절 행사는 일주일 동안 계속 되었다. 요셉은 예수에게 유월절 행사의 모든 의식을 보여 주기 위하여 행사가 끝날 때 까지 머물렀다.

③ 성전에 있는 예수

유월절 행사가 모두 끝나자 요셉과 마리아도 예루살렘을 떠났다. 그런데 예루살렘을 떠난 첫날 저녁때가 되었을 때, 요셉과 마리아가 야영 준비를 하다 보니 예수가 보이지 않는 것이었다. 마리아는 예수가 있을 만한 곳을 돌아다니며 모두 살펴보았지만 예수는 어디에도 있지 않았다.

요셉은 몹시 걱정을 하였다. 마리아도 걱정이 되어 견딜 수가 없었다. "이제는 더 찾아볼 만한 곳도 없어요. 마지막으로 성전에 가 보도록 해요." "그렇군, 진작 성전에 가 보는 건데 그랬군." 그 곳에서 많은 사람들이 율법 학자에게 예언서나 율법에 관한 질문들을 하고 있었는데, 예수도 그 가운데 섞여서 이야기를 듣거나 질문을 하고 있었다.

요셉은 사람들 사이를 조심스럽게 비집고 들어가 "예수야!"하고 낮은 소리로 불렀다. 예수는 요셉과 마리아가 와 있는 것을 보고 그 곳에서 물러 나왔다. "예수야, 왜 그렇게 애를 태웠느냐? 너를 찾느라고 아버지와 내가 얼마나 고생을 하였는지 아느냐?"

"왜 저를 찾으셨습니까? 저는 아버지의 집에 있었을 뿐입니다." 하나님의 아들로 이 세상을 구원하기 위하여 태어난 예수였으므로 하나님을 모시는 성전이야말로 예수에게는 아버지의 집이였던 것이다. 예수는 벌써 자기가 하나님의 아들이라는 의식을 갖고 있었던 것 같다.

(3) 장년기와 세례 요한

① 세례 받은 예수

예수는 서른 살이 되기까지 줄곧 나사렛 마을에서 살았다. 예수가 열아홉 살 때 요셉이 세상을 떠났으며, 예수는 매일 가게에서 요셉이 하던 대로 목수 일을 하였다.

어느 화창한 봄날, 한 장사꾼이 가게에 와서 이렇게 말하였다. "혹시 이런 소문 들었소?" "무슨 소문 말입니까?" "요단 강 광야에서 전도하는 사람이 있다는 소문 말이오” “요한이라는 분 말이지요? 그 분은 제 이종형입니다.” 요한은 하나님의 계시로 잉태하게 된 엘리사벳의 아들이었다. 우람한 체격의 요한은 예수와 같은 나이로 예수보다 여섯 달 먼저 태어났다.

“아, 그러시오? 그 사람은 낙타털로 짠 옷을 입고 다니며, 들판 아무 곳에서나 잠을 자고 벌꿀과 메뚜기 같은 것을 먹는다고 하오. 그러데 그 사람의 설교가 정말 대단한가 봅니다. 매일 그 사람의 설교를 들으려고 수 백 명이 모여든다고 하니 말이오.” “그 사람은 세례도 준다고 하오.”

장사꾼이 돌아가자 예수는 문득 성서에 있는 이사야의 말이 생각났다. ‘광야에서 외치는 소리가 있다. 너희는 그리스도의 길을 예비하고 그리스도가 다니실 길을 곧게 하라.’ 예수는 이제 자신이 세상에 나가 복음(그리스도에 의해서 인류가 구원을 받게 된다는 기쁜 소식)을 전파할 때가 왔음을 깨달았다.

예수는 다음날 아침 일찍 요한이 전도를 하고 있는 곳을 향하여 길을 떠났다. 예수가 도착하였을 때 요한은 강가에 서 있었는데, 벌써 많은 사람들이 요한의 주위에 모여 있었다. 요한은 큰 소리로 이렇게 외치고 있었다. “회개하라. 하늘나라가 가까이 왔다.” “악마의 자손들아, 누가 너희들에게 다가오는 징벌을 피하라고 일러 주더냐? 회개에 합당한 열매를 맺으라.” 사람들은 요한의 가르침을 듣고, 자신의 잘못을 뉘우치면서 요단강에 들어가 요한에게 세례를 받았다. 그 곳에 모인 사람들은 요한이 그들이 기다리고 있는 그리스도가 아닐까 하고 수군거렸다.

그러자 요한이 그 소리를 듣고 분명한 어조로 “나는 물로 너희들에게 세례를 주고 있지만, 나는 그리스도의 신 들메(신을 신을 때 발에 매는 끈)를 풀 만한 사람도 되지 못한다. 그리스도께서는 성령과 물로 너희들에게 세례를 주실 것”이라고 말했다.

다음날 아침 예수는 요한이 있는 곳을 찾아갔다. 아침인데도 사람들이

꽤 많이 모여 있었다. 하나님의 말씀을 전하고 있던 요한이 예수가 다가오는 것을 발견하고는 사람들을 향하여 말했다.

"나도 이 분이 누구신지 몰랐다. 그러나 나를 이 세상에 보내신 분이 말씀하시기를 '성령이 내려와서 어떤 사람 위에 머무르는 것을 보거든 그가 바로 성령으로 세례를 주실 분인 줄 알라'고 하셨다. 그런데 나는 성령이 비둘기가 되어 하늘에서 내려와 이 분 위에 머무르는 것을 보았다. 그래서 나는 이분이 그리스도라는 것을 알게 되었다." 요한은 기쁨에 넘친 얼굴로 예수를 사람들에게 증거 하였다.

예수는 요한의 앞으로 다가가 "나에게도 세례를 베풀어 주십시오."

"제가 당신에게 세례를 받아야 할 것인데, 어찌하여 당신이 저에게로 오십니까?"

"지금은 허락하십시오. 이렇게 하여 하나님이 옳게 여기시는 모든 일을 이루는 것이 우리의 할 일입니다." 예수의 말에 요한은 예수에게 세례를 주었다.

세례를 받은 예수가 물에서 나와 강가에 올라서자 갑자기 하늘이 둘로 갈라지더니 찬란한 빛이 예수의 몸을 감싸면서 하얀 비둘기 한 마리가 예수의 머리 위에 내려와 멈추는 것이었다. 곧 이어 하늘에서 이런 소리가 들려 왔다. "이는 내 사랑하는 아들이오, 내 기뻐하는 자다."

② 광야에서의 40일 기도 : 악마와의 싸움

세례를 받은 후 예수는 아무것도 먹지 않고 광야에서 40일을 지냈다. 예수는 배고픔에 지쳐서 온몸이 불덩이처럼 뜨거웠으며, 바로 앞도 잘 보이지 않았다. 그런데 갑자기 등 뒤에서 이상한 웃음소리가 들려 왔다. 그 곳에는 검은 색 옷을 입은 악마가 비웃는 듯한 표정으로 예수를 뚫어지게 바라보고 있었다.

　"당신이 정말로 하나님의 아들이라면 이 돌에게 빵이 되라고 말하시오." "이렇게 많은 돌을 빵으로 만들어 실컷 먹으면 얼마나 좋겠소?"

　"사람은 빵으로만 사는 것이 아니라 하나님의 말씀으로 살 것이다." "하나님의 말씀을 따라 올바른 생활을 하는 것이 가장 필요한 일이다. 먹을 것이 필요하다면 그것은 하나님께서 준비해 주실 것이다." 이렇게 하여서 악마는 예수와의 첫 대결에서 보기 좋게 지고 말았다.

　그러자 이번에 악마는 예수를 데리고 높은 산꼭대기에 올라서게 하더니 순식간에 이 세상의 모든 나라들을 보여주며 이렇게 말하였다. "내가 이 모든 권세와 영광을 당신에게 주겠소. 눈앞에 보이는 이 모든 것들은 내 손 안에 있으니, 내가 주고 싶은 사람에게 줄 수 있소. 어서 나에게 절을 하시오. 그러면 이 모든 것들을 당신에게 주겠소."

　예수는 또렷한 말씨로 위엄있게 대답하였다. "하나님께 경배하고 그 분만을 섬기라. 사탄아 물러가라"고 말하였다. 두 번째의 대결에서도 악마는 예수에게 보기 좋게 지고 말았다.

　악마는 너무나 화가 치밀었다. 이번에야말로 어떻게 하든 예수를 굴복시키겠다고 생각한 악마는 다시 예수를 예루살렘 성전 꼭대기에 세우고,

　"하나님이 천사들에게 명령하여 너를 지키게 하실 것이며, 그들의 손으로 너를 받들어 네 발이 돌에 부딪히지 않게 할 것이라는 말을 알고 있지 않소." "만일 당신이 하나님의 아들이라면 이곳에서 한번 뛰어내려 보시오."

　예수는 "주 너희 하나님을 시험하지 말라"고 말하였다. 이렇게 하여서 악마는 세 번이나 예수를 시험하였으나 한 번도 이기지 못하였다. 그리하여 예수는 모든 시험을 이기고 공생애의 길로 접에 들게 된다.

2) 예수님의 가르침

(1) 12제자 선택

세례 요한이 자신의 두 제자 요한과 안드레와 이야기를 나누고 있을 때 예수가 저 쪽으로 걸어가고 있었다. 요한은 두 제자에게 이렇게 말하였다. "보라, 저 분이 예수 그리스도시다." 그러자 요한과 안드레는 곧장 예수를 따라갔다. 자신을 따라오는 두 사람을 발견한 예수는 걸음을 멈추고 두 사람을 기다렸다. 요한과 안드레는 망설이지 않고 예수를 따라 나섰다. 그리고 그 날 하루를 꼬박 예수와 함께 지내면서 복음을 전해 들었다.

안드레는 형 베드로를 찾아갔다. 예수를 만났다는 놀라운 소식을 전하기 위해서였다. 베드로는 갈릴리 호수에서 고기를 잡고 있었다. "형님, 예수님을 만나 뵈었어요." "그것이 정말이냐? 어떻게 그 분을 만나 뵈었느냐?" "형님, 저와 함께 예수님을 만나 뵈러 가요."

베드로는 빠르게 다가가서 오두막집 문을 열었다. 그러자 요한과 이야기를 나누고 있던 예수가 자리에서 일어나더니 베드로에게 다가와 부드러운 표정으로 이렇게 말하는 것이었다. "베드로가 왔구나." 이 말에 베드로는 깜짝 놀라고 말았다. '이 분이야말로 틀림없는 그리스도시다. 나를 이렇게 금세 알아보시다니…' 베드로는 흥분되어 아무 말도 할 수가 없었다. 안드레와 베드로와 요한은 그 날 밤을 예수와 함께 지내며 여러 가지 가르침을 받았다. 세 사람은 예수의 제자가 되었다.

다음날이 되었다 "예수님 오늘은 어디로 가시렵니까?" "갈릴리로 가는 것이 어떨까?"

갈릴리에 온 빌립은 나다나엘의 손목을 잡고 강제로 끌다시피 하여 예수가 있는 곳으로 데리고 갔다. 나다나엘도 예수의 제자가 되었다. 예수는 사흘째, 다섯 명으로 늘어난 제자들을 데리고 나사렛으로 갔다.

예수는 어느 날 세무서 앞을 지나게 되었다. 그곳에는 세리 마태가 앉아 있었다. 이스라엘 사람들은 세리를 무척 미워했다. 왜냐하면 세리가 하는 일이란 로마 정부에 바치기 위한 세금을 국민들로부터 걷는 일이었기 때문이었다. 세무서 앞을 지나가던 예수는 마태 앞에서 걸음을 멈추었다. "나를 따르라!" 그러자 마태는 망설이지 않고 예수를 따라 나섰다. 마태는 눈물이 가득 고인 눈으로 예수의 얼굴을 바라보았다.

이렇게 하여 예수는 복음을 전파하는 일을 도울 수 있는 열두 명의 제자를 골랐다. 예수의 곁에는 늘 열두 명의 제자들이 함께 하였다. 베드로와 안드레 형제, 세베대의 아들 야고보와 그의 동생 요한, 그리고 빌립, 바돌로매, 마태, 도마, 알패오의 아들 야고보, 다대오, 시몬, 마지막으로 가룟 사람 유다였다.

(2) 가르침의 핵심

① 거듭나지 않으면 하나님 나라를 볼 수 없다

유월절이 가까워 오고 있었으므로 예수는 마리아와 제자들을 데리고 예루살렘으로 갔다. 성전 안으로 들어서자 짐승들의 피비린내와 더러운 냄새가 코를 자극하였다. 어릴 적 예수가 본 그대로 성전 안은 여전히 짐승들로 가득 차 있었고, 장사꾼들로 매우 소란하였다. 예수는 그 광경을 더 이상 그대로 보고 있을 수가 없었다. 예수는 순식간에 채찍을 만들어 짐승들을 밖으로 내쫓고 가득 들어 있던 상자들을 모두 뒤엎어 버렸다. 그리고 비둘기를 파는 사람들에게 "당장 그것을 가지고 나가라! 내 아버지의 집을 도둑의 소굴로 만들지 말라!"고 큰 소리로 꾸짖었다.

예수는 유월절 행사를 위하여 계속 예루살렘에 머물렀다. 그런데 이스라엘 사람들 중에서 손꼽히는 귀족들로만 이루어진 산헤드린회에 니고데모라는 사람이 있었다. 니고데모는 바리새파였다. 그는 예수가 예루살렘에 나타났다는 것과 성전 안에서의 사건도 듣게 되었다.

니고데모는 즉시 예수가 머물러 있는 집으로 찾아갔다. "예수님 저는 진심으로 당신이 하나님께서 보내신 분이라는 것을 믿고 있습니다. 하나님께서 함께 하시지 않는다면 당신이 행하시는 그런 기적은 아무도 행할 수 없을 것입니다."

니고데모의 말을 듣고 예수는 이렇게 말하였다. "내가 진정으로 너에게 말한다. 누구든지 다시 나지 않으면 하나님의 나라를 볼 수 없다." 니고데모는 다시 난다는 말을 이해 할 수가 없어서 "사람이 늙으면 어떻게 다시 날 수 있겠습니까?" 하고 물었다. 그러자 예수는 "내가 진정으로 너에게 말한다. 누구든지 물과 성령으로 다시 나지 않으면 하나님의 나라에 들어갈 수 없다"고 하였다.

② 8복음

어느 날 예수가 가버나움 근처에 있는 산에 올라가 밤새도록 하나님께 기도를 드리고 있는데 사람들이 예수를 찾아왔다. 예수는 바위 위에 걸터앉아 천천히 사람들을 가르치기 시작하였다. 예수는 복이 있는 사람을 여덟 가지로 나누어서 말하였다.

"심령이 가난한 자는 복이 있나니 천국이 저희 것임이요
애통하는 자는 복이 있나니 저희가 위로를 받을 것임이요
온유한 자는 복이 있나니 저희가 땅을 기업으로 받을 것임이요
의에 주리고 목마른 자는 복이 있나니 저희가 배부를 것임이요
긍휼히 여기는 자는 복이 있나니 저희가 긍휼히 여김을 받을 것임이요

마음이 청결한 자는 복이 있나니 저희가 하나님을 볼 것임이요

화평케 하는 자는 복이 있나니 저희가 하나님의 아들이라 일컬음을 받

을 것임이요

의를 위하여 핍박을 받은 자는 복이 있나니 천국이 저희 것임이라."(마

5: 3-10)

③ 소금과 빛

예수는 사람들에게 하나님을 믿는 사람들을 소금과 빛으로 비유해 가르쳤다. 하나님을 믿는 사람은 세상을 썩지 않게 하는 세상의 소금이라고 말한 것은 하나님을 믿는다고 말만 하고 교회에 나가는 것으로 책임을 다한 것으로 생각할 것이 아니라, 세상을 썩지 않도록 막을 수 있는 소금의 역할을 하는 책임을 져야 한다는 가르침이었다. 하나님을 믿는 사람을 세상의 빛으로 비유한 것은, 하나님을 믿는 사람들의 착한 행실을 나타내는 것으로 세상 모든 사람들이 빛과 같은 행실을 보고 본받을 수 있도록 하라고 말한 것이었다.

④ 원수사랑

"나는 너희들에게 악을 행하는 사람에게 절대로 보복하지 말라. 누가 네 오른쪽 뺨을 치거든 왼쪽 뺨을 돌려 대고, 누가 네 속옷을 가지려고 하거든 겉옷까지도 주어라. 너희들에게 구하려는 사람에게는 주고 꾸려고 하는 사람에게는 거절하지 말아라."

예수는 또 이렇게 말하였다.

"원수를 사랑하고, 너희들을 박해하는 사람들을 위하여 항상 기도하여라. 그래야만 너희들은 하나님의 아들이 될 것이다." 예수는 계속해서 "하나님께서는 악한 사람에게나 선한 사람에게나 똑같이 태양을 비추어 주시

고, 의로운 사람에게나 불우한 사람에게나 똑같이 비를 내려 주신다.”

“너희들을 사랑해 주는 사람들만 사랑을 한다면 무슨 보상을 받겠느냐?” 남을 구제할 때에는 오른손이 하는 것을 왼손이 모르게 하여라. 그렇게 하면 하나님이 그만큼 너희들에게 보상을 해줄 것이다.”

⑤ 이웃을 네 몸과 같이 사랑하라

“하나님을 사랑하고 이웃을 네 몸과 같이 사랑하라 하신 것은 이에서
더 큰 계명이 없느니라.”(막 12: 30-31)

⑥ 막달라 마리아의 용서

갈릴리 지방의 한 마을에 사는 시몬이라는 사람이 예수를 집으로 초대하였다. 다른 사람들도 많이 초대되어 와 있었다. 그런데 예수가 저녁 식사를 막 대접받고 있을 무렵, 한 여인이 예수를 찾아왔다. 여인은 예수를 보자마자 곧장 다가오더니 무릎을 꿇고 자신의 죄를 뉘우치면서 하염없이 눈물을 흘렸다. 어느새 여인의 뺨을 타고 흘러내린 눈물이 예수의 발을 적셨다. 그러자 여인은 깜짝 놀란 듯 재빨리 자신의 머리카락으로 예수의 발등에 떨어진 눈물을 닦더니 발에 입을 맞추는 것이었다. 그런 다음 향이 좋은 기름을 예수의 발에 정성스럽게 발랐다. 이 여인은 마을 사람들 모두가 죄를 지은 여인이라고 천대하는 마리아라는 여인이었다.

시몬은 이 광경을 보고 마음속으로 이렇게 생각하였다. ‘만일 이 분이 정말로 그리스도라면, 지금 자신을 믿지는 여인이 누구이며, 죄를 지은 여인이라는 것을 분명히 알았을 텐데’

이 때 예수가 시몬의 마음을 알겠다는 듯 이렇게 말하였다.

“내가 너에게 말한다. 이 여인은 죄가 사해졌다. 그것은 여인의 믿음이

크기 때문이다."

⑦ 일곱 번씩 일흔 번이라도 용서해라

예수는 제자들에게 이렇게 말하였다. "나를 믿는 사람들에게 죄를 짓도록 유혹하는 사람은 그 목에 맷돌을 달고 바다에 빠지는 것이 좋은 것이다. 죄의 유혹이 없을 수는 없으나 유혹하는 사람에게는 화가 미칠 것이다. 네 손이나 발이 너희들에게 죄를 짓게 하거든 그것을 잘라 버려라. 두 손과 두 발을 가지고, 지옥의 불 속에 들어가게 되는 것보다는 오히려 한 손이나 한 발을 가지고 영원한 안식에 들어가는 편이 나을 것이야. 또 네 눈이 너희들에게 죄를 짓게 하거든 그것을 빼어 버려라. 두 눈을 가지고 지옥의 불 속에 들어가는 것보다는 한 눈을 가지고 영원한 안식에 들어가는 편이 나을 것이다."

그리고 예수는 이런 말도 하였다. "네 형제가 죄를 짓거든 단 둘이 있는 곳에서 그를 충고하여라. 그가 네 말을 들으면 너는 형제를 얻는 것이다. 그러나 네 말을 듣지 않거든 다른 사람 두세 명을 데리고 가서 충고하여라. 그래도 말을 듣지 않거든 교회에 말하고, 교회의 말도 듣지 않거든 그를 다른 나라의 사람처럼 여겨라." 이 말이 끝나자 베드로가 예수에게 물었다. "예수님, 형제가 저에게 죄를 짓는다면 몇 번이나 용서 하여야 합니까? 일곱 번까지 하여야 합니까?" 그러자 예수는 "일곱 번만이 아니라, 일곱 번씩 일흔 번까지라도 용서 하여라."

이야기를 마친 예수는 제자들에게 말하였다. "너희들이 진심으로 형제를 서로 용서하지 않는다면, 하나님께서도 너희들을 용서하지 않을 것이다."

⑧ 하나님의 나라와 그의 의를 위하여 힘쓰라

예수는 계속 말하였다. "무엇을 먹어야 할지 무엇을 입어야 할지 염려

하지 말라. 날아다니는 새들을 보아라. 씨앗을 뿌리지도 않고 거두지도 않고 곳간에 모아들이지도 않는다. 하나님께서 기르시기 때문이다. 들의 꽃이 어떻게 자라는지 살펴봐라. 수고도 하지 않고 길쌈도 하지 않는다.

이런 하찮은 들풀도 하나님께서 돌보시는데 하물며 너희들이야 어찌 잘 돌보시지 않겠느냐?" 그러므로 먹을 것과 입을 것을 걱정하지 말고 하나님의 나라와 그의 의를 위하여 힘쓰라고 하였다.

⑨ 기도할 때

예수는 기도하는 방법과 기도문을 가르쳐 주었으나 여기서 기도문은 생략한다.

"기도할 때에는 위선자들처럼 남에게 보이려고 애쓰지 말라. 기도는 혼자 있을 때 조용히 하고, 한 말을 몇 번씩 반복하지 말라. 하나님은 기도를 구하기 전에 이미 모든 것을 알고 있기 때문이다."

그리고 예수는 또 하나님을 믿고 구하면 얻을 것이고, 찾으면 만날 것이며, 문을 두드리면 열릴 것이라고 가르쳤다. 이 밖에도 맺은 열매를 보고 그 나무를 알 수 있다는 말과 보물을 하늘에 쌓으라는 말, 금식에 대한 올바른 방법 등을 가르쳐 주었다.

⑩ 심판하지 마라

"남을 심판하지 말라. 그리하면 하나님도 너희들을 심판하시지 않을 것이다. 하나님은 남을 심판하는 대로 너희들을 심판하실 것이며, 남을 헤아리는 대로 너희들을 헤아릴 것이다." 사람은 누구나 허물이 있는 것인데, 자칫 자신은 아무런 허물이 없다고 생각하고 남을 심판하는 일을 하면 안 된다는 말이었다. "어찌하여 너는 형제의 눈 속에 있는 티는 보면서 네 눈 속에 있는 들보는 깨닫지 못하느냐? 위선자야, 네 눈 속에서 들보를 빼어 내라. 그래야 잘 보이는 눈으로 형제의 눈 속에 있는 티를 빼어 줄 수 있을 것이다.”

⑪ 죄 없는 자가 먼저 쳐라

며칠이 지난 후에 예수는 조용히 예루살렘으로 갔다. 이른 아침 예수가 성전에 앉아서 사람들에게 하나님의 말씀을 가르치고 있는데, 바리새파 사람들이 한 여인을 예수님 앞으로 끌고 왔다.

그러더니 여인을 한가운데에 세워 놓고 예수에게 의기양양하게 묻는 것이었다. “이 여인은 도둑질을 하다가 현장에서 잡혔소. 모세는 율법에 이런 여인을 돌로 치라고 명령하였소. 그런데 당신은 이 여인을 어떻게 하시겠소?”

만일 이 상황에서 예수가 여인을 돌로 치라고 한다면 사람들에게 위선자라는 소리를 듣게 될 것이고, 용서해 주라고 한다면 율법을 어기는 것이 되므로 고소할 구실을 얻게 되는 것이었다.

잠시 후 예수는 천천히 “너희들 중에 죄가 없는 자가 있다면 제일 먼저 이 여인에게 돌을 던져라.” 바리새파 사람들은 이 대답을 듣고 뒤로 물러서지 않을 수 없었다.

“나도 너에게 죄를 지었다고 하지 않겠다. 어서 돌아가거라. 그리고 이제부터 다시는 죄를 짓지 말라”고 예수는 가르쳤다.

⑫ 제자들을 파송시키다.

어느 날 예수는 제자들을 불러 놓고 이렇게 말하였다. “추수할 것은 많은데 일꾼이 적으니 주인(하나님)에게 일꾼을 보내 달라고 청하여라.” “너희들은 이제부터 악마를 내쫓고 병자들을 고쳐 주고 복음을 전파하여라.” 예수는 제자들을 두 명씩 짝을 지어 가도록 하였다. “떠날 때에는 돈이나 식량을 가져가지 말고 옷이나 신발 그리고 지팡이조차 가져가지 말아라. 일하는 사람이 먹을 것을 얻는 것은 마땅하다.”

예수는 제자들을 보내는 것이 마음에 놓이지 않았다. 곳곳에 예수를 반대하고 시기하는 자들이 많았기 때문이었다. “보라, 내가 너희들을 보내는 것은 양을 이리 가운데 보내는 것과 같다. 너희들은 뱀같이 슬기로워야 하고 비둘기처럼 온순하여야 한다.” “사람들을 조심하라. 그들은 너희들을 법정에 넘겨주고, 교회에서 채찍질 할 것이다.” “너희들은 나로 인하여 많은 사람들에게 미움을 받을 것이다. 그러나 그것을 끝까지 참는 사람은 구원을 얻을 것이다. 이 마을에서 너희들을 박해하거든 저 마을로 피하여라. 그들을 두려워하지 말라. 감추어진 것이 드러나지 않을 것이 없고, 숨겨진 것이 알려지지 않을 것이 없다.” “누구든 사람들 앞에서 나를 안다고 하면, 나도 하늘에 계신 하나님 앞에서 그를 안다고 하겠다. 그러나 누구든 사람들 앞에서 나를 모른다고 하면 나도 하늘에 계신 하나님 앞에서 그를 모른다고 하겠다.” “너희들을 맞아들이는 것이 나를 맞아들이는 것이며, 나를 맞아들이는 것이 하나님을 맞아들이는 것이다.”

예수는 제자들에게 가르쳐야 할 것을 모두 가르치고 나서 그들로 하여금 복음을 곳곳에 전파하도록 떠나보냈다.

⑬ 하나님의 뜻을 행하는 자와의 관계

예수가 병자들을 고쳐 주고 죽은 사람을 다시 살아나게 해 주었다는 소문이 여기저기에 퍼지자 예수의 친척들이 불평을 하기 시작하였다. 친척들은 예수가 자신들을 무시한다고 생각하였다. 예수가 정말 그런 능력을 가졌다면 제일 먼저 친척들을 찾아와 병자들을 치료해 주고, 형편이 어려운 친척들을 도와주어야 하지 않느냐는 것이었다.

마리아와 친척들은 예수가 머무르고 있는 베드로의 집에 찾아 갔다. 많은 사람들 때문에 집 안으로 들어갈 수 없자 그들은 집 안에 있는 사람들에게 예수를 불러 달라고 부탁하였다. "밖에 어머니와 친척들이 와 계시답니다." "내 어머니와 형제들이 도대체 누구더냐? 보라, 여기 내 어머니와 형제들이 있다. 누구든지 하나님의 뜻을 행하는 자가 곧 내 형제요, 자매요, 어머니다."

(3) 예수님의 기적

① 물이 포도주로

예수님은 갈릴리 혼인 잔치에 초대를 받고 제자들과 그곳에 갔다. 예수의 어머니 마리아도 그곳에 있었다. 마리아는 잔치 집에 포도주가 떨어진 딱한 사정을 그대로 보고만 있을 수가 없었다. "술이 떨어졌다니 친구의 사정을 곁에서 보기가 정말 딱하구나," 할 수 없이 예수는 일꾼들에게 말하였다. "항아리에 물을 가득 채우게." "이제는 물을 떠서 사람들에게 가져가게." 일꾼들은 물을 퍼서 그대로 사람들에게 주었다. 사람들은 어느 틈에 포도주가 되어 버린 물을 맛보고 매우 놀랐다. 곧 사람들은 그것이 예수가 행한 일임을 알고 당황하여 어쩔 줄 몰라 하였다.

② 병자를 고쳐줌

예수는 유월절 행사가 끝나자 다시 갈릴리 지방으로 향하였다.

그러던 어느 날 왕의 신하 한 사람이 예수를 찾아와서 이렇게 간청하는 것이었다.

"제발 제 아들의 병을 고쳐 주십시오." 이 말에 "너희들은 신기한 일들을 보지 않고는 결코 나를 믿을 수 없느냐?" "집으로 돌아가라. 그러면 네 아들이 살 것이다."

왕의 신하가 집에 도착하여 보니 과연 신기하게도 아들의 병이 완쾌되어 있었다. 이 소문은 순식간에 갈릴리 지방에 널리 퍼져 사람들 모두가 앞을 다투어 예수를 만나려고 몰려들었다.

베드로는 예수와 제자들을 집으로 안내하였다. 예수는 그 후로 매일 호숫가 넓은 터에서 사람들에게 복음을 전파하였다. 또 일요일이 되면 교회에 가서 사람들에게 하나님의 말씀을 가르쳤다. 사람들은 예수의 가르침을 듣고 매우 감격하였다.

그러던 어느 일요일에 예수가 사람들을 가르치고 있는데, 갑자기 괴물같이 큰 체격에 얼굴이 수염으로 뒤덮인 한 젊은이가 앞으로 달려 나오며 큰 소리로 이렇게 외치는 것이었다. "예수님, 우리를 어떻게 하시렵니까?" 사람들 모두가 깜짝 놀라고 말았다. 이 사람은 가버나움에 사는 정신 이상자였기 때문이었다. "나는 당신이 누구인지 압니다." 젊은이는 더욱 큰 소리로 외쳤다. "당신은 그리스도이십니다." 이 말에 감탄의 소리가 교회 안을 진동시켰다. 이 때 예수가 입을 열어 말하였다. "가만히 있거라!" "그리고 그에게서 나와라." 그런데 이 말이 떨어지자마자 정말 그의 태도는 어느새 순한 양처럼 변해 있었다. 가르침을 마친 예수는 베드로의 집으로 향하였다.

잠시 후 베드로의 집 앞에 사람들이 물밀듯이 밀어닥쳤다. 지팡이를 짚고 온 절름발이, 맹인, 무릎으로 기어 온 앉은뱅이, 아픈 아들을 등에 업은 불구 아버지, 들것에 실린 중풍환자를 메고 온 가족들, 나병 환자들, 귀머거리, 벙어리, 정신 이상자 등 수없이 많은 사람들이 예수의 도움을 받고자 찾아온 것이었다. 예수는 그렇게나 많은 사람들이 몰려온 것을 보고도 얼굴 빛 하나 변하지 않았다. 예수는 병자들을 한 사람씩 손으로 만져 주었다. 그러자 기적처럼 모두가 병이 나았다.

병자들을 바라보는 예수의 부드러운 눈빛은 사랑으로 가득 차 있었다.

벌떡 일어난 앉은뱅이는 예수의 목을 껴안고 입을 맞추며 "당신은 진정 그리스도십니다." 하고 크게 외치며 두 눈에 눈물을 글썽거렸다.

③ 바람을 잠재운 예수

어느 날 예수와 제자들은 갈리리 호수를 건너가기 위하여 배를 탔다. 예수는 매일 수많은 병자들을 고쳐 주고 사람들에게 하나님의 말씀을 전하느라 무척 지쳐 있었기 때문에 배에 타자마자 곧 잠이 들었다. 그런데 배가 호수 가운데쯤 갔을 때였다. 갑자기 사나운 바람이 불어 닥치더니 물결이 크게 일면서 배가 기우뚱거리고 배 안으로 물이 넘쳐 들어왔다. 하늘은 칠흑같이 어두워지고 바람은 시간이 갈수록 점점 더 거세졌다. 제자들은 두려움에 떨며 정신없이 키를 잡고, 돛을 내리며 온 힘을 다하였으나 아무래도 배가 무사할 것 같지 않았다. 제자들은 "예수님, 어서 저희들을 구하여 주십시오. 배가 위험합니다."

"너희들은 믿음이 어디에 있길래 그렇게도 겁이 많은 것이냐?" 예수는 곧 사납게 불어 닥치는 바람을 향하여 호통을 쳤다. 그러자 금세 바람이 잠잠해졌다. 바람이 잠잠해지자 예수는 다시 제자들을 향하여 말하였다. "너희들은 아직 나에 대한 믿음이 적구나."

④ 생명을 불어넣고

어느 날 예수는 제자들과 함께 나인이라는 마을에 복음을 전파하러 갔다. 나인 마을에 도착하였을 때, 상여 행렬이 눈앞에 나타났다. 예수도 애절하게 울고 있는 여인의 모습을 보자 가슴이 찢어질 듯 아팠다. 예수는 곧장 상여 앞으로 가서 관 위에 손을 대더니 "젊은이여, 내가 너에게 말한다. 어서 일어나라." 그러자 놀랍게도 예수의 말이 떨어지자마자 죽었던 젊은이가 일어나 앉는 것이었다.

⑤ 5천명을 먹이다.

예수의 지시대로 여러 곳을 돌아다니며 복음을 전파한 제자들이 오랜만에 예수에게 돌아왔다. 제자들은 예수에게 경험하였던 여러 가지 일들에 대하여 자세히 이야기하였다.

예수는 반갑게 제자들을 맞이하면서 이야기를 차분히 들어 주었다. "그래 얼마나 힘이 들더냐?" "나와 함께 조용한 곳으로 가서 잠시 쉬는 것이 좋을 것 같다." 그래서 제자들은 예수와 함께 배를 타고 조용한 곳을 향하여 떠났다. 그러나 사람들은 예수와 제자들을 가만히 놓아두지 않았다.

그래서 예수와 제자들이 육지에 닿았을 때는 벌써 수많은 사람들이 이들의 도착을 기다리고 있었다. 예수는 몹시 지쳐 있었지만 자신을 따르는 사람들을 그냥 보낼 수가 없었다. 그래서 병자들을 치료해 주고 복음을 전파하다 보니 어느 새 저녁때가 되었다. 제자들은 이렇게 많은 사람들의 저녁을 어떻게 해결하여야 할지 걱정이 되었다.

그래서 예수에게 말하였다. "저녁때가 되었으니 사람들을 모두 보내어 저녁을 먹고 오라고 하는 것이 어떻겠습니까?"

그러자 예수는 "모인 사람들 중에 빵을 갖고 있는 사람이 있는 지 알아보아라." 이 말을 듣고 안드레가 말하였다. "여기 한 아이가 빵 다섯 개와 생선 두 마리를 가지고 있습니다. 하지만 이렇게 많은 사람들에게 그것이 무슨 소용이 되겠습니까?" "모두 앉도록 하여라." 제자들은 의아스러운 표정으로 예수의 명령대로 사람들을 앉도록 시켰더니 앉은 사람들은 5천명도 더 되었다.

잠시 후 예수는 안드레가 가져 온 빵과 생선을 들고 하늘을 우러러보며 잠시 기도를 하더니 제자들을 시켜 사람들에게 나누어 주라고 하였다. 그래서 그 많은 사람들 모두가 빵과 생선을 아주 배부르게 먹을 수 있었다. "남은 부스러기를 다 모으고 조금도 버리지 말아라." 예수의 말에 따라 제자들이 그것들을 모두 거두었더니 열두 광주리에 가득 차는 것이었다.

⑥ 맹인의 눈을 뜨게 하다

예수는 성전을 나오다가 태어나면서부터 맹인인 사람과 마주치게 되었다. 예수는 땅에 침을 뱉어 진흙을 개어 맹인의 눈에 발라주고 그에게 실로암 연못에 가서 씻으라고 말한 다음 그 자리를 떠났다. 맹인은 예수의 말을 믿고 실로암 연못에 가서 눈을 씻었고, 잠시 후 맹인은 앞을 볼 수 있게 되었다.

바리새파 사람들은 눈뜬 사나이에게 어떻게 하여서 눈을 뜨게 되었는지 물었다. 사나이는 처음부터 자세히 대답해 주었다. 그의 말을 들은 바리새파 사람들은 화를 내며 예수에게 돌을 던지려고 하였다.

예수는 물었다. "나는 하나님의 권능으로 여러 가지 선한 일을 너희들에게 보여 주었다. 그런데 어떤 일 때문에 나에게 돌을 던지려고 하느냐?" "우리가 당신에게 돌을 던지려는 것은 어떤 일 때문이 아니라 하나님을 모독하였기 때문이오. 당신은 사람이면서 자신을 하나님이라고 하였소."

예수가 조용한 음성으로 말하였다. "너희들이 지키고 있는 율법에 내가 너희들을 신이라고 하였다는 말이 기록되어 있지 않느냐? 이 말은 하나님의 말씀을 받은 사람들은 모두 신이라는 뜻이다. 그런데 하나님께서 세상을 구원하라고 보낸 내가 하나님의 아들이라고 말한 것이 어찌하여 하나님을 모독한 것이 된다는 말이냐?

내가 하나님의 일을 행하지 않거든 나를 믿지 말아라. 그러나 내가 행하거든 나는 믿지 않더라도 그 일은 믿어라. 그러면 하나님께서 내 안에 계시고 또 내가 하나님 안에 있다는 것을 깨닫게 될 것이다." 예수를 반대하던 사람들은 시간이 갈수록 예수에게 끌리려고 하자 더욱 화를 내며 대들었다.

⑦ 죽은 나사로를 살리다.

예수는 자신을 잡아 가두려는 반대자들을 피하여 요단강 건너 요한이 세례를 주던 곳으로 갔다. 예수를 믿고 따르는 사람들의 무리가 끝없이 이어지고 있었다.

어느 날 예수에게 슬픈 소식이 전해졌다. 예수가 베다니 마을에 도착하였을 때, 이미 나사로는 무덤 속에 묻힌 지 4일이나 지나 있었다. 나사로의 집에는 마리아와 마르다 자매를 위로하러 모인 사람들로 가득하였다.

예수는 나사로를 살리기 위하여 하나님께 기도를 드렸다. 그리고 예수는 무덤을 향하여 큰 소리로 "나사로야, 나오너라!"하고 외쳤다. 그러자 잠시 후에 죽었던 나사로가 무덤에서 걸어 나왔다.

이 소문은 곧 예수를 반대하는 바리새파 사람들에게도 전해졌다. 바리새파 사람들은 더욱 놀라면서 예수를 그리스도로 믿는 사람들이 더 많아지기 전에 예수를 죽여야겠다고 생각하였다. 바리새파 사람들은 곧 회의를 소집하였다.

새로 대제사장이 된 가야바가 이렇게 말하였다. "예수를 이대로 살려두면 이스라엘 민족은 망하고 말 것이오." 그래서 이 날부터 바리새파 사람들은 예수를 죽일 음모를 꾸미기 시작하였다

3) 고난의 십자가를 향하여

① 이스라엘 왕, 만세

곧 유월절 행사가 시작되기 때문에 예루살렘에는 행사를 보기 위하여 몰려든 사람들로 가득하였다.

이 때 예수가 예루살렘에 온다는 소문이 들리자 예수를 그리스도로 믿

고 있던 사람들이 매우 흥분하며 예수를 기다렸다. 그들은 이번에야말로 예수가 이스라엘의 왕으로 오는 것이라고 믿고 있었다. 사람들은 예수를 환영하기 위하여 저마다 종려나무 가지를 꺾어 들고 예수를 맞으러 성문 밖으로 달려갔다. 저 멀리에서 사람들에게 에워싸여 당나귀를 타고 오는 예수의 모습이 보이기 시작하자 기다리던 사람들은 감격하며 환호성을 지르기 시작하였다.

사람들은 가슴이 터질 것만 같은 흥분을 느끼며 하늘이 떠나갈 듯이 "이스라엘 왕, 만세!" 라고 외쳤다. "그리스도의 이름으로 오시는 이에게 복이 있으라! 이스라엘의 왕에게 복이 있으라!"

이 어마어마한 광경을 보고 바리새파 사람들은 크게 실망하였다. "자, 보시오. 이제는 다 틀렸소. 저렇게 많은 사람들이 예수를 따르고 있소."

② 제자들과의 마지막 저녁 식사

유월절 전날이 되자 제자들이 예수에게 물었다. "예수님, 예수님을 위한 유월절 식사를 어디에서 준비하면 좋겠습니까?" 그러자 예수는 어느 장소에 가면 물동이를 이고 가는 사람을 만날 것이니, 그 사람을 따라가서 그 집 주인에게 우리들이 식사할 방이 어디에 있느냐고 물어 보아라.

제자들이 그 말을 듣고 그 곳에 가서 보니 정말 준비가 되어있었다. 저녁때 예수는 제자들과 함께 그 집으로 가서 다락방에 올라가 자리를 잡고 앉았다.

"내가 진정으로 너희들에게 말한다. 너희들 중의 한 사람, 곧 지금 나와 함께 저녁을 먹으려는 사람이 나를 배반할 것이다." 이 말을 듣고 제자들이 두려워하며 그가 누구냐고 물었다. "너희들 중의 한 사람으로 나와 한 그릇에 손을 넣은 사람이다. 나는 성서에 기록된 대로 나의 길을 갈 것이 확실하지만 나를 배반하는 사람에게는 화가 미칠 것이다. 그는 차라리 태어나지 않았더라면 좋을 뻔하였다."

이 때 가롯 유다가 "예수님, 저입니까?" 하고 물었다. 예수가 그렇다고 대답하자 유다는 화를 내며 밖으로 나가버렸다. 그 후 저녁 식사가 막 시작될 무렵이었다. 갑자기 예수가 겉옷을 벗고 수건을 허리에 두르더니 대야에 물을 떠 와서 제자들의 발을 차례로 씻어 주는 것이었다. 그러나 발을 씻어 주는 일은 하인 이외에는 절대로 하지 않았다. 스승을 존경하고 따르는 제자들 사이에서도 스승에게 온갖 봉사를 다하더라도 발만은 씻어 주지 않는 것이 규칙으로 되어 있었다.

그런데 하나님의 아들이며 세상을 구원하러 온 예수가 제자들의 발을 씻어 준 것이다. 제자들은 당황하여 어찌 할 바를 몰랐다. 예수는 제자들에게 말할 수 없이 고마운 스승으로써 겸손과 사랑을 가르쳐 주었던 것이다.

저녁 식사가 시작되자 예수는 하나님께 감사의 기도를 드린 다음 제자들에게 빵을 떼어 주며 말하였다. "받아먹으라, 이것은 내 몸이다." 그런 다음 이번에는 또 포도주가 든 잔을 들어 제자들에게 주며 말하였다. "모두 이 포도주를 마시라. 이것은 많은 사람들의 죄를 사해 주려고 흘리는 약속된 나의 피다."

제자들은 예수가 주는 빵을 먹었으며, 포도주를 마셨다. "나는 아버지의 나라에서 너희들과 함께 마실 그 날까지 결코 포도주를 마시지 않을 것이다."

식사를 마치고 예수는 제자들과 함께 감란 산으로 올라갔다. 올라가면서 예수가 제자들에게 말하였다. "오늘 밤 너희들은 모두 나를 버릴 것이다. 그러나 나는 다시 살아난 후에 너희들보다 먼저 갈릴리로 가 있겠다."

이 말에 베드로가 "비록 모든 사람들이 예수님을 버릴지라도 저는 결코 예수님을 버리지 않겠습니다."

그러자 예수가 베드로를 돌아보며 "너는 오늘 밤 닭이 두 번 울기 전에 나를 세 번 모른다고 말할 것이다.” 이 말에 베드로가 흥분하여 “예수님과 함께 죽는 한이 있더라도 저는 절대로 예수님을 모른다고 하지 않겠습니다.” 다른 제자들도 모두 이렇게 말하였다.

③ 마지막 기도

서쪽 기슭에 있는 겟세마네 동산까지 올라갔을 때 예수는 제자들에게 “내가 기도하는 동안 너희들은 여기 앉아 있으라. 그리고 깨어 있으라.” 그런 다음 예수는 조금 더 앞으로 나아가 기도를 드리기 시작하였다.

“아버지 아버지께서는 모든 일이 가능하십니다. 저에게서 죽음의 잔을 거두어 주옵소서.” 예수는 자신의 죽음이 가까이 다가왔음을 알고 있었다. 예수가 한 시간 정도 기도를 드리고 왔을 때, 제자들은 잠을 자고 있었다.

“자고 있느냐? 너희들은 한 시간도 깨어 있을 수 없더냐? 모두 일어나서 내가 시험에 들지 않도록 기도하여라.”

그리고는 다시 앞으로 나아가 기도를 드렸다. 그러나 다시 돌아왔을 때, 제자들은 여전히 잠을 자고 있었다. “아직도 자느냐? 아직도 쉬느냐? 그만 하면 넉넉할 것이다. 때가 왔다. 보라, 내가 죄인의 손에 넘겨질 시간이 되었다. 일어나 가자. 나를 죄인에게 넘겨 줄 자가 가까이 왔다.”

곧 이어 사람들의 떠드는 소리가 가까이에서 들려오는 듯 하더니 제자 유다가 제일 먼저 모습을 나타냈다. 그러더니 곧장 예수의 앞으로 다가와 다정하게 인사를 하는 것이었다. 이것은 예수를 잡으러 온 사람들에게 예수를 알려 주기 위한 행동이었다. 곧 칼과 몽둥이를 든 사람들이 우르르 달려와서 예수를 잡아 묶었다. 그러자 제자들은 모두 달아나 버렸다.

④ 재판을 받다

대제사장 가야바의 집에서는 바리새파 사람들과 예수를 반대하는 사람들이 모여서 예수가 잡혀 오기를 기다리고 있었다. 그들은 이번에야말로 예수에게 죄를 뒤집어씌워 사형에 처하도록 해야겠다고 단단히 결심하고 있었다.

대제사장 가야바가 예수에게 물었다. "당신이 하나님의 아들 그리스도요?" "그렇다. 나는 하나님의 아들이다. 너희들은 곧 내가 하나님의 오른편에 앉아 구름을 타고 오는 것을 보게 될 것이다."

가야바가 흥분하며 사람들에게 외쳤다. "더 이상 무슨 증언이 필요하겠습니까? 여러분은 지금 이 자가 위대한 하나님을 모독하는 말을 들었습니다. 여러분, 어떻게 생각하십니까?" 그러자 모든 사람들이 예수를 사형에 처해야 한다고 말하였다.

베드로는 예수를 먼발치로 뒤따라와서 이 광경을 지켜보고 있었다. 그때 가야바의 하인이 베드로에게 "당신도 예수와 함께 다니지 않았소?" 베드로는 "아니오. 나는 당신이 무슨 말을 하는지 모르겠소." 그리고는 서둘러 그 자리를 피하였다.

그러자 하인이 또다시 베드로를 뒤따라와서 이번에는 곁에 있는 사람에게 "저 사람은 예수와 한패"라고 말했다. 베드로는 또 그것을 부인하였다, 그러자 잠시 후에 베드로의 옆에 있던 사람이 "당신도 갈릴리 사람이니까 예수와 한패인 것이 분명해." 이 말에 베드로는 "나는 예수라는 사람과 말하여 본 적도 없소" 라고 말했다. 베드로의 이 말이 끝나자마자 닭이 두 번 울었다. 베드로는 닭의 울음소리를 듣자마자 예수가 한 말을 생각하고 울음을 터뜨렸다.

가야바와 바리새파 사람들은 예수를 잡아넣을 수 있는 증언을 꾸며 예수를 총독 빌라도에게 넘겨주었다. "우리는 이 자가 이스라엘 백성들을 선동하여 로마 황제에게 세금 바치는 것을 반대하고 자칭 이스라엘 왕이라고 말하며 다닌다는 것을 알게 되었다."

빌라도는 증언에 대하여 그것이 사실인지 아닌지 예수에게 직접 물어보았다. 그리고 나서 빌라도는 예수를 끌고 온 사람들에게 말하였다.. "나는 이 사람에게서 아무런 허물도 찾지 못하였소." 그러자 그들은 더욱 강경하게 "그 자는 갈릴리 지방에서 태어난 사람으로 벌써 갈릴리 사람 모두가 그를 따르고 있습니다. 그 자는 위험한 자입니다." 라고 말하였다. 빌라도는 이 말을 듣더니, "그렇다면 이 사건은 내 관할이 아니오. 갈릴리 지방의 관할인 헤롯에게 보내야겠소."

이 때 헤롯은 예루살렘에 와 있었다. 하지만 헤롯은 예전부터 예수에 대한 소문을 듣고 매우 존경하고 있었다. 그래서 헤롯이 예수에게 아무런 처벌도 내리지 않자, 예수를 반대하는 자들이 매일 찾아와 소동을 벌였다. 할 수 없이 헤롯은 예수에게 약간의 모욕을 주는 처벌을 주고 다시 빌라도에게 보냈다.

이스라엘에는 명절에 특별히 죄수 한 명을 풀어 주는 풍습이 있었는데, 빌라도는 예수를 풀어주기 위해 대중들에게 살인혐의자 바라바와 예수 중 누구를 풀어주면 좋겠느냐고 물었다. 그곳에 모인 사람들은 예수를 풀어 주느니 차라리 바라바를 풀어 주라고 한 것이었다. 그래도 빌라도는 예수를 풀어 주어야 한다고 주장하였다.

그러나 사람들은 여전히 예수를 사형에 처하여야 한다고 우겨댔다. 결국 빌라도도 어쩔 수 없이 그들의 요구를 들어주어야만 했다.

⑤ 십자가를 지고

군사들은 예수에게 십자가를 지우고 사형 집행장인 골고다 언덕으로 끌고 갔다. 많은 사람들이 그의 뒤를 따랐다. 예수를 믿고 따르던 사람들은 깊은 슬픔에 잠겨 있었고, 반대하던 자들은 기뻐하며 이 모습을 지켜보았다. 드디어 골고다 언덕에 이르렀다.

이 날 사형을 당하는 사람은 예수 외에도 다른 두 명의 죄수가 있었다. 결국 예수는 십자가에 못 박혔으며, 다른 두 명의 죄수는 예수의 양쪽에 못 박혔다.

예수는 십자가에 못 박혀서도 "아버지, 저들을 용서하여 주소서."

그러자 예수와 함께 사형을 당하는 죄수 중의 한 명이 "당신이 정말 그리스도라면 당신 자신을 구하고, 또 우리를 구하여 보시오." 라고 말하며 예수를 조롱하였다.

그러자 다른 한 명의 죄수가 말했다. "너는 하나님이 두렵지 않느냐? 너도 이 분과 같은 선고를 받고 있지 않느냐? 우리는 죄를 지었기 때문에 이런 일을 당하고 있지만, 이 분은 아무런 죄도 짓지 않았다." 그리고 그는 예수를 향하여 "예수님, 저를 함께 데려가 주십시오" 라고 부탁했다.

그러자 예수가 대답하였다. "내가 진정으로 너에게 말한다. 너는 오늘 나와 함께 낙원에 있게 될 것이다."

낮 열두 시가 되자, 어둠이 온 땅을 덮더니 세 시까지 어둠이 계속되었다. 이윽고 세 시에 예수는 큰 소리로 "나의 하나님, 어찌하여 저를 버리셨나이까?" 라고 부르짖더니 세상을 떠났다.

날이 저물자 예수를 진심으로 믿고 따르던 아리마대 요셉이 빌라도에게 예수의 시체를 내려 달라고 청하였다. 아리마대 요셉은 예수를 조심스럽게 삼베로 싸서 자신을 위하여 만든 무덤 안에 매장하였다.

4) 부활

① 다시 살아난 예수

동틀 무렵, 막달라 마리아와 살로메는 예수의 몸에 바를 향료를 들고 예수의 무덤을 찾아갔다. 그런데 두 사람이 무덤 안으로 들어갔을 때 흰 옷을 입은 한 젊은이가 앉아 있는 것이었다.

그는 "놀라지 말라, 그대들은 지금 십자가에 못 박히신 나사렛 예수님을 찾고 있지만, 그 분은 다시 살아나셨고 이곳에 계시지 않는다. 그대들은 지금 제자들과 베드로에게 가서 전에 예수님께서 말씀하신 대로 그들보다 먼저 갈릴리로 가실 것이니 그 곳에서 예수님을 뵐 것이라고 전하여라."

막달라 마리아와 살로메는 너무나 두려워서 정신없이 무덤에서 뛰쳐나왔다. 그리고 제자들에게 달려가 들은 대로 전하였으나 제자들은 그 말을 믿지 않았다. 그 후 제자들 중 두 사람이 우연히 예수를 만나게 되어 다른 제자들에게 말하였으나 마찬가지로 믿지 않았다. 열한 명의 제자가 함께 있을 때, 예수는 그들에게 나타나 그들의 믿음이 부족한 것을 꾸짖으셨다.

② 예수의 승천과 성령의 강림

예수는 부활 후 40일간에 여러 번 제자들에게 나타나 마지막 당부도 하고 또 죄를 사하는 권한도 주면서(요. 21:21~24), 세계만방에 가서 복음을 전할 것을 명령한 다음(마. 28 19~20) 올리브 산에서 제자들이 보는 가운데 하늘로 올라갔다.

예수께서 하늘로 올라가시는 동안 그들은 하늘만을 쳐다보고 있었다. 그때 흰 옷을 입은 사람 둘이 갑자기 그들 앞에 나타나서 이렇게 말했다. '갈릴리 사람들아, 왜 너희는 여기에 서서 하늘만 쳐다보고 있느냐? 너희 곁을 떠나 승천하신 저 예수께서는 너희가 보는 앞에서 하늘로 올라가시던 그 모양으로 다시 돌아오실 것이다.' 그 뒤 사도들은 올리브산을 떠나 예루살렘으로 돌아왔다."(행. 1:18~20)

예수는 승천 후 사도들에게 성령을 보내줄 것을 약속하였다. "내가 아버지께 구하면 다른 협조자를 보내 주셔서 너희와 영원히 함께 계시도록 하실 것이다. 그분은 곧 진리의 성령이다.… 나는 너희를 고아들처럼 버려

두지 않겠다.”(요. 14:16~18)

사도들은 예수의 말대로 위로의 성령이 내리기를 기다리면서 전에 예수가 최후의 만찬을 들던 방에 모여서 열심히 기도를 하고 있었다. 그런데 예수 승천 후 제10일이 되던 날 아침에 하늘에서 큰 소리가 나면서 마치 큰 바람이 밀려오는 것 같았다. 그리고 불같은 혀의 형상이 모든 제자들 머리 위에 나타났다.

사도들 위에 내린 성령은 사도들의 머리만 비출 뿐 아니라 그들의 마음을 뜨겁게 하여 용감하게 그리스도를 증거 하도록 하였다. 사도들이 예수 수난 당시에 보여준 행동은 참으로 나약하고 비겁하기 짝이 없었다. 그들은 예수를 버리고 도망치고 또 베드로는 예수를 세 번씩이나 배반하였다. (마14. 66~72) 그러나 그들이 성령을 받은 다음에는 겁 없이 용감하게 그리스도를 설교하고 증거했다. 그뿐 아니라 그들은 그리스도를 위하여 박해 받기를 무서워하기는커녕 도리어 영광으로 알았다.

예수가 이 세상에 와서 12사도들을 선택하고 또 그들을 가르쳐서 그의 진리를 세상에 전하도록 마련하였다. 그리하여 예수가 승천할 당시에는 베드로 사도를 장(長)으로 하는, 그리스도를 따르는 자들의 공동체가 형성되었다. 그 공동체는 그리스도가 세우고자 한 교회였다.

6. 이슬람교

그리스도교 종파간의 반목이 한창일 때 어거스틴의 등장은 교회사에 큰 발자취를 남겼다. 하지만 그의 탁월한 학문과 노력에도 불구하고 아랍의 부족들은 좀처럼 잘 개종하지 않았다. 그가 사망한 후 장차 아랍의 부족들을 하나로 통일시켜서 평화의 나라를 건설하는 인물이 나타날 것이라는 소문이 퍼졌다. 서기 570년경 사우디아라비아의 메카에서 한 아이(Muhammad, 570~632.6.8)가 태어났다. 그의 할아버지 압둘 무딸립은 손자의 이름을 무함마드(칭찬받을 자)로 지었다. 그의 부친은 상인 압둘라이고 모친은 '아미나'다.

이슬람교의 진원지인 아라비아 땅은 그 옛날 아브라함과 하갈 사이에서 태어난 이스마엘 자손들이 살던 곳이다. 후일에 무함마드는 소문대로 세계 역사를 바꾸어 놓은 한 인물이 되었다.

610년 경 무함마드가 40세 되었을 때, 메카 교외의 히라산(山)에 있는 한 동굴에서 정신수련, 즉 명상생활에 집중한다. 그리고 그 해 처음으로 대천사 지부릴(가브리엘)을 통하여 전지전능한 알라의 계시를 여러 차례 받고 차후 이슬람교를 창시했다. 이슬람이라는 본래의 뜻은 '평화'이며 이슬람교도는 보통 라술라(Rasūllāh), 즉 '알라의 사도'라고 호칭된다.

이슬람교는 유대교, 그리스도교와 같이 유일신 알라만을 숭상한다. 이슬람교는 한국에서 회교(回敎)라고도 한다. 이슬람(Islam)의 어원은 Aslam이며 그 뜻은 "알라에게 순종한다는 것"이다.

이슬람교의 경전은 코란(Koran)이며 코란을 또한 꾸란(Quran)이라고 한다.

1) 핵심교리와 의례

(1) 핵심교리 - 육신(六信)을 중심으로

이슬람 신학의 핵심은 6신(六信)으로 구성되었다. 그 여섯 가지 항목은 신론, 천사론, 경전론, 선지자론, 심판론, 예정론이다.

① 신론

이슬람교가 신 알라를 반복해서 강조하고 있는 것은 코란 2장 163절("너희의 신(하나님)은 한 분이사 그 분 외에는 신이 없으며 그 분은 은혜와 지혜로 충만하시니라")에 근거한다. 이러한 이슬람교인의 신앙고백은 엄격한 일신교의 원리에 따르는 것이다. 알라신은 절대 유일하고 전지전능하며, 천지만물의 창조자이며 지배자다.

알라는 "너희 가축에게도 자웅을 두었노라. 이로 인해 너희를 번식하게 하니 그 신에 비할 수 있는 것은 아무 것도 없다. 그 분은 모든 것을 들으시고 지켜보고 있다(코란 42:11)"고 하였다. 이 뜻은 신이 동반자를 가지고 있지 않을 뿐 아니라, 그 본질이 인간의 지식을 초월하며, 피조물과의 비교를 거부하는 초월신이라는 것이다. 이와 같이 신과 피조물과의 격절성(隔絶性)이 강조되는 한편, 신은 또한 "각 사람의 목에 있는 혈관보다 가까이(코란 50:16)"에 있으며, 인간의 말로 자신을 말하고, 인간처럼 보기도 하고 듣기도 하며, 노하기도 하고 다시 생각하기도 하는 인격신이다. 신은 또한 악인을 벌하고 믿음을 갖고 올바른 행위를 하는 자에게는 선한 보답을 하는 의로운 신이다. 또 그 신은 "심중에 있는 모든 것을 아시나니 너희가 선을 행할 때 그 분은 그 분에게 귀의하는 이들에게 관용을 베푸는"(코란 17:25) 신이기도 하다. 그러므로 인간은 오직 신의 말씀에 순종하며 살아야 한다.

이러한 이슬람교의 유일신론은 그리스도교 신학의 복잡한 삼위일체론에 비해 단일성을 제시하고 있다. 하나님은 그의 속성도 하나이며, 그의 사역에서도 하나로 보고 있는 것이다. 그런 원리에서 이슬람교는 예수가 인성과 신성의 자격을 동시에 가질 수 없는 것은 창조주와 피조물이 동일한 자격을 가질 수 없기 때문이라고 한다. 따라서 이슬람교는 그리스도교와 달리 예수가 하나님의 아들로 묘사되는 것을 부정하고 인간으로서 단지 신의 선택을 받은 예언자로만 보고 있다.

② 천사론

이슬람교는 천사를 신과 인간의 중간적인 초자연적 존재로 인정하고 있다. 천사들은 신의 명령에 따라서 여러 가지 역할을 한다.

예언자 마호메트에게 신의 계시를 전하는 가브리엘, 나팔을 불어 천지의 종말을 고하는 이스라필, 만물의 질서와 생명을 감시하는 미카엘, 죽음을 관장하는 이즈라일의 4대천사가 있다. 이 밖에 하늘의 옥좌를 받치고 언제나 신을 찬양하고 있는 천사, 각 사람의 선악의 행위를 모두 기록하는 천사, 지옥을 지키는 천사들이 있다. 이 반면에 신의 명령을 어기고 인간을 유혹하는 사탄(또는 이블리스), 진(jinn)이라고 불리는 요령(妖靈), 진 가운데서도 특히 힘이 센 이프리트(Ifrit)가 있다.

③ 예언자론

신의 피조물에 불과한 인간이 자신의 지혜나 이성만으로 절대적인 신 앞에서 안전하게 생활하고 또한 내세에서 구원을 얻는다는 것은 불가능하기 때문에, 신의 계시가 없으면 인간은 캄캄한 밤에 홀로 남겨진 것과 같다. 그리하여 신은 인류의 조상 아담을 흙으로 빚어 창조(코란 6:2, 15:26,

3:59, 7:12)한 이래 계속 예언자들(사도들)을 각 공동체에 보내어 올바른 신앙과 행위규범을 전했다.

아담을 비롯하여 노아, 아브라함, 이삭, 요셉, 모세, 다윗, 솔로몬, 요한, 예수 외에, 살리흐, 슈아이브 등 28명의 이름이 코란에 올라 있다. 전승에 의하면, 그 총수가 약 12만 4000명이라고 하나 정확하지는 않다. 이 예언자들 가운데 마지막 예언자가 무함마드다. 그는 신의 특별한 사명을 부여받고 있기 때문에, 이슬람에 있어서는 특별한 지위를 갖는다. 그러나 그는 예언자이자 신의 사도일 뿐이지, 신도 아니고 신의 아들은 물론 아니다.

④ 경전론

모세, 다윗, 예수, 무함마드는 신으로부터 각기 천계서(天啓書)로『율법』,『시편』,『복음서』및『코란』을 받았다. 이러한 일련의 계시 및 성전 내용은 보편적 일신교라는 점에서 본질적으로 똑같은 것이다. 쿠란(Quran)은 앞의 성전들을 확증하고 보정(補正)하는 마지막 성전(聖典)이다. 현실적으로 존재하는 코란 이전의 여러 성전들은 왜곡되어 본래의 계시를 올바로 전하고 있지 않기 때문에 신은 마지막으로 무함마드를 보내서 인간이 지켜야 할 신조와 법을 완전하게 제시해 주고, 그것을 사람들에게 올바르게 전하도록 했다는 것이다.

그러므로 이슬람교 신학은 신·구약을 완전한 성서가 아닌 부분적 구성요소로 이해했고 성서의 완전성은『코란』에서 완성된 것으로 보고 있다. 무함마드가 이 땅에 온다고 계시된 책이 신약이며 그는 완전하지 못한 성서와 종교를 완성시키기 위해 존재했다고 한다.

⑤ 심판론

천지만물은 과거의 한 순간에 신에 의하여 창조되었듯이 영원불변하는 것은 아니다. 창조가 있으니 언젠가는 종말의 시간을 맞게 된다. 종말은 천지이변으로서 드러나지만 그 때가 언제인지는 그 어느 누구도 알 수 없다. 한 순간 후의 일인지도 모르고, 아득한 장래의 일인지도 모른다. 초기의 계시에는 종말이 눈앞에 다가왔음을 예언하는 내용이 많다. 모든 것이 멸망하고 난 후, 죽은 자들은 살아 있을 때의 모습으로 다시 살아나 신 앞에서 생전의 신앙과 행위를 심판받는다.

신을 믿고 선(善)하고 올바르게 생활한 사람은 천국에서 평안한 생활을 영위하고, 신을 믿지 않고 불의를 저지른 사람은 지옥에서 영원한 형벌을 받는다. 이것에 관한 쿠란의 기술(記述)은 구체적이고도 사실적(寫實的)이다. 권선징악(勸善懲惡)의 흐름이 주목된다.

⑥ 예정론

과거, 현재, 미래에 인간과 세계에 일어나는 일이나 인간의 모든 행위는 미리 정해져 있고(인간의 행위에 대한) 모든 것이 "하늘에 수호되어 있는 서판"에 기록되어 있다고 한다. 코란에는 "악을 행하는 자에게는 그에 상응하는 벌을 주고 선을 행하는 자에게는 최선의 보답을 주신다"는 내용과 같이 인간의 자유의지를 가리키는 부분도 많다. 이 자유의지와 예정의 문제는 여러 가지 해석을 낳은 신학적 논의의 중심 주제 가운데 하나가 된다. 결국, 인간의 의지적 행위에 대한 신의 관여를 부정하는 자유의지론은 이단시 되고, 인간 자신의 의지적 관여를 일체 부정하는 극단적인 예정설은 배격되었다.

그리고 인간이 자신의 행위에 대해 갖는 윤리적 책임과 조화된 형태의 예정설이 정통설로 받아들여졌다. 이 밖에 정통 신조로 인정되는 것은 이러하다. ① 코란은 신의 말씀이며 창조되지 않은 것이다. ② 믿는 자는 내세에 최대지복으로서 신을 보게 된다. ③ 죽은 자는 무덤 속에서 문카르와 나키르 두 천사의 심문을 받는다. ④ 죄로 인하여 신앙이 증감되지 않는다. ⑤ 큰 죄를 범한 자를 위하여 사도들은 신과 인간을 중재할 수 있다. ⑥ 무함마드는 각성한 상태에서 인간의 모습으로 천상비행(天上飛行)한다. ⑦ 성자의 기적은 진실하다. ⑧ 예언자 다음으로 훌륭한 인간은 초대 정통 칼리프인 아부, 2대 우마르, 3대 오트만, 4대 알리의 순이다. ⑨ 이맘(칼리프)은 눈에 보이는 형태로 존재한다. ⑩ 죄인의 뒤를 따라서 예배해도 그 예배는 유효하다. ⑪ 성자가 예언자의 영역에 도달하거나, 인간이 신의 명령이나 금지가 소용없는 영역에 도달하는 경우는 없다.

(2) 의례 - 오주(五柱)를 중심으로

이슬람교에는 수행법이 따로 없다. 무슬림은 삼라만상의 생성과 소멸이 모두 하나님의 손길에 의해 이루어진다고 믿는다. 그들에게는 일체의 행위가 '종교적인' 성격을 가지기 때문에 또한 그 행위 자체가 종교적인 수행에 해당되는 것이다. 매일, 매년, 또는 일생에 한번 행하게 되는 각종 의례는 종교적이며 그 의례를 지키는 것이 곧 수행의 한 방법인 것이다. 이슬람 세계에서 행해지고 있는 의례는 시대별, 지역별, 종파별로 다소의 차이가 있다. 그러나 의례의 기본 틀에는 거의 차이가 없다.

『코란』에서는 희사(喜捨)와 단식(斷食)을 중요한 봉사로 들고 있으나, 후세에 이르러 특히 종교적 생활 의무인 '오주(五柱, 이바다트; 신에 대한 인간의 봉사 의무)는 모두 정형화되어 있다. 이슬람 세계가 보여주는 일체감은 이러한 종교의례에 힘 입은 것이라고 할 수 있다. 오주에 대한 일상생활의 인간관계, 예를 들면 혼인, 상속, 계약, 매매, 재판, 형벌, 성전(聖戰) 등을 규제하는 인간의 의무관계를 '무아말라트'라고 한다.

이바다트와 무아말라트가 이슬람법의 내용을 다루고 있어 이슬람법학이라고 한다. 생활규범 속에 표시되어 있는 신의 명령에 따라 일상생활을 영위하는 이슬람교는 생활 속의 율법종교라고 할 수 있다. 무슬림의 종교생활은 특별히 다른 생활이 아니라 일상생활을 자각적으로 올바르게 행하는 것을 말하기 때문이다. 그런 생활은 도덕을 가르칠 뿐만 아니라, 실천하게 하는 구체적인 생활규범까지도 밝히고 있어 현세의 복지와 내세의 구원과 연계되어 있다.

신의 뜻에 따라 바르게 산다는 것은 신에게 순종하며 사는 일이기 때문이다. 이리하여 이슬람의 신앙은 필연적으로 공동체적 형태를 취하고, 나아가서 국가적 형태를 취하려고 한다, 그래서 논리적 신학보다는 법학이라는 사실을 알 수 있어 구체적인 행위규범이라고 본다.

① 샤하다(SHAHADAH, 신앙고백)

"알라 이외에 신은 없다. 무함마드는 그 사도(예언자)다"라는 것을 두 사람의 증인 앞에서 고백하는 일이다. 이것은 신앙의 길로 들어갈 때 고백하는 말이며, 예배나 그 밖의 경우에 무슬림이 항상 표명하는 것이다. 신도는 어려서부터 늙어 죽을 때까지 하루에도 몇 번씩 이 증언을 행하게 되어 있다.

이와 똑같은 표현이 코란에는 없지만, 이것은 무슬림이 되는 것과 무슬림이라는 것을 단적으로 표명하는 일이다. 즉, 앞부분에서는 일신교의 원리를, 뒷부분에서는 무함마드가 신의 사도라는 것을 인정함으로써 무함마드를 통해 신이 계시한 말씀(코란)을 진실이라고 인정하는 것이다.

② 살랏(SALAH, 예배)

피조물인 인간이 창조주인 신 앞에서 자기를 낮추고, 신의 위대함과 영광을 찬양하는 의례적 행위다. 무스림들은 해뜨기 전, 정오, 오후, 일몰 직

후, 그리고 밤 이렇게 하루 다섯 번씩 예배, 살라트를 올린다.26)

예배는 이슬람 종교의례의 핵심이라고 할 수 있다. 이슬람의 주일에 해당하는 금요일 정오예배는 공동체 구성원과 함께 모스크에서 올리는 것이 바람직하다. 그 밖에 단식 직후의 제례나 희생제, 기우제 등의 특별한 경우에도 거행된다.

예배를 드릴 때는 이슬람의 발상지인 메카 쪽을 향하여 행한다. 그러므로 모든 모스크는 메카를 향하도록 설계된다. 예배에 사용되는 언어는 코란의 언어인 아랍어다. 예배가 예배로서의 효력을 갖기 위해서는 또한 사전에 세정(洗淨)이 이루어져야 하는 데, 세정에는 소정(小淨)과 대정(大淨)이 있다. 소정을 하는 부위와 방법 그리고 절차는 엄격하게 규정되어 있다. 몸이 더 심하게 '더럽혀진' 경우에는 아예 목욕재계, 즉 대정(大淨)을 해야 한다.

예배는 규정된 횟수의 라크아를 행함으로써 이루어진다. 라크아는 일종의 예배 단위로서 일련의 동작과 축원으로 구성되어 있다. 새벽 예배는 2회, 그리고 정오예배 등 다른 예배는 4회의 라크아로 구성되어 있다.

③ 자카(zakāt, 희사) : 무슬림의 연간소득에 대한 의무적 희사.

자카(트)는 헌금(獻金)이나 시혜(施惠)를 뜻한다. 사다카(sadaga)가 자발적으로 수시로 행하는 것인 데 대해, 자카트는 일정량 이상의 재산에 부과되는 국가재정의 기본이 되는 것으로 종교세, 구빈세라고 할 수 있다. 자카는 현금이나 보석, 귀금속 가치의 2.5%를 매 년 납부하는 것이기에 '정해진 희사'라고 한다. 그래서 자카는 오직 가난한 자와 장애자, 억압 받는

---

26) 하루 다섯 번의 예배는 다음과 같다: FAJR(파즈르) 새벽에서 해뜨기 사이에, ZUHR(주흐르) 정오에서 오후 중반 사이에, ASR(아스르) 오후 중반에서 해지기 사이에, MAGHRIB(마그립) 해진 직후에, ISHA(이샤) 밤에서 새벽 사이에 예배 드린다.

자, 채무자, 그리고 꾸란이 명시하는 목적을 위해서만 사용될 수 있다. 그러므로 자카트는 이슬람 경제의 기본적인 원칙 중 하나로 모든 사람들이 공헌하고 함께 나눌 수 있는 권리를 갖는 평등한 사회를 보장한다고 한다. 금전, 곡물, 가축 등 종류에는 다른 과세율이 적용되며 가난한 사람, 나그네, 고아 등 곤궁한 사람들에게 나누어준다.

세속화의 경향에 있는 오늘날의 많은 무슬림 제국에서는 자카트 헌금은 개인의 뜻에 맡겨져 있다. 비이슬람 국가에서는 선교기반이 이루어지는 데 필요불가결한 무슬림의 의무 중의 하나다.

④ 샤움(SAWM, 단식)

샤움은 성년인 무슬림이 이슬람력의 제9월인 라마단월에 행하는 단식을 말한다. 라마단은 신성한 달이다. 바로 이 기간 중 코란이 처음 계시되었기 때문이다. 단식하는 사람은 라마단월 한 달 동안 새벽부터 해가 지기까지 일체의 음식을 끊고 근신해야 한다. 단식은 개인적인 수행의례다. 즉, 주간에 음식, 흡연, 향료, 성교를 금하고, 과격한 말을 삼가며 가능한 쿠란을 독송하는 것을 가리킨다. 단, 음식은 흰 실과 검은 실의 구별이 안 될 만큼 어두워진 야간에는 허용된다. 병이나 여행으로 단식하지 못한 사람은, 다른 달에 똑같은 일수만큼 단식을 하거나, 가난한 사람에게 먹을 것을 베풀어서 보상할 수 있다. 단식기간은 인간 최대의 욕망인 식욕을 이기고, 먹을 것이 없는 사람들에 대한 동정을 환기시키는 때라고 한다.

라마단월이 끝나고 다음 새달이 하늘에 떠오르면 단식 완료의 축제가 시작되는데, 화려한 의상을 입은 군중들이 거리로 쏟아져 나와 서로 축하하는 풍습이 있다. 친지를 방문하고 선물을 주고받는 등 성대한 축제가 벌어진다. 그리고 축제의 첫 날에는 특별 감사예배를 드린다.

⑤ 하지(HAJJ, 성지순례)

순례의 목적지는 하나님의 사자 무함마드의 출생지이자 이슬람의 발상지인 메카다. 순례는 고대 아랍사회에서 행한 의례를 종교적으로 고양시킨 것이다. 성지 순례는 성인 무슬림이 일생에 한 번은 해야 하는 의무이다. 그러나 육체적으로나 경제적으로 능력이 없는 자는 순례를 못해도 죄가 되지 않는다.

성지 순례가 행해지는 것은 매년 한 번, 마지막 달인 둘히자월에 8일부터 12일 사이에 이루어진다. 성역으로 들어가기 위해서는 정화의례를 거쳐야 한다. 남성은 머리카락을 자르고, 몸에는 이흐람이라고 부르는 옷을 걸친다. 여성은 몸매가 드러나지 않을 정도로 헐렁한 평복을 입는다. 본격적인 순례는 메카 성원으로 입장하면서 이루어진다. 순례 의식은 매우 복잡하여 전문적인 지식을 갖춘 안내자의 도움을 필요로 한다.

가장 핵심적인 의례는 9일, 메카로부터 약 13킬로메터 떨어진 곳에 위치한 아라파트 언덕에 정오부터 일몰까지 '서 있는 것'이다. 순례자들은 이때 아브라함이 하나님의 명령에 복종해 자신의 아들, 이삭을 하나님께 바치려고 했던 일을 되새긴다. 또한 순례자들은 '고별의 순례'에 나섰던 무함마드가 이곳에서 행한 연설을 상기하며 연설을 듣게 된다.

이어서 10일, 미나에 도착한 순례자들은 양, 혹은 그보다 더 큰 가축을 제물로 바치는 희생제를 지낸다. 3일간 계속되는 이 축제는 이드 알-아드하라고 하며, 단식이 끝나면서 열리는 이드 알-피트르 축제와 더불어 이슬람 세계의 2대 명절을 구성한다. 같은 날 집에 남아있는 사람들도 희생제를 올린다.

메카 순례를 전후해 순례자들은 흔히 메디나에 있는 예언자의 성묘(聖廟)를 방문한다. 이것은 의무가 아님에도 불구하고 거의 관행처럼 되었다. 메디나에는 무함마드의 유택(幽宅)뿐만 아니라 원시 이슬람공동체를 일으켰던 인물들 즉, 무슬림들의 신앙의 선조들이 묻혀있는 공동묘역도 있다.

2) 무함마드의 생애와 사상

(1) 무함마드의 유소년시절과 결혼

무함마드의 부친인 압둘라(Abdullah)는 삼촌 아부 딸립을 따라 샴 지방으로 대상무역을 떠났다가 돌아오는 길에 사막의 열병으로 메디나에서 사망했다. 모친 아미나는 그 아이를 길러 줄 유모들이 찾아오기를 기다렸다. 당시 메카 귀족들은 남자아이가 태어나면 7일째 되는 날 사막으로 보내 여덟 살이나 열 살이 될 때까지 광활한 사막에서 유모가 양육하게 하는 관습이 있었다. 메카를 찾은 유모들 중에서 할리마가 무함마드를 데리고 갔다. 그는 사막에서 꼬박 4년 동안 양육된 후 모친의 품으로 돌아왔다.

무함마드가 여섯 살 되던 해, 모친 아미나가 사망하자 그는 할아버지 압둘 무딸립의 슬하에서 자랐다. 하지만 그런 생활도 두 해를 못 넘기고 말았다. 할아버지가 여든 살로 생을 마감했기 때문이다. 무함마드의 어린 시절은 한마디로 비극의 연속이었다. 더욱이 친족 가운데 무함마드를 맡겠다고 선뜻 나서는 사람이 없었다.

무함마드의 씨족들은 오랜 논의 끝에 무함마드의 삼촌인 아부 딸립에게 무함마드를 맡기기로 했다. 아부 딸립은 부양할 가족이 많아 경제적으로 항상 어려웠다. 여덟 살에 불과한 무함마드에게 맡겨진 일은 양을 돌보는 일이었다. 양을 치는 경험을 통해 무함마드는 심신이 강한 소년으로 또래 아이들에 비해 신중하고 올바른 판단력을 지닌 아이로 성장했다. 어린 무함마드는 삶의 고통, 외로움, 책임감 등을 통해 점차 지혜와 분별력을 갖추어 갔다.

무함마드가 그의 나이 열두 살이 되던 해 샴 지방으로 가는 대상 길 여행에 삼촌 아부 딸립을 따라갔다. 그 후 아부 딸립은 일 년에 한 번 메카의 대상들을 이끌고 시리아를 다녀오는 일을 하면서 무함마드를 데리고 갔다. 무함마드는 이 여행을 통해 새로운 세상과 접할 수 있는 기회를 갖게 되었다.

무함마드는 아부 딸립의 대상 행렬을 따라 이곳 저곳을 구경하며 시리아의 보스라성에 도달하였다. 보스라는 동방정교회가 활성화되었던 곳이며 주변에는 수도원과 은둔 수도사의 숙소가 즐비하게 늘어서 있었다. 보스라 성 근교에는 그리스도교 수도사 바히라(Bahira)가 은둔하고 있었다. 전해지는 바에 의하면 그는 어느 날 숙소 밖으로 나와 아부 딸립의 대상과 무함마드를 맞이하며 음식을 대접한다. 그리고 그는 어린 소년 무하마드가 모든 아랍인의 예언자가 될 것이라고 아부 딸립에게 말하고 입조심을 당부했다. 바히라와 무함마드의 만남은 이렇게 바람이 스쳐가듯 이루어졌다.

무함마드는 양 떼를 돌보며 혼자만의 시간을 주로 가졌다. 낮에는 광야로 나가 끝없이 펼쳐진 지평선과 광활한 하늘을 바라보며 바알신과 대화하고자 했고, 밤에는 반짝이는 별을 보면서 깊은 사색에 잠기는 것이 그의 즐거움이었다. 그는 강한 탐구심을 가지고 우주의 진리와 인생의 참뜻에 대해 깊은 관심을 가지고 명상했다.

그는 절제되고 금욕적인 생활을 했고 '배고프지 않으면 먹지 않고, 음식을 먹을 때도 배불리 먹지 않는다'가 그의 신조였다. 그는 불의를 용납하지 못하는 성격 때문에 항상 약자 편에 섰으며, '정의의 동맹'이라는 조직까지 결성하게 되었다. '정의의 동맹'은 무함마드가 예언자의 사명을 천사로부터 받기 전에 만든 조직이었다. 이 동맹은 메카에 조용한 혁명을 가져왔고 무너져가는 사회를 바로잡는 기폭제가 되었다.

당시 아라비아에서 남에게 피해를 입힌 자가 죄의식을 느낀다는 것은 생각조차 할 수 없는 일이었다. 억울한 일을 당했을 경우, 자신의 부족이 강할 경우에만 응징할 수 있었다. 힘이 없고 약한 부족은 모든 피해를 감수해야만 했다. 힘을 이용한 불의는 시간이 갈수록 더해 갔고, 사람들 모두 이런 악습에 익숙해져 갔다. 이런 상황에서 무함마드는 '정의의 동맹'으로 새로운 사회 질서를 구현하는데 이바지했다. 그의 바른 행동과 성실성은 그를 '충실한 자'로 만들었다. 그의 정직함은 메카인들 사이에서 널리 알려져 있었다. 스물다섯 살이 될 무렵 청년 무함마드는, 메카인들에게 '신뢰받는 자,' '인내의 사람'으로 불릴 정도로 성실한 인물이었다.

어느 날 메카에서 과부이며 널리 알려진 부자 카디자(Khadijah)가 대상을 이끌고 시리아로 떠날 때였다. 카디자는 무함마드를 고용해달라는 아부 딸립의 부탁을 흔쾌히 승낙하였다. 무함마드는 시리아에서의 거래를 성공적으로 마치고 메카로 돌아왔고, 이 일로 인해 카디자는 무함마드에게 또 다른 대상의 일을 맡기기로 하였다.

시간이 흘러도 변함없는 무함마드의 성실성과 능력을 인정한 카디자는 그를 재산 관리인으로 고용하였다. 무함마드는 맡은 일을 빈틈없이 해내는 뛰어난 능력을 발휘했다. 그의 헛된 욕심을 부리지 않는 성실한 자세, 반듯한 용모 등은 어느 것 하나 그녀의 마음에 들지 않는 것이 없었다. 그후 카디자는 마음 속에 무함마드를 동반자로 염두에 두었던 것이다.

카디자가 자신의 여종을 보내어 자신의 마음을 전하고 청혼을 제의했다. 카디자는 비록 이혼을 두 번 하였고 나이가 많았어도 부자였기 때문에 그와 결혼을 원하는 사람들이 많았다. 그러나 결혼에서 가장 중요한 것은 카디자에게는 진실한 마음이라고 생각하고 있었는데, 자기에게 언제나 진실한 마음으로 대해 준 사람은 무함마드뿐이었던 것이다.

무함마드는 카디자의 진심을 확인하고 결혼을 약속하였다. 카디자는

40세였고, 무함마드는 25세였다. 결혼을 하려면 부족의 동의가 있어야 했다. 한 때 부족의 늙은 족장이 돈 많은 카디자를 다른 부족 젊은이에게 빼앗기지 않으려고 반대했으나, 그다지 큰 문제가 되지는 않았다. 카디자의 부모님은 이미 돌아가신 후였고, 그녀는 부족 내에서 스스로 힘 있는 실력자였기 때문이다.

무함마드는 낙타 두 마리 값도 안 되는 돈을 주고 신부를 맞았다. 결혼 직후 무함마드는 삼촌 아부 딸립의 아들인 알리를 양자로 삼았다. 그는 삼촌의 형편을 잘 알고 있었기에 조카를 집에 데려와 키울 생각을 했던 것이다. 카디자는 무함마드에게 시장에서 사온 노예를 결혼 선물로 주었다. 무함마드는 그 노예를 즉시 해방시킨 뒤 자신의 양자로 삼았다.

무함마드는 카디자와 결혼하면서 그녀 부족의 일원이 되었다. 카디자의 부족 사람들은 메카의 지식층으로서 교양이나 학식 면에서 다른 부족보다 월등히 뛰어났다. 그들 대부분은 유일신을 찾는 구도자들이었고 몇몇은 동방정교회를 믿는 사람도 있었다. 무함마드는 카디자와 결혼함으로써 드디어 안정된 삶을 살 수 있었다.

카디자와 결혼한 무함마드는 세 아들과 네 명의 딸을 얻었으나 아들들은 모두 어려서 열사병으로 죽고 딸들도 파티마를 제외하고는 일찍 죽었다. 여아가 태어나면 가문의 수치로 생각하고 모래밭에 생매장시킬 정도로 남아선호 사상이 지배하던 부족사회에서 대를 이을 아들이 없다는 것은 수치스러운 일이었다. 하지만 무함마드는 일부다처가 통용되던 그 시절에도 새로운 아내를 맞아들이지 않았다.

(2) 영성체험 - 히라산(山)의 한 동굴에서

무함마드는 세 아들과 세 딸을 잃은 슬픔을 겪으면서 인생의 참뜻이 무엇인지 묻지 않을 수 없었다. 그는 꼬리에 꼬리를 물며 더욱 깊은 생각 속으로 빠져들었다. 이런 침잠세계의 과정이 반복되자 무함마드는 이전에 경험했던 것과 달리 내면의 변화를 강하게 느끼기 시작했다. 그것은 주로 잠을 자는 동안 이루어졌는데 무함마드는 그런 경험이 '새벽에 빛이 찾아오는 것'과 같았다고 말했다.

그 후 그는 할아버지 압둘 무딸립처럼 메카 북쪽에 있는 히라산 정상 한 동굴을 자주 찾아갔다. 그 동굴은 무함마드의 집에서 약 1.5킬로미터 떨어진 곳에 있었는데, 성인(成人)들이 고개를 숙이지 않고도 드나들 수 있는 높이에, 폭은 사람이 다리를 뻗고 누울 수 있을 정도였다. 바닥은 평평해서 나무 조각을 깔아 놓으면 앉거나 눕기가 가능했다. 묵상하기 위해 한적한 곳을 찾는 것은 오래전부터 내려오던 아라비아의 관습이었다. 신의 도움이 있어야 살 수 있다고 생각한 아랍인은 일정 기간 혼잡한 세상을 벗어나 은둔하면서 신께 기도를 드렸던 것이다. 메카인도 결혼을 하거나 두 명의 자녀를 둘 나이가 되면 한 달 가량 가족과 떨어져, 동굴에서 혼자만의 시간을 가졌다.

무함마드는 라마단이 찾아오면 히라의 동굴로 가서 한 달씩 지내곤 했다. 그는 오로지 자신의 주변세계, 즉 하늘과 별, 달과 태양 그리고 작렬하는 태양 빛 아래서 타오르는 사막과 이 세상의 존재 이면에 담긴 유일성의 존재 안에서 찾으려고 했다. 바로 이 우주 안에서 무함마드는 진리를 찾아 자신의 영혼을 우주와 일치시키고 그 안에 몰입하여 존재의 비밀을 파악하려 노력하였다.

해가 바뀌고 또 라마단(Ramadān) 달(月)이 왔다. 무함마드는 예전과 마찬가지로 히라 동굴로 돌아가 더욱 성숙된 영혼으로 명상수련을 반복했다.

동굴에서 수행하는 시간이 많을수록 그의 생각도 깊어져만 갔다. 진리의 빛이 그의 내면에서 서서히 발하기 시작했다. 그의 나이 40이 되던 해,

무함마드는 아랍인의 라마단이 시작되는 첫 날 밤에 신비로운 경험을 하게 된다고 믿었다. 그래서 라마단이 시작되면 사람들은 신비로운 경험을 하기 위해 밤에도 잠을 자지 않았다.

라마단의 마지막 날 밤, 무함마드는 옷을 입은 채 누워 있었다. 비몽사몽(非夢似夢) 상태였다. 한 달에 걸친 기도생활은 심신을 무척 피로하게 했다. 바로 그 때, 누군가 자신을 깨우는 듯한 느낌을 받았다. 지친 상태에서 가볍게 눈을 떴다. 눈을 떠 보니 그의 앞에 사람의 형상을 한 희미한 형체가 서 있었다. 무함마드는 깜짝 놀라 일어나 앉았다. 하늘에서 천사의 음성이 들려 왔다.

"무함마드여, 그대는 알라의 예언자다. 너는 그분이 보내신 사자다."

라마단의 마지막 날 밤에 있었던 이 경험은 무함마드에게 큰 전환기가 되었다, 그토록 바라던 전능한 존재가 자신을 찾아왔기 때문이었다. 그는 아내 카디자에게 자신의 모든 영적 경험을 전하였다.

첫 번째 계시의 밤이 지난 이후 무함마드는 히라의 동굴을 자주 찾았다. 하지만 천사는 한동안 나타나지 않았다. 그러던 어느 날 동이 틀 무렵 낯익은 음성이 들려 왔다.

"아침을 두고 어둠이 짙어지는 밤을 두고 맹세하건데, 주께서는 그대를 버리신 것도 미워하신 것도 아니리니, 그대에게는 내세가 현세보다 훨씬 더 나으리라. 주께서는 그대에게 은혜를 베풀 것이며 그대는 이로 인해 기뻐하리라. 주께서는 고아였던 그대를 발견하여 인도해 주지 않았던가. 길 잃고 헤매는 그대를 바른 길로 인도해 주지 않았던가. 가난한 그대를 부유하게 만들어 주지 않았던가. 그러므로 고아를 거칠게 대하지 말며, 구하는 자를 꾸짖지 말고, 주의 은총을 말해 주어라."

이 말씀을 통해 무함마드는 알라께서 자신에게 예언자의 사명을 주셨다고 확신했다. 자신도 모르는 사이에 두려움과 공포는 한순간에 사라지고 마음 속에 확신이 자리 잡기 시작했다. 무함마드가 해야 할 일은 알라의 뜻을 사람들에게 전하는 것이었다. 그는 더 이상 주저하지 않았다. 예언자로서 그리고 신의 사자로서 무지로 인해 고통 받는 사람들에게 알라의 뜻과 말씀을 전하기로 결심했다.

날이 밝자 무함마드는 집으로 돌아와 아내에게 자신이 들은 신의 음성을 그대로 전하면서 알라께서 자신에게 예언자의 사명을 주셨음을 알렸다. 무함마드는 그 후로도 약 3년 동안 밤마다 히라 산의 동굴을 찾았고 아침까지 깊은 명상에 잠겼다. 무함마드는 동굴에서 매일 밤 알라를 생각하면서 자신이 들은 신의 음성을 암송했다.

예언자로서의 사명이 전해진 이후, 무함마드는 메카 근교의 한 언덕에서 천사와 마주쳤다. 천사는 기도를 드리고 집으로 가는 무함마드를 불러 세웠다. 천사는 산허리에 있는 풀밭을 뒤꿈치로 살짝 내리쳤다. 천사가 발로 내려친 그곳에 맑은 샘물이 솟아올랐다. 천사는 그 물을 이용해 몸을 정결케 하는 의식을 보여 준 뒤 그대로 따라하라고 말했다. 그 다음에는 기도하는 자세와 동작, 앉고 서는 법 등을 가르쳐 주었다. 집에 돌아온 무함마드는 자기가 배운 것을 아내에게 가르쳐 주고 그 의식에 따라 함께 기도를 올렸다.

무함마드는 어릴 때 배우지 못해 문맹자가 되었으나 신의 음성을 듣고 깨우쳤다. 가브리엘은 무함마드에게 자신이 선창한 리듬에 따라 알라의 말씀을 암기하고 암송하라고 하였다. 가브리엘 천사로부터 암송으로 전수받은 알라의 말씀이 바로 무슬림들이 믿고 있는 꾸란이다.

(3) 선각자의 길 속에서 신비체험

무함마드의 아내 카디자에 이어 같이 살고 있던 사촌동생 알리 그리고 양자 자이드도 무함마드의 가르침을 듣고 무슬림이 되어 매일 가족들끼리 기도를 드렸다. 그리고 무함마드는 가족 이외의 사람들에게도 알라의 존재를 알리기 위해, 메카의 거상이자 절친한 친구인 아부 바크르를 찾아가 자신이 체험한 것을 상세히 말해 주었다. 그는 그 자리에서 이슬람에 귀의하고 자신이 이슬람에 귀의한 것을 주변 모든 사람에게 알렸다.

메카의 영향력있는 인물이었던 아부 바크르의 입교로 말미암아 많은 사람들이 속속들이 이슬람에 귀의했다. 아부 바크르의 입교 이후 이슬람에 귀의하는 사람들이 늘어나자 무함마드는 공식적으로 이슬람을 선포하기 시작했다. 그는 사람들이 모이는 시장에 나가 알라를 설파하며 바른 삶을 살라고 가르쳤다.

그러나 무함마드의 이런 시도는 새로운 변화를 원하지 않는 메카의 지배세력인 꾸라이쉬족(族)의 강력한 반발에 부딪혔다. 꾸라이쉬족은 무함마드가 마법을 사용하여 사람들을 현혹시킨다고 소문을 퍼뜨렸다. 그런 소문이 퍼지자 무함마드의 가르침에 귀를 기울이던 사람들도 점차 무함마드를 멀리하기 시작했다. 그러자 무함마드는 가까운 친척부터 이슬람을 전하기로 마음 먹었으나, 이슬람에 입교할 만한 용기를 가진 자는 없었다. 뜻밖의 난관에 봉착한 무함마드는 이 문제를 놓고 고심하던 끝에 그만 병이 나서 한 달 이상을 자리에 누워 일어나지 못했다.

그는 알라께 간절히 기도하던 중에 천사의 소리가 들려 왔다.

"그대는 오직 명령받은 것을 선포하라. 알라와 다른 신을 함께 섬기는 자들은 멀리하도록 하라. 알라는 조롱하는 자들로부터 그대를 보호하리라. 그들은 지금 알라와 다른 신들을 함께 섬기고 있지만, 결국은 자신들의 허물을 깨닫게 될 것이다. 그들의 비웃음에 그대가 괴롭다는 것을 잘 알고 있나니 오직 주님의 영광을 찬송하고 엎드려 기도하라, 주님을 경배하라. 그분의 날이 임할 때까지."

천사가 전해 준 소식은 무함마드에게 새로운 힘을 불어넣어 주었다. 그
날 이후 무함마드는 불굴의 인내와 용기로 모든 난제를 견디어 내기 시작
했다.

무함마드는 착한 생각과 선행이 행복에 이르는 길을 보장하며 인간이
이 세상을 떠날 때 자신의 착한 생각과 선행의 업적에 따라 보상을 받는다
고 설파하였다. 이것이 바로 무함마드가 설파한 메시지의 본질이요 핵심
이며 초기 무슬림들이 인지한 진리였다.

이슬람은 미신적 관행(al- khur fa)과 종교적 이단이나 변혁(al-bid'a)을
철저히 배척한다. 초기 교회사를 볼 때, 그리스도교는 성직자 제도에 특별
한 지위를 부여하였다. 그러나 이슬람은 어느 누구에게도 그런 지위를 부
여하지 않았다. 이슬람은 성직자 제도를 비난하고 이를 초월하였다. 개인
의 신앙심과 착한 생각, 선행의 업적 그리고 타인을 내 몸처럼 아끼는 사랑
실천을 제외하면 어떠한 것도 인간과 알라 사이의 매개체로 허용되지 않
는다. 인간과 영혼이 궁극적 실체와 일체가 되도록 해주는 의식과 착한 마
음으로 실천한 선행의 일체, 그것에 따라 알라로부터 보상을 받을 수 있는
길을 그 어느 무엇도 방해할 수 없다. 단지 심판의 날, 인간의 영혼은 그 몫
에 따라 벌이나 상을 받을 것이다. 그 날에는 어떤 부모도 자식의 죄를 대
신할 수 없을 것이고, 어느 자식도 부모의 죄를 대신할 수 없을 것이다. 그
날에는 부자의 재산이나 권력자의 힘, 웅변가의 논쟁이나 성직자의 설교
도 아무 소용이 없다. 착한 생각과 선행의 업적만이 자기 자신에 대한 유일
한 증인이 될 것이고, 또 방어자가 되기 때문이다.

이후 무함마드는 자기가 받은 계시에 따라 하나님이 한 분 뿐이라는 것,
심판이 임박했다는 것, 평등, 박애 등 윤리적 삶을 살아야 된다는 것 등을
가르치고, 우상숭배나 영아 살해를 금하라고 외쳤다. 사람들이 처음에는
웃음거리로 여기고 조롱할 뿐이었으나 점차 그를 따르는 사람의 수가 많

아지자 조롱이 적개심으로 바뀌고, 적개심이 박해로 변했다. 특히 그가 가르치는 유일신 신앙과 윤리적 삶은 메카의 특권층에게 경제적으로 불리한 가르침이었다.

아부 딸립이 사망한 뒤 얼마 되지 않아 카디자가 사망했다. 아끼고 사랑하던 아내가 세상을 떠나자 여태까지 무거운 짐을 지고 힘겨워 할 때마다 곁에서 확신을 시켜주고 안심시켜 주던 자비의 천사를 무함마드는 잃게 되었다. 적으로부터 자신을 보호해 주고 피난처를 마련해 주던 아부 딸립을 잃게 되었듯이, 신뢰를 심어주고 포근한 눈망울로 위안을 주며 미소로 마음에 평안과 안정을 심어주던 카디자를 잃게 된 것이다.

이 두 가지 비극과 슬픔이 채 가시기도 전에 꾸라이쉬 부족은 무함마드에 대한 공격을 한층 더 강화했다. 그의 머리와 얼굴에 흙을 뒤집어 씌웠다. 그러한 모욕을 받은 무함마드를 보고 그의 딸 파티마가 눈물을 흘리면서 머리를 씻겨 주었다. 오직 알라에게 헌신하며 그분께서 보호하여 주실 것이라는 확신을 심어주는 것 외에는 달리 방도가 없었다.

꾸라이쉬 부족은 무함마드가 더 이상 견디지 못할 때까지 그와 그의 추종자들에 대한 박해를 더욱 가중시켰다. 무함마드는 타이프(at- Tāif) 지역에 살고 있는 싸키프 부족의 후원을 받아보려 했으나 비참할 정도로 문전박대를 받았다. 이런 고난의 기간에 무함마드는 두 가지의 영적 여행, 즉, 우주여행을 체험했다.

① 천국의 사닥다리타기

만물이 숨을 죽이고 있는 듯 고요하고 적막한 밤이었다. "잠든 자여, 일어나라"는 외침을 듣고 무함마드는 잠에서 깨었다. 깨어보니 가브리엘 천사가 앞에 서 있었다. 그는 빛나는 이마와 눈처럼 하얀 얼굴, 출렁이는 금발머리에 진주가 박히고 금으로 수를 놓은 옷을 입고 있었다.

인간의 머리를 하고 독수리 날개가 둘 달린 천사가 신비로운 백마를 끌고 왔다. 무함마드가 이 백마에 올라타자, 메카의 산과 사막의 모랫더미를 쏜살처럼 가로질러 북쪽으로 향했다. 이 경이로운 비행에 가브리엘 천사가 동행했다. 알라께서 모세에게 말씀하신 곳, 즉 시나이 산 정상에 이르자, 가브리엘은 무함마드로 하여금 예배를 드리게 했다.

천국으로 승천하기 전에 예수가 태어난 베들레헴에 들렀을 때 신비한 목소리에 무함마드는 꼼짝 못하고 붙들려 있었다. 일행이 예루살렘에 이르자 무함마드는 백마의 고삐를 묶고 폐허가 된 솔로몬 사원에서 아브라함과 모세 그리고 예수와 함께 예배를 드렸다. 야곱의 바위 위에는 끝없는 사닥다리(미으라즈 Mi'raj)가 놓여 있어서 하늘로 바로 올라갈 수 있었다.

② 우주여행(al Mi'raj)

무함마드는 솔로몬 사원에서 아브라함, 모세 그리고 예수와 함께 예배한 후 야곱의 반석 위로 내려진 끝없는 미으라즈 사다리를 타고 여러 하늘로 올라갔다. 그는 가브리엘 천사장의 안내로 칠 단계의 하늘을 유람하고 돌아왔다고 한다.

첫 번째 천국은 순은으로 장식되어 있었고, 별들은 금줄로 창공에 매달려 있었다. 거기에는 악령이 올라오지 못하고 영혼이 하늘의 비밀을 몰래 듣지 못하도록 천사가 자지 않고 지키고 있었다.

두 번째 천국에서는 세례자 요한과 예수를, 세 번째 천국에서는 요셉을, 네 번째 천국에서는 에녹을, 다섯 번째 천국에서는 아론을, 여섯 번째 천국에서는 모세를, 그리고 마지막 일곱 번째 하늘에서는 아브라함을 만났다. 죽음을 관장하는 이즈라엘 천사도 보았다.

무함마드는 보이지 않는 알라의 권좌 오른편에 아름다운 꽃들이 만발하게 피어 있으며 수 없이 많은 천사들이 쉬고 있는 천국의 나무 꼭대기까지,

온 누리의 주님이 앉아 계시는 권자 앞으로 불려갔다. 전지전능하신 분께
서 한 손을 무함마드의 가슴에 얹고 다른 한 손을 그의 어깨 위에 놓자 얼
음처럼 찬 기운이 그의 골수 깊숙이까지 미쳤다. 그는 형용할 수 없는 조용
하고 황홀한 전율을 느꼈다.

정확히 전할 수 없는, 말로 다할 수 없는 대화가 있은 후에, 무함마드는
알라로부터 모든 신자들이 매일 50회씩 예배를 드려야 한다는 명령을 받
고 천국에 내려오다가 모세를 만났다. 그러나 무함마드는 모세의 충고에
따라 네 차례나 알라를 방문한 결과, 하루 다섯 번만 예배 들여도 된다는
지시를 받았다. 마침내 그는 빛나는 사다리를 타고 지상으로 내려와 기다
리고 있는 백마를 타고 예루살렘으로 향했다.

(4) 이슬람력의 기원

초기 무슬림들은 대다수가 가난하고 학대받는 계층이었으나 현세와 내
세의 행복을 약속한 꾸란의 가르침을 굳게 믿었다. 무함마드는 사회적 지
위나 물질보다는 종교적인 정신을 인간의 가치 척도로 강조했다. 하지만
그는 부(富)와 지위를 동시에 장악하고 있던 메카(아랍어; Makkah) 꾸라이
쉬 부족에게는 눈의 가시었고 심한 박해를 받았다. 왜냐하면 꾸라이쉬족
은 무함마드의 증가하는 추종자들과 그들의 단합을 보면서 정치세력으로
발전할까봐 염려했고, 무함마드의 세력이 메카를 장악하게 될 수도 있고,
그들이 창조론과 유일신 사상으로 무장하고 있어 경제적으로도 손실을 입
게 될 것이라고 불안해했다. 꾸라이쉬 부족은 많은 헌금과 재물을 가져다
준다고 믿는 자신들의 관행적인 다신신앙(al-khur fa)이 유일신을 주장하
는 무함마드 추종자들에게 공격당할 것을 생각했기 때문이다.

이로 인해 무함마드는 일부 추종자 95명을 그리스도교 국가였던 에티

오피아로 피신시켰다. 꾸라이쉬 부족은 무슬림들이 그리스도교를 심하게 중상 모략하는 집단이므로 그들을 즉각 추방하라고 에티오피아의 네수스 (Nessus) 황제에게 집요하게 요구했다.

망명간 무슬림들이 황제 앞에 불려나가 사실 여부를 추궁 받게 되었다. 그들은 예수와 동정녀 마리아를 찬미하는 꾸란을 읽었다. 그들이 암송한 꾸란의 일부에서 그리고 마리아 장에서, 비록 예수가 신성으로 인정되지 않고 있었지만 예수와 성모 마리아에게 최고의 존경을 보내고 있었다. 이슬람이 유대교처럼 그리스도교를 모욕하고 있지 않다는 것이 밝혀졌다. 이슬람이 그리스도교와 같이 동일한 유신론 사상을 가지고 유일신을 믿고 있다는 사실을 주교들이 인정하자 황제는 무슬림들의 종교적 망명을 받아 주었다.

한편 메카에 남아있던 무슬림들은 점점 더 가혹한 박해에 시달렸다. 무함마드는 결국 메카에서 그리 멀지 않은 타이프(at- Tāif)로 피신했으나 그곳 사람들도 무함마드를 조롱하여 다시 메카로 되돌아갔다. 어느 날 무함마드의 가르침에 감동한 메디나(Medina)의 순례자들이 그를 그곳으로 초청하였고 무함마드는 그 초청을 받아들였다.

메디나에는 친척들이 살고, 아버지의 묘가 있는 곳이며 어머니가 살아 생전에 매년 들렀던 곳이기도 했다. 무함마드는 무슬림들이 타종교 인들과 똑같은 기반 아래 안전한 생활과 신앙의 자유를 어떻게 실현하느냐에 골몰하였다. 유대인들과 그리스도교인들 모두가 신앙의 자유를 누림과 동시에 개인의 의견을 인정하고, 또한 선교의 자유에 대한 균등한 기회가 중요하다는 것을 느꼈다. 그런 자유만이 진리의 승리를 보장할 수 있다고 생각했다.

드디어 622년 9월 24일 금요일 아부 바크르 등 70여 명과 함께 메카를 탈출하여 야스리브(후의 메디나)에 도착한 무함마드는 그곳의 주민들로부터 대환영을 받았다. 새로운 역사가 시작되는 시점이었으며 메디나가 불후의 도시로 전환되는 순간이었다. 그 이후 이 지역을 '예언자의 도시', 줄여서 '도시'라는 뜻을 가진 언어인 '메디나'라고 불렀다.

이와 같이 정치적 혹은 종교적 박해를 피해 또는 살고 있던 곳에서 '피신'(이주), '망명'하는 것을 아랍어로 히즈라(hijra; 聖遷)라고 말한다. 무함마드는 서력 622년을 이슬람력(曆)의 원년으로 삼았다.

(5) 히즈라 이후의 이슬람종교문화 운동

메디나에 도착한 이후에도 알라의 계시는 계속되었다. 계시 내용은 싸움이나 적대행위나 전쟁을 피하고 평화를 지향하며, 전쟁은 자유와 신앙을 방어하는 마지막 수단이라는 것이었다. 무함마드는 최종적으로 신앙의 자유와 사상이 침해받지 않고 보장해야 한다고 생각했다.

메카로부터 북쪽으로 400킬로미터 정도 떨어진 한 도시에서 부족들 사이에 분쟁이 있었다. 6명의 대표자가 무함마드를 찾아와 상담했다. 그들은 그의 정의감과 정직성을 좋게 여기고 돌아갔다. 다음 해는 12명의 대표자가 무함마드를 찾아와 분쟁을 조정해 달라고 요청했다.

① 형제애 사상고취 : 평등사상

당시 메디나에는 불(不)신자, 유대교인, 무슬림이 있었다. 메디나의 주요 부족들과 아랍계 유대인들도 무함마드를 크게 환영했다. 유일신 사상을 설파한 무함마드가 유대교의 적이었던 다신 숭배자들과 그리스도교에 대항하여 싸울 것이라고 생각했기 때문이다. 유대인들은 약속된 땅인 고국 팔레스타인에서 그리스도교인들에게 추방 당해 그에 대한 복수심을 갖고 있고 여호와의 선민사상을 가지고 있었다. 다신 숭배자들도 무함마드

를 영접한 것은 적대 관계에 있는 메카 사람들과 대항해서 싸울 것이라고
믿었기 때문이다.

무함마드가 메카에서 서력 610부터 622년까지 13년 동안 알라의 계시
를 받아 활동했던 시기를 메카시대 또는 메카 계시라고 한다. 메카에서 무
함마드의 주요 사명이 미신타파와 다신숭배로부터의 해방운동이라면, 메
디나에서의 정착생활은 사막생활에서 살아남기 위해 야기된 부족 간의 전
쟁과 반목 그리고 원한관계를 치유하는데 목적을 두었다. 무함마드의 메
카 사명은 메카 이주민들과 메디나 후원자 및 유대인들 간의 서로 다른 정
치적, 종교적 목적을 융화시켜 새로운 정치제도, 즉 하나의 단합된 이슬람
을 만드는 것이었다.

무함마드는 아부 바크르와 오마르 두 참모와 상의하였다. 그는 무슬림
간의 계급을 없애고 유대관계를 강화하여 단결을 공고히 하고 분열과 적
대행위를 유발시킬 수 있는 모든 가능성을 말끔히 제거하자고 제안했다.
실천방법은 형제애사상을 고취시키는 것이다. 알라를 위해 서로가 서로에
게 형제가 되고 또 서로 결혼하여 짝을 지어 살라고 했다. 그는 자신과 알
라가 어떻게 해서 형제가 되고, 어떻게 삼촌 함자와 노예 자이드가 형제가
되었으며, 어떻게 아부 바크르와 오마르가 서로 형제가 되었는지 설명해
주었다.

특히, 부족 간에 오랫동안 지속되어온 원한관계를 치료하는 처방으로
인류 모두가 아담과 하와의 후손이라는 것을 부각시켰다. 한 핏줄을 이어
받은 형제자매라는 것을 강조하면서 서로 돕고 사랑해야 한다는 형제애
실천운동을 전개한 것이다. 그러한 운동을 통해 무함마드는 무슬림들의
단결을 효과 있게 운영할 수 있었다. 그는 메디나 주민들의 단결을 이끌어
냈고, 유대인들이 무슬림들과 상호 협조한다는 협약을 자유롭게 맺을 수
있는 정치구조를 구축했다. 앞에서 언급했듯이, 유대인들은 무함마드를

자기들 편으로 끌어들이기 위해 그를 대환영했던 것이다. 무함마드 역시 감사를 표시하고 유대인들의 족장들을 찾아가 그들과 친목을 돈독히 하면서 서로가 바이블과 유일신을 믿는 사람으로서 우호관계를 맺었다.

무함마드가 유대인들이 단식하는 날에 함께 단식하고 예루살렘을 향해 예배를 드렸다. 그리고 무함마드의 행동과 겸손, 자애와 신의, 억압받고, 약탈당하는 사람들에 대한 많은 자선과 선행은 메디나 주민들에게 유명해졌다. 그의 명성과 영향력은 종교적 자유를 보장하고 상호간의 우애와 결연 및 협동을 체결하는 데 크게 일조 했다.

무함마드는 이슬람 사원 건립 외에도 메카 이주민들과 그들을 도와준 메디나 후원자들 사이에 형제애 강화에 목적을 두었다. 메디나 후원자들의 정성어린 희생정신과 봉사는 메카 이주민들의 마음 속에서 신앙의 형제애가 피보다 진하다는 것을 피부로 느끼는 계기를 만들어 주었다. 메디나 후원자들은 메카 이주민들의 정착 생활에 도움이 되는 일이면 무엇이든지 형제애를 실천했다. 이 운동은 당시 무슬림들이 당면한 수많은 어려운 문제들을 원만하고 합리적으로 해결되어 갔고, 여러 부족들이 지켜온 오랜 관습과 관행을 초월하여 이슬람교를 기반으로 한 단일 국가형태를 성공적으로 건설하는 계기가 되었다.

메디나의 안전을 위하여 공동방어 전력을 수립하고 각 부족 간의 평화 유지를 위해 주변 유대인 부족집단 및 이교도 집단들과 평화협정을 체결하였다. 이 협정을 메디나 헌장이라고 한다, 이 헌장은 하나의 정치적 문서이지만 오늘날 국제연맹이나 유엔 헌장의 내용과 유사하다는 평가를 받고 있다.

무함마드는 사회악을 추방하면서도 인간애를 가르치고 실천했다. 그는 스스로 앞장서서 아내로부터 선물 받은 몸종 자이드를 자유인으로 해방시켜 주었다. 당시 아라비아 반도에서 보편화된 노예제도를 개혁하여 노예들이 인간답게 살도록 조치한 것이다. 다른 한편으로는 인류 모두가 창조주 알라의 동일한 피조물이라는 것을 내세워 알라 앞에서 인간 모두가 똑같다는 평등사상을 펼쳐나갔다.

어느 누구도 타인 위에 군림하지 못하고, 알라 앞에서 모든 인간은 평등하며, 자신의 의도와 행동에 의한 업적에 따라 대접을 받는다는 이슬람의 기본원칙에 기초한 자유와 평화가 수립된 것이다. 무함마드는 수많은 장애요인들을 말끔히 제거한 후 공개적으로 이슬람 문명의 초석을 만들어 놓았다.

메디나에는 유대교인과 그리스도교인이 많았다. 그는 거기서 그를 따르던 사람들에게 여섯 가지 서원을 가르쳤다.

㉠ 우리는 한 분 알라(신) 외에 다른 신을 경배하지 않는다.
㉡ 우리는 도둑질하지 않는다.
㉢ 우리는 간음하지 않는다.
㉣ 우리는 영아 살해를 하지 않는다.
㉤ 우리는 나쁜 말을 하지 않는다.
㉥ 우리는 정당한 일에 있어서 예언자에게 불순종하지 않는다.

② 3대 종교회의 결과
무함마드의 언행은 수많은 사람들에게 커다란 영향을 끼쳤다. 대다수 메디나 주민들이 이슬람에 동참함으로 이슬람의 세력을 강화하고 증대시켜 주었다. 이 무렵 유대인들은 무함마드와 그의 교우들에 비유한 자신들의 위치를 재고하기 시작했다. 그들은 무함마드와 협약을 맺은 적이 있다.

무함마드는 그리스도교인들과 유대인들이 합세한 세력보다 더 강력한 세력을 구축하였다. 유대인들은 무함마드의 보호 아래 누려온 안정과 평화 그리고 그와 체결한 강화조약 덕분에 그들이 얻은 재물 등에 만족하면서도 다른 한편으로는 그의 통치세력과 잠재능력이 계속 확산되어 가도록 내버려 둘 것인가를 놓고 고민하였다.

많은 사제들과 유명한 랍비 압둘라가 가족들과 함께 무함마드를 찾아와 이슬람을 받아들였다. 압둘라는 유대인들이 어른으로 모시는 학자였다. 그가 무슬림이 되어 유대인들에게 이슬람을 전파하자 그는 유대인들로부터 온갖 비방과 공격을 받게 되었다. 무함마드와 유대인들 사이에 벌어진 설전은 무함마드가 꾸라이쉬 부족과 벌인 것보다 훨씬 더 신랄하고 격렬했다. 꾸라이쉬 부족의 적대행위와는 달리, 유대인들은 메카 이주민 및 메디나 후원자들 뿐만 아니라 무함마드와 그의 교우들을 공격하기 위해 배신과 기만을 일삼기 시작했다. 일부 랍비들을 무슬림으로 위장시켜 정보수집을 위한 첩보 및 간첩활동을 하도록 하였다.

이슬람으로 위장한 랍비들은 신앙심이 매우 깊은 것처럼 보이면서 온갖 수단과 방법으로 무함마드와 그의 교우들 사이에 불화와 분열을 조장하였다. 이 사건으로 유대인들은 무함마드를 더욱 의심하게 되었을 뿐만 아니라 그의 예언자 직분마저 부정하였다. 그리하여 무함마드와 이슬람에 대한 반대가 더욱 구체화되기 시작했다.

꾸라이쉬 부족이 무함마드와 그의 추종자들을 메카에서 내몰았듯이 그들도 그를 메디나에서 내쫓으려 했다. 그래서 그는 메카에서 메디나로 이주해온 지 17개월이 지난 뒤에 예배 방향을 예루살렘에서 메카로 돌렸다. 무함마드와 유대인들 사이에 설전이 한창일 때 나즈란 지역의 그리스도교 사절단이 메디나를 방문했다. 무함마드와 유대인들 간의 갈등을 그리스도교에 유리한 쪽으로 유도하기 위해서였다. 이 사절단은 교회 건축을 위해 지원을 받아내는 귀족과 학자 그리고 그리스도교 지도자들로 구성되어 있었다. 이들은 비잔틴 제국의 황제로부터 보호와 자금을 지원 받고 있었다.

무함마드와 그리스도교 사절단 사이에 논쟁이 벌어지자 이 기회를 놓칠세라 유대인들이 가세했다. 그리하여 유대교와 그리스도교와 이슬람의 삼대 종교 회담이 시작되었다. 유대인들은 예수와 무함마드의 예언자 직분을 완강히 부정하고, 에스라가 여호와의 아들이라고 주장했다.

그리스도교 사절단은 성부, 성자, 성신, 즉 삼위일체에 의한 예수의 신성을 강조하였다. 한편 무함마드는 창조주의 일위일체설(一位一體說), 즉 성부, 성자를 두지 않는 알라의 유일신을 주장했다. 그들은 또 예수에게 내려진 계시의 내용이 모세에게 내려진 것과 다른 것처럼, 무함마드에게 내려진 계시의 내용도 모세와 예수에게 내려진 것과 다르다고 주장했다. 그러나 무함마드는 두 분의 선임 예언자가 창조주로부터 계시 받은 것은 자신에게 게시된 것과 똑 같은 영원한 진리라고 하였다.

삼대 종교의 토론은 메디나 주민들에게 삼대 종교를 비교할 수 있는 가장 좋은 기회였다. 그들은 유대교와 그리스도교로부터는 정치적이고 세속적인 인상을 받았지만 무함마드로부터는 순수하고 진솔한 느낌을 받았다. 창조주 외에 그 어떤 것도 숭배하지 말며, 창조주에게 그 어떤 것도 비유하지 말라는 무함마다의 호소력에 유대인과 그리스도교인들은 할 말을 잊어버렸다.

메디나에서 그들은 처음으로 모스크(mosque; 기도하는 집)를 짓고, 매주 금요일에 모여 함께 기도하고, 개인적으로는 하루에 다섯 번씩 기도하는 제도를 수립했다. 금요일로 정한 것은 단지 모두 함께 모여 기도하기에 편리한 날이기 때문이었다. 처음에는 예루살렘을 향해 기도하다가 유대인과의 관계가 악화되면서 기도방향을 메카로 바꾸었다. 그러나 이슬람 전통에서 예루살렘은 메카, 메디나와 함께 여전히 3대 성지로 꼽히는 곳이다.

③ 최초의 성전과 유대인들의 공격 방어

무함마드는 이슬람력 2년 7월 메카 이주민 출신들로만 소대를 구성하여 꾸라이쉬 부족을 응징하였다. 꾸란에 기록된 것처럼 종교를 강요하고 탄압하며 알라의 말씀에 대한 선교를 가로막을 경우에만 성전(聖戰)이 허용된다. 이 원정 전쟁은 이슬람 정책의 이정표를 만드는 계기가 되었다. 지금까지의 설전과 사상전에서 군사적 대결을 할 수 있는 문이 열렸기 때문이다.

이슬람력 2년 가을이었다. 샴 지방으로 출발한 메카 꾸라이쉬 대상이 값비싼 수입 상품을 싣고 돌아오고 있었다. 메디나의 무슬림 군대가 메카 대상들을 공격해 오고 있다는 소식이 전해지자 메카 병력이 즉시 출동하였다. 이슬람 정신으로 무장한 메디나 군대와 조상의 전통종교를 지키고 있는 메카 군대가 바드르 지역에서 충돌하여 격전이 벌어졌다. 무함마드 자신도 적진으로 뛰어 들어가 지휘했다. 바드로 전투는 메디나 무슬림 군대의 승리로 끝났다. 그 결과는 아라비아 반도의 무슬림들이 세력을 형성하고 이슬람운동을 통해 아랍 무슬림들의 단결을 고무시키는 획기적인 계기를 낳았다.

메카군은 바드로 전투 이후 이슬람의 세력이 날로 커져 가는 것을 목격했다. 메카에서 이주해 온 무슬림들이 2년 동안에 세력을 구축하고 메디나 도시 전체를 지배할 단계까지 이르자 갖은 음모를 꾸미고 심지어 무함마드를 암살하고자 하는 계획까지 세웠다.

메카군은 메디나를 급습하였으나 메디나군의 강한 반격에 그들의 군량으로 소지한 밀가루 자루들을 길에 버리고 도주하여 이 전투를 가리켜 '밀가루 전투'라고도 한다.

유대인들은 무함마드의 유일신 운동과 이슬람 운동이 성공하지 않을까 크게 염려하였다. 무함마드는 세속적인 정치력을 발휘하면서 메디나에 거주하고 있는 유대인들을 추방하기 시작했다. 이에 불안을 느낀 메디나의 유대인들이 무함마드에 대항하기 위해 메카의 불신자들을 끌어들였다.

아라비아 전역에서 대규모 병력 동원에 성공한 유대인들은 메디나로 진격해 갔다. 이 소식을 접한 메디나의 무슬림들은 크게 당황했다. 중무장한 엄청난 수의 연합군 병력과 기마, 낙타, 무기와 압도적인 군사물자는 메디나의 군사력을 압도했다.

무함마드는 메디나 주변에 참호를 넓고 깊게 파고 그 안에 잠복하면서 연합군의 공격을 저지하는 길을 택했다. 연합군은 말을 타고 앞으로 질주하다가 참호 속에 곤두박질하면서 전세를 잃어갔다.

그 날 밤에는 강한 바람과 함께 많은 비가 쏟아지면서 연합군의 천막들을 송두리째 날려버렸다. 무함마드의 습격을 두려워한 연합군의 한 부족이 철군을 서두르자 다른 부족들도 그 뒤를 따랐다. 참호와 자연의 재앙 덕분에 메디나 무슬림 군대는 다행히 진퇴양난의 어려운 고비를 넘기고 전리품까지 챙길 수 있었다.

④ 아랍공동체 형성: 사회개혁운동

참호 전투의 승리로 메디나의 상황은 무함마드에게 유리하게 전개되어 갔다. 아랍 부족들은 무슬림들을 두려워하였으며, 꾸라이쉬 부족들의 대다수도 무함마드와 강화조약을 체결하는 것이 더 낫겠다는 생각을 갖기 시작했다. 더구나 무함마드는 메카 꾸라이쉬 부족 출신이고 메카 이주민들은 이 부족의 지도층에 있었던 사람들이었다. 무슬림들은 메디나 안팎으로 유대인 세력이 완전히 소멸되었으므로 다소 안전하다고 생각했다. 그들은 평화로운 시간을 보내며 무함마드의 가르침과 교훈을 잘 준수하고 아랍공동체를 다시 결성하려는 무함마드를 열심히 따랐다. 악습이 담긴 아랍 옛 전통을 버리고 이슬람 운동을 통해 새로운 사회개혁건설에 동참하는 물결이 일기 시작하였다.

스스로 신성시 여기는 가족과 전통적 사회제도, 결혼과 이혼, 부모와 자식의 상호관계 등 즉, 모든 인간관계에 연관된 문제는 아라비아라는 지형적 한계를 벗어나지 못했다. 극단적인 방관주의와 노예제도 그리고 극단적인 보수주의에 빠져 있었다. 오랜 사회관습의 유산을 청산할 수 있는 사회개혁이 요청되는 상황이었다.

무함마드는 사회 구성원 남녀가 서로 돕고 사랑하며 서로 협조하지 않고서는 새로운 사회건설이 불가능하다는 것과 여성의 의무뿐 아니라 권리를 행사하지 못하는 사회는 생동감이 없다는 것도 깨달았다. 그런 사회에서는 상호 협력과 사랑, 인격이 존중되면서 권리와 의무가 행사될 수 없었다. 그러나 아무리 좋은 개혁이라도 기성집단과 이익집단의 저항과 반대에 부딪치게 된다는 것을 알고 있었다. 무함마드는 추종하는 아랍인들에게 지나친 부담을 주지 않고 점진적으로 진행하는 것이 확실히 성공할 수 있는 길이며, 개혁에 더 많은 사람들을 동참시킬 수 있다고 믿었다. 그래서 그는 이슬람 내부의 개혁을 시작하였다. 우선적으로 남성과 여성의 권리와 의무를 제정하면서 개혁을 위한 교육을 실시하였다. 그는 모든 무슬림들이 쉽게 이해할 수 있도록 자신과 아내 사이에 일어나는 여러 가지 경우를 사례로 들었다. 참호 전투가 있기 바로 전까지는 무함마드의 아내들에게 베일을 쓰라는 명령이 없었다.

당시 무슬림들의 남녀관계는 다른 아랍인들과 마찬가지로 성적 관계에 불과했다. 간음이 일반화되어 있었고 여성들의 노출은 지나칠 정도였다. 건전한 정신을 바탕으로 한 이성적인 남녀관계는 찾아보기 힘들었다. 메디나에 있는 유대인들은 이슬람에 대한 적대감으로 무슬림 여성들을 희롱하고 그 여성들에게 심각한 피해를 입히기도 하여 사회의 문제로 부각되었다.

자발적인 성찰에서, 무슬림 여성들이 외출하여 간음을 부추기지 않았다면 그들이 희롱을 당하는 일이 없을 것이며 문제도 발생하지 않을 것이라고 보았다. 무함마드의 아내, 딸 그리고 무슬림 여성들이 베일(히잡; hijab)을 써야한다는 것이 꾸란으로 제시되었다.

무슬림사회의 폐습을 타파하고 순수한 가정생활을 바탕으로 하는 새로운 이슬람의 사회개혁운동은 간음이 대죄라고 정하였다. 무슬림들은 가정 밖에서 벌어지는 여성의 간음과 성관련 분규가 사회악을 낳는다고 보았고 남성들은 여성들의 유혹을 피하고 순결을 지켜야 한다고 가르쳤다.

여성은 짧은 옷이나 터진 옷을 입어 살결이나 몸을 드러내는 것도 남성을 유혹하는 원인으로 보았고, 여성이 구두 발자국 소리도 요란하면 유혹하는 행위로 간주했다. 이슬람은 합법적인 경우에만 남녀가 성관계를 가질 수 있다. 그 외의 성관계는 죄악으로 경멸하였다. 누군가 다른 사람에게 성욕을 자극한다면 그는 죄인으로 알라게 회개하고 용서를 빌도록 했다.

⑤ 후데이비아 조약 : 이슬람의 종교문화화

무함마드와 추종자들이 메카에서 메디나로 이주해 온지 6년이 지나면서 이슬람의 세력도 크게 확장되었다. 이슬람력 원년에 꾸란 계시에 따라 무슬림들의 예배 방향이 예루살렘에서 아브라함과 그 자손 이스마엘이 재건한 메카 카으바 신전 쪽으로 변경되었다. 그 곳에 있는 메카의 하람 사원은 수백 년 동안 경배 장소로 매년 아랍인들이 순례를 오던 곳이며 그 곳에 아무리 사악한 적이 들어와도 신변만은 보장했다.

하지만 꾸라이쉬 부족은 무함마드와 그의 무슬림들의 신전 출입을 못하게 결의했다. 한편 무슬림들은 이슬람의 의무 중에 하나인 대순례를 지키지 못하기 때문에 늘 깊은 상심에 젖어 있었다. 더구나 메카 이주민들은 고향으로부터 쫓겨난 박탈감과 가족과 생이별을 하고 있다는 생각에 갈수록 몹시 마음이 아팠고 메카에 대한 동경심이 더해갔다.

이 때 메카로 순례를 떠날 것이라고 무함마드가 선포했다. 그리고 무슬림과 비무슬림을 구별하지 않고 부족들에게 신성한 순례 의무를 이행할 것을 공개적으로 제의했다. 메디나 이주민과 메디나 후원자들이 포함된 1천 4백 명의 숫자가 이 순례에 동참하였다. 하얀 천의 순례복을 입고 머리를 깎았다.

꾸라이쉬 부족은 무함마드와 그의 일행이 순례를 하기 위해 순례복을 입고 메카로 오고 있다는 소식을 듣고 당황했다. 그들은 모든 아랍인들에게 통용되고 있는 종교적 의무를 수행하기 위해서 메카를 향해 떠났기 때문이다. 꾸라이쉬 부족은 병력을 동원하고 무슬림들의 순례 행렬을 차단할 진지들을 구축했다.

일촉즉발의 위기를 넘기면서 쌍방 간의 합의 문안이 체결되었다. 그 것이 후데이비아 협정이며 그 내용의 핵심은 다음과 같다.

ⓐ 꾸라이쉬 부족 사람들 중에서 허락 없이 무함마드에게로 넘어간 자는 누구를 막론하고 메카로 돌려보낸다.

ⓑ 무함마드 진영에서 메카 쪽으로 넘어간 자는 되돌려 보내지 않는다.

ⓒ 어느 부족이나 꾸라이쉬 부족의 제재를 받지 않고 자유롭게 무함마드와 동맹관계를 맺을 수 있으나 금년에는 순례를 할 수 없다.

ⓓ 그 대신에 이듬해에는 칼집에 칼을 넣은 채로 메카에 들어가 사흘 동안 종교적 목적을 수행하기 위해 순례를 할 수 있다.

이 협정에 따라 순례 온 무슬림들은 메디나로 돌아가 이곳 메카로 다시 오기 위해서는 한 해를 더 기다리는 수밖에 없었다. 메디나 무슬림들은 비록 만족하지 못하지만 단지 무함마드의 명령에 순응했다. 그러나 이 조약은 아라비아 전역에 상당한 영향을 미쳤다. 꾸라이쉬 부족 측에서 무함마드를 자기들과 대등한 인물로 협정을 체결한 것은 메카 사람들이 최초로 이슬람 단체를 인정했다는 사실이었다. 또한 비록 한 해 후였지만 메카 사람들이 무슬림들에게 메카의 성지 방문과 순례를 허용한 것은 이슬람을 아라비아의 기존 종교로 인정한 것이나 다름이 없었다. 그 후 10년 동안에 무슬림들은 평화와 안전 속에 이슬람을 전파했다.

후데이비아 조약이 체결된 이후부터 꾸라이쉬 부족과 무함마드의 관계는 매우 우호적이었다. 무함마드는 이슬람이 아라비아 반도 전역에 정착되어가고 있다는 확신을 갖고 주변 제국의 왕들(헤라클리우스와 알렉산드리아의 대주교, 히라의 왕, 갓산의 하리스, 예멘의 왕 힘야르, 에티오피아의 네구스 황제 등)에게 이슬람 수락을 촉구하는 사절들을 파견하였다. 파견되는 사절 각자는 '알라의 사도 무함마드'라고 새겨진 은도장을 선물로 받고 파견 국가로 떠났다. 무함마드가 모든 왕들에게 보낸 서한의 내용은 헤라클리우스에게 보낸 것과 유사하다.

무함마드가 각 지역에 왕과 황제들에게 사절을 파견한 것도 놀라운 일이지만 그보다 더욱 놀라운 사실은 그가 사절들을 보낸 지 30년도 채 되지 않아서 페르시아와 비잔틴 제국이 이슬람을 수락했다는 사실이다. 이 두 제국은 오랜 세월이 지나면서 물질적으로나 군사적으로는 막강한 힘을 자랑하고 있지만 정신력은 오히려 타락해 가고 있었던 것이다. 페르시아는 다신숭배와 조로아스터교로 양분되어 있는 반면에 비잔틴 제국의 그리스도교는 여러 분파로 나누어져 서로 논쟁과 분쟁에 빠져 있었다. 그리스도교인들의 가슴에 영감을 불러일으키거나 그들의 마음을 만족시켜줄 만한 신념이나 세계관에 대한 확신이 없었다.

한편 인간의 본성에 바탕을 둔 이슬람의 유일신 종교사상은 정신력을 잃어가고 있는 페르시아와 비잔틴 두 제국에 이슬람의 정신적 생동감과 신성함을 불어넣어 준 것이다.

무함마드는 국내외의 상황이 자신에게 유리하게 돌아간다는 것을 파악하고 메카 정복을 서둘지 않았다. 후데이비아 조약을 체결한 지 1년이 다

되었지만 조약을 폐지할 명분도 없었으나 메카 정복의 계기가 마련되었다. 지역이 무슬림들의 수중에 들어오면서 비잔틴 제국의 속국이었던 샴 지역에 대한 원정의 길도 열렸다.

후데이비아 조약은 무함마드 진영이나 꾸라이쉬 부족 진영에 합세하고자 하는 사람들은 누구나 아무런 장애 없이 그렇게 할 수 있다고 명시하고 있었다. 이 규정에 입각하여 쿠자아 부족이 무함마드 측에 들어왔고, 바누 바크르 부족이 꾸라이쉬 측으로 갔다. 이 두 부족은 서로 원수 관계에 있었다.

그런데 바누 바크르 부족이 무함마드의 동맹관계인 쿠자아 부족을 공격하여 많은 사상자를 냈다. 후데이비아 조약이 깨진 것으로 간주한 무함마드는 이 사건을 기회로 1만 명의 대군을 결성해 신속히 메카로 쳐들어갔다. 예상하지 못한 꾸아이쉬 부족은 흔들렸다. 대다수 메카 사람들은 항복하자는 아부 수피안의 제안을 받아들였다. 그것은 무력 침공의 결과라기보다는 정체성에 혼선을 빚게 만든 무함마드의 심리전이 가져온 결과였다. 무슬림 군대는 아무 저항을 받지 않고 메카에 입성하였다. 무함마드는 삼촌 아부 딸립과 아내 카디자의 무덤 부근에서 야영에 들어갔다. 그는 히라산 동굴에서 꾸란의 첫 계시를 받았던 순간이 생생하게 떠올랐다.

서기 630년 1월, 나이 60을 넘긴 무하마드는 마침내 자신의 고향이자 성지 메카를 장악했다. 메디나로 피신한 지 8년 만의 일이었다. 그는 메카에 2주 동안 머물면서 '신전 관리'와 '잠잠(Zam Zam) 샘물의 성수 공급 관련업무'만 남겼다. 전자는 본인이 직접 관장하다가 메카를 떠나면서 오스만과 그의 후손들에게 위임하였고, 후자와 관련된 업무는 자신의 삼촌 알 압바스에게 일임하였다.

메카를 정복하고 난 후 아라비아 반도 전체는 이제 내전이 거의 끝난 것이나 다름이 없었다. 아랍인들이 여러 세대를 걸쳐 순례를 해 오던 신성한 메카는 이슬람 제도권에 들어오면서 카으바 신전을 관리하는 업무와 음식을 제공하는 일, 순례자들에게 물을 공급하는 업무 등 제반 업무가 완전히 무슬림들의 수중으로 들어왔다. 그리하여 공공질서와 시민질서가 확립되었고 이슬람 세력이 아라비아 반도 전역으로 확대됨에 따라 무슬림들은 자신감과 확신을 가졌다.

이슬람 공동사회가 방대해지면서 공공 비용이 크게 늘어났다. 무함마드는 곧장 수금원들을 각 지역으로 보내 모든 무슬림 및 비무슬림 부족들의 연 소득에서 10분의 1을 징수하도록 했다. 다만 소득에 대한 세금만 징수하도록 하였을 뿐 각 개인의 기본 자산에 대한 세금은 걷지 못하도록 하였다. 사실 아라비아반도 어디에서고 무함마드의 세력을 실감하지 않는 곳이 없었다. 그 어느 누구도 세금을 지불하지 않을 수 없었다.

⑥ 아라비아 반도 변경의 안전 확보

무함마드가 아라비아 반도 전역에 걸쳐 안보와 질서를 수립하기에 여념이 없을 때, 비잔틴 제국이 군대를 동원하여 아라비아 반도의 북부 접경지대를 공격한다는 정보가 입수되었다. 무함마드는 조금도 지체하지 않고 비잔틴 제국이 더 이상 아라비아를 공격하거나 내정간섭을 못하도록 해야겠다고 결심했다.

무함마드는 각 부족에게 사절들을 보내 최대한 많은 군대를 동원하라고 하였으며, 무슬림들에게는 군사장비로 이용할 수 있는 것은 무엇이든지 다 수거토록 했다.

무슬림 군대는 타북 지역을 향해 진군을 시작했다. 무슬림 군대가 가까이 오고 있다는 소식을 이미 알고 있던 비잔틴 군대가 즉각 후방으로 퇴각했다. 무함마드는 그들이 공포에 질려 후퇴했다는 사실을 알고서 더 이상 추격할 필요가 없다고 생각하고 주변 지역을 돌면서 지역 대표들에게 친구가 되든지 아니면 자신과 싸우든지 택일을 하라고 촉구했다. 아라비아 반도 변경의 안전을 확보하려고 했던 것이다. 그러자 아일라 지역의 총독 유한나가 친구가 되겠다고 하였다. 그는 황금 십자가를 몸에 지니고 왔으며, 선물을 내놓고 항복을 선언하면서 성문의 열쇠를 무함마드에게 넘겨주었다.

무함마드는 이번 원정에서 수천 명의 병사들을 인솔하고 샴 지방까지 넓은 광야를 가로질러 많은 업적을 거두고 메디나로 돌아왔다. 그가 아라비아 반도의 북부 지역을 확보하여 비잔틴 제국과의 사이에 완충지대를 만들었다는 사실을 대부분의 무슬림들은 알 수 없었다.

타북 전투는 무함마드가 마지막으로 참전한 원정이었다. 타북 전투로 이슬람 세력은 아라비아 반도 전역에 확산되었다. 아랍 변방은 안전을 확보했고 아랍인들은 무리를 지어 이슬람을 받아들이며 무함마드의 지휘아래 가장 큰 결속력을 구축한 막강한 세력으로 등장하였다. 반도에 남아 있던 다신 숭배자들이 자신들의 운명에 관해 생각하기 시작했다. 반도 남부, 즉 예멘과 오만 등에 살고 있던 부족들도 겁을 먹고 있었다. 이제 예멘을 비롯한 페르시아가 이슬람의 후원자가 되는 것이 자신들이 살아남을 수 있는 길이라고 생각했다.

⑦이슬람 국가 수립

지역 토후들과 부족장들은 이슬람을 수락하면서 자신들이 현재 누리고 있는 지위와 통치권을 보장해 주기를 바랐다. 메카에서 메디나로 도읍을 옮긴 후 10년간은 각 지역의 사절단들이 무함마드를 찾아온 기간이었다. 바로 이 기간에 많은 부족들과 아랍인들이 무리를 지어 이슬람을 받아 들였다.

메카 성지에는 비무슬림들이 계속해서 신전을 순례하고 무슬림들과 함께 뒤섞인 채 종교의식을 수행하였다. 유대인들에게는 그곳이 약속의 땅,

그리스도교인들에게는 예수 그리스도가 태어난 땅이다.

무함마드는 사위인 알리를 메카로 보내 아부 바크르와 합류시키고 아라파트에 운집한 순례자들에게 꾸란의 말씀을 전달하게 했다. 알리는 알라와 무함마드가 내린 명령을 선포하라는 임무를 받았다. 꾸란 9장 1절에서 36절에 있는 내용을 전하고 순례자들에게 이 네 가지 사항을 선언한 다음, 누구나 앞으로 넉 달 동안 안전하게 귀향할 수 있도록 안전과 사면을 보장하였다.

"불신자는 천국에 들어가지 못하고, 우상숭배자는 금년 이후로 이곳에 순례를 올 수 없으며, 옷을 벗은 사람은 신전을 순례할 수 없다. 예언자와 서약을 맺는 자는 그 기간이 지속되는 한 자신의 서약은 준수될 것이다." 그때부터 다신론자들을 비롯하여 비무슬림들은 더 이상 순례를 할 수 없었다. 바로 그날부터 이슬람 국가가 수립되었던 것이다.

아부 바크르가 인솔하던 순례에서 알리의 선포는 남부 아라비아를 이슬람화하는 결과를 가져왔다. 이제 아라비아 반도 전역에 살고 있는 불신자들이나 다신론자들은 더 이상 이슬람에 대항할 수 없다는 것을 깨달았다. 이슬람이 예멘까지 전파되자 무함마드는 그곳에 무아드를 보내 이슬람의 윤리와 법을 가르치도록 하면서 다음과 같이 충고했다.

"매사를 쉽고 편안하게 하여 줄 것이며 반발이 나오지 않도록 하라. 화해할 것이며 다투지 말라. 유대인들과 그리스도교인들이 천국의 열쇠가 무엇이냐고 묻거든 그것은 알라 외에는 어떠한 형태의 신도 없으며, 그분은 유일하시고 그분에게 비유될 수 있는 것은 아무 것도 없다고 대답하라."

20년 전의 아랍인들은 서로 전쟁에 휘말려 상대방의 재산을 약탈하는 데 여념이 없었던 적대적인 부족들이었다. 그런데 이제 이들은 모두 이슬람 제도권 안에 들어옴으로써 부족 간의 반목은 사라지고 상대방 부족을 향해 칼을 뽑지 않았다. 아라비아 반도의 메카라는 한 고을에서 시작하여 아라비아 반도 전체에 이슬람이 전파되자 반도의 모든 아랍인들은 이슬람의 깃발 아래 통일된 하나의 공동체가 되었다.

무함마드는 종교적으로만 아니라 군사적으로도 크게 성공하였다. 그는 이슬람교를 인정하지 않는 공동체나 대상(隊商)을 주로 공격하여 그들의 재산을 몰수했다. 이런 군사적인 행동이 신의 뜻에 의한 것이라고 확신하게 되고, 종교적 사명을 완수하기 위해서는 나라를 세워야겠다고 생각하게 되었다. 메카에서 피신하여 메디나로 이주한 지 10년이 되는 630년에 메카를 점령하고, 드디어 아라비아 전역에 걸쳐 정치적 권력을 행사하는 실질적 지도자가 되었다.

⑧ 무함마드의 고별 순례와 설교

무함마드는 교우들에게 메카 순례를 떠나자고 권했다. 이슬람력 11월이 끝나고 12월 순례달이 다가오고 있었다. 그때까지만 해도 무함마드는 두 번에 걸쳐 소(小)순례를 한 적은 있었지만 정식으로 대(大)순례를 수행한 적은 없었다. 완전한 순례의식을 수립하여 무슬림들이 이를 배우고 따르게 할 필요가 있었다. 약 1만 명 이상의 이슬람의 형제가 모여들었다.

이슬람력 10년 11월 25일 무함마드는 메카를 향해 길을 떠났다. 어느덧 9만 명에서 11만 명에 달하는 많은 순례자들이 그의 뒤를 따르고 있었다. 무함마드는 다음 날 아침 순례를 위해 마음의 다짐을 하였다. 모두가 입고 있던 평상복을 벗고 바느질되지 않은 가장 간단한 두 조각의 하얀 천을 몸의 상체와 하체에 걸쳤다. 순례 행렬은 순례 달 4일에 마침내 메카에 이르렀다.

무함마드는 카으바 신전으로 가서 흑석에 입을 맞추었다. 그런 다음 신전을 일곱 바퀴 돌았다. 처음 세 바퀴는 소순례를 하는 것처럼 종종걸음으로 돌았다. 그리고 아브라함의 성소에 가서 예배를 드린 후 다시 흑석에 입을 맞춘 다음 사파와 마르와 그리고 구릉 사이를 걷고 때로는 뛰어서 일곱 번을 오갔다.

순례 달 8일 무함마드는 미나 지역으로가 그곳에서 낮과 밤을 보냈다. 다음 날 새벽예배를 인도하고 동이 트자 낙타를 타고 아라파트 동산으로 순례자들을 인솔하고 떠났다. 이 동산에 이르자 수 천 명의 순례자들이 너나 할 것 없이 순례가를 부르며 알라의 위대함을 외쳤다.

아라파트 동산에서 무함마드는 낙타 등에 앉아 순례자들을 향해 설교를 하기 시작했다. 우마위아가 한 문장 한 문장 큰 소리로 그의 말을 이어받아 반복했다. 멀리 있는 청중들이 들도록 하기 위해서였다. 무함마드는 제일 먼저 알라를 찬미하고 모여든 청중을 향해 말문을 열었다.

"여러분, 내 말을 귀담아 들으시오. 나는 앞으로 이곳에서 다시 여러분을 만날 수 있을지 모르겠습니다. 여러분, 여러분의 생명과 재산은 여러분이 주님을 만날 때까지 신성합니다. 여러분은 주님을 만날 것이요, 여러분의 행동에 대한 심판을 받게 된다는 것을 명심해야 합니다. 내가 여러분에게 경고하는 바입니다. 여러분 중에 남에게 빚진 자는 채권자에게 그 빚을 갚아야 합니다. 이자는 더 이상 갚지 않아도 됩니다. 하지만 여러분의 재물은 여러분의 것이니 잘 보관해야 합니다. 여러분은 불의를 저지르지도 말고 불의를 받아서도 안 됩니다. 알라의 세계에서는 이자가 없습니다. 이슬람 이전 시대에 있었던 살인에 대한 권리는 모두 포기됩니다. 내가 포기한 맨 처음 권한은 라비아의 살해 사건입니다.

여러분, 여러분은 여러분의 아내에 대한 권한이 있고, 여러분의 아내는 여러분에 대한 권한이 있습니다. 그 부인이 허락하지 않는 자들과 형제를 맺거나 간음을 하지 못하게 하는 것이 여러분의 권한입니다. 하지만 그런 짓을 범한다면, 알라께서는 그 부인을 집안에 고립시키고 상처가 나지 않게 체벌하는 것을 여러분들에게 허락하셨습니다. 하지만 여자들이 여러분의 권한을 지킨다면, 부인은 자신들에게 여러분의 동반자요 여러분을 내조하기 때문에 여러분은 부인들을 위해서 외조하고 친절해야 합니다. 여러분이 여자들을 아내로 삼고 알라의 신뢰와 허락을 받아 육체적, 정신적 사랑을 즐긴다는 사실을 잘 명심해야 합니다.

여러분, 내가 여러분에게 지금 전하는 말을 이성적으로 잘 생각하고 마음속에 깊이 새겨야합니다. 나는 여러분에게 알라의 성서와 그분의 사도인 나의 전통을 물려줍니다. 여러분이 이것을 따른다면, 결코 길을 잃지 않을 것입니다.

여러분, 내 말을 깊이 명심해야 합니다. 무슬림은 무슬림의 형제로서 형제애를 구축한다는 사실을 알고 있어야 합니다. 동료 무슬림의 재물을 취하는 것은 어느 경우를 막론하고 그가 기꺼이 주지 않는 이상 불법입니다. 그러므로 여러분 자신에게 정직하고 공정해야 합니다."

무함마드는 설교 끝머리에 이렇게 물었다.

"알라여, 제가 당신의 메시지를 전하였습니까?" 그러자 청중이 이구동성으로 대답했다.

"그렇습니다. 알라가 증인이십니다."

무함마드는 설교를 마친 뒤에 낙타에서 내려왔다. 정오가 될 때까지 기다렸다가 정오예배를 드리고 다시 낙타를 타고 샤크라트에 가서 청중들에게 마지막 계시를 낭송했다.

"오늘 알라는 너희를 위해 종교를 완성하셨고 알라의 은혜가 너희에게 충만하게 하였으며, 이슬람을 너희의 종교로 만족케 하셨노라."

아부 바크르는 이 구절을 듣고서 예언자의 운명이 다가오고 있다는 것을 깨달았다. 무함마드는 아라파트에서 무즈달리파 지역으로 장소를 옮겨 그곳에서 밤을 보냈다. 그는 아침에 일어나 먼저 알마쉬아리와 미나 두 지역을 방문한 뒤에 자기 천막으로 돌아와 자신의 나이에 해당하는 63마리의 낙타를 알라의 제단에 바쳤다, 그리고는 머리를 깎고 순례를 마쳤다고 말했다. 이번 무함마드의 순례를 고별의 순례 또는 선포의 순례라고 불렀다. 또한 알라가 인류를 위해 종교를 완성하였고 은총을 다 베푸셨기 때문에 이슬람의 순례라고도 했다.

무함마드와 측근 교우들은 메디나에 도착한 후에 아라비아 반도 전역에 평화가 정착되었음을 확신하게 되었다. 그리하여 무함마드는 비잔틴 제국의 점령지, 특히 샴 지역과 이집트와 이라크에 대한 관심을 갖게 되었다. 이슬람의 메카는 알라를 경배하는 구심점(求心點)이 되었다.

오사마가 팔레스타인까지 긴 원정을 준비하고 있을 때 무함마드의 병이 악화되었다. 그는 아이샤의 집에서 그의 부인들에게 간호를 받았으나 중태였다. 하지만 그는 사원으로 나가 설교단에 서서 알라를 찬미한 후 순교자들을 위한 기도를 하였다. 다음 날 무함마드는 자리에서 일어나 보통 때처럼 사원에서 예배를 인도하려고 했다. 하지만 기력이 다 떨어져 아부 바크르에게 자기를 대신하여 예배를 인도하도록 하였다. 이 일이 있은 후 무슬림들은 무함마드가 아부 바크르를 사실상 후계자로 임명한 것이라고 확신했다. 왜냐하면 예배의 인도자는 곧 예언자의 후계자라고 생각했기 때문이다.

무함마드는 유일하게 살아있는 딸 파티마에게 입을 맞추었다. 그는 아내 아이샤의 무릎위에서 조용히 눈을 감고 632년 6월 8일, 62세로 이 세상을 떠났다.

무함마드가 다른 성인들이나 예언자들과 다른 점은 절대로 자기를 경배의 대상으로 삼지 말라고 강조한 점이다. 그는 완전한 인간으로 남아 있기를 바랐다. 그를 경배하는 사람이 있다면 그가 믿는 신은 이미 죽어버리고 없다고 하였다. 그의 사진이나 초상화도 절대로 남기지 말라고 한 것은 불상이나 마리아 동상 그리고 예수의 초상화가 신앙의 대상이 된 전례를 차단하기 위해서라고 전해지고 있다. 그 이후로 무함마드의 초상화는 이 세상에서 자취를 감추고 말았다. 모든 인간은 창조주 앞에서 똑같다는 평등 사상을 내세워 어떤 권능을 가진 성직자 제도나 그 직급의 체계를 완전히 깨뜨려 버린 것이다.

2부 종교완성의 길을 찾아서

제2부
종교완성의 길을 찾아서

Ⅰ. 종교간의 영적대화 : 영성의 통일성 추구

현대는 종교가 서로 만나지 않을 수 없는 시대가 되었다. 세계는 날로 좁아지고 인구이동이 급증하면서 종교인의 이동도 많아졌다. 이스람교는 미국에서 세 번째로 큰 종교가 되었고, 캐나다에서는 불교가 다른 종교들보다 더 빠르게 성장하고 있다. 또 프랑스에서는 무슬림들이 개신교 신자보다 더 많아졌고, 영국에서는 무슬림들이 감리교 신자보다 더 많아졌다고 한다.

한 사회 안에 다양한 종교들이 공존하고 있는 상황에서 종교는 때때로 충돌하고 분쟁하는 중요한 원인이 되어 왔다. 자기 종교의 절대성과 우월성의 주장은 불가피하게 종교간 또는 교파간의 마찰과 충돌을 일으키고 결국, 그 사회의 불안요인으로 작용하게 된다. 결과적으로 종교가 '통합'이라는 궁극적인 기능을 행하는 것이 아니라, 오히려 그 사회의 '해체와 분열'의 원인이 되어 왔다.

따라서 종교 간의 대화와 협력은 인류의 생존과 지구촌의 존망이 달려 있는 지구촌 최후의 희망으로 떠오르고 있다. 지구촌의 미래는 종교간 대화의 성패에 달려 있다.

1. 타종교의 영성 탐구와 문화의 본질 수용

요즘 우리 주변에 모든 위대한 종교적 전통들이 가까이 있어 쉽게 그것들에 접근할 수 있다. 힌두교를 알기 위해 인도에 갈 필요가 없고, 이슬람교를 알기 위해 사우디아라비아까지 갈 필요가 없다. 서점에 가면 이들에 관한 책들이 있고, 거리에서 이 종교의 수행자들을 만날 수 있다. 이것은 우리가 개인적으로 추구하지 않아도 이미 영적 전통들 사이의 교류가 이루어지고 있는 것이다. 그리스도인들은 불교의 명상법을 폭넓게 사용하고 있다.

하나의 종교 전통 안에 있으면서 다른 종교 전통의 요소들을 사려 깊게 도입하는 것은 자기가 이미 삶과 세계관에 접근하는 방법을 가지고 있으면서 그것을 보다 풍성하게 만들기 때문이다.

우리는 신을 만나는 기도와 예배에 관련하여 우리가 지금까지 배우고 실천해 온 것과 같은 것은 무엇이며 다른 것은 무엇인가? 불교의 명상을 그리스도교의 기도로 받아들일 수 있는가? 가톨릭 수도사이자 예수교의 창시자 이그나티우스 료욜라(Ignatius Loyola 1491~ 1556)는『영성수련』에서 영성생활의 목표는 신과의 연합이라고 하였다. 이 목표에 이바지하는 것은 사용하고 그렇지 않은 것은 피하면 된다. 특별한 방법에 얽매일 필요는 없다. 우리가 기도하면서 구하는 것은 신비이신 분과 교제 안에 거하는 것이다. 그 분은 항상 우리 내면의 앞에 계신다. 문제는 우리가 그 분 앞에 서지 않는 것이다. 우리가 고요히 신과 함께 거할 수 있는 장소를 발견하는데 도움이 되는 방법이나 수단이라면 누가 제안한 것이든지 유익하다.

인도에서 태어나 평생을 그곳에서 일한 예수회 신부 안토니 드 멜로(Anthony de Mello)는 자신이 잘 알고 있는 몇 가지 세계적인 영적 전통들을 인용한다. 그의 기도 훈련은 단순히 호흡에 초점을 맞추는 것에서부터 헌신의 기도에 이르기까지 범위가 다양하다. 그는 결코 어떤 방법이 다른 방법보다 훌륭하다고 말하지 않는다. 그는 "당신에게 적합한 방법을 사용하라"는 원칙에 따라서 접근한다.

다른 영적 전통들에게서도 얻을 수 있는 것이 많다. 그런 전통들은 오래 전부터 수많은 사람들의 삶을 풍요롭게 해주었다. 우리는 어떤 특정한 영적 사상이나 관습은 그 열매를 보고 평가할 수 있다. 우리의 목표인 신과의 연합에 기여하는 것은 계속 사용하고, 그 나머지는 버려도 된다.

2. 영적대화의 실제

종교 간의 영성적 대화는 일본 쿄토 간사이 세미나 하우스에서 개최되었다. 세계교회협의회(WCC) 산하 기관의 지원으로 "종교간의 대화와 영성"이라는 주제로 열린 이 모임에는 로마-가톨릭 교인과 그리스정교회원, 개신교의 여러 교파의 신앙인, 그리고 타종교인들 특히 영성에 깊은 관심을 갖고 꾸준히 대화를 계속해 온 사람들이 참석했다.

이 모임의 목적은 각기 다른 종교 전통에 속한 영성들에 관한 대화가 그들 자신에게 어떤 의미를 갖는가? 그리고 그들이 지금까지 공부하고 깨달은 것들이 그들의 삶에 어떤 도움을 줄 수 있는지를 논의하기 위한 것이었다.[1]

영성에 관한 대화의 모임은 처음 2일간 참석자들이 서로의 체험을 나누는 일에 할애되었다. 그들 가운데는 자신들이 오랫동안 지켜온 힌두교나 불교의 수행 방법을 계속해 나가는 사람들도 있었고, 불교사원이나 힌두교 아쉬람(ashram)에서 상당 기간 수행 경험을 지닌 사람들도 있었다. 또

---

1) 도시 아라이 편, 『종교간의 대화와 영성』, 이명권 역, (열린서원, 2000), p.6 참조.

한 사람은 그 자신을 힌두교인이 아니며 가톨릭 신자라고 소개하였다.

그들이 나눈 종교 간의 영적 순례에 관한 이야기들은 그 자체로서 풍성한 대화이자 이 모임의 최대 수확이었다. 이 모임에 참석한 사람들은 영성의 다양성을 인정했다. 나아가 그들은 타종교의 영성과 의미 있는 접촉을 시도할 필요성을 강조했다.

이 모임에서는 첫째, 자신의 신앙으로 만족하고 있는 신앙인에게 타종교의 영성을 탐구할 필요성이 강조되었다. 그들은 타종교의 영적 수련 방법을 통하여 그들 자신의 신앙을 더욱 깊이 있게 이해할 수 있게 되었기 때문이라고 말했다. 그러한 체험은 그들로 하여금 자기가 믿는 신이 오로지 자기 종교인들 뿐만 아니라 온 세상 사람들을 위하여 역사하고 계시며, 자신들이 속한 세계가 자신들이 생각하는 것보다 더 훨씬 넓은 세계라는 사실을 확신케 되었다고 증언했다.

이들은 타종교의 영성을 올바르게 이해하기 위해서 타종교에 대한 가르침과 직접적인 체험이 필요하다는 결론에 도달했다. 따라서 영성의 다양성이라는 문제를 좀 더 심도있게 다룰 수 있는 새로운 형태의 해석학과 주석적 전통을 계발해 나가야 할 필요성이 대두되었다. 각기 자기의 경전을 인간과 우주적인 가르침으로 좀 더 깊이 있게 탐구해야 할 필요성이 강조되었다. 이들은 영성의 다양성을 이해하게 될 때 자신들이 속한 공동체가 당면한 신앙과 삶의 문제들을 타종교인들과 협력하여 해결해 나갈 수 있을 것이라고 믿게 되었다. 그러기 위해서는 타종교의 기도나 의식에 참가하거나 종교적 관행의 의미를 연구해 보는 일이 필요하다.

둘째, 타종교의 영성 수련에 개방적인 입장을 취하고 있을 경우, 그것이 자기의 신앙에 대해 더욱 깊은 이해와 깨달음을 얻을 수 있다는 것이었다. 타종교 창시자의 풍부한 영적 전통들을 직접 체험하기에 앞서 스스로 준비할 필요가 있다. 다양한 영적 전통에 속한 경전과 기도문들을 엄선하여 읽을 필요가 있다. 이들은 각자의 교회에서 타종교의 영성에 대한 그룹 스터디를 시작하고 몇 주 동안 요가나 선(禪)을 수련하면서 타종교의 종교 행사에 참석하여 그들과 우정을 다져 나갈 것을 제안했다.

셋째, 종교인들이 타종교인들과 연대하여 사회 개혁, 사회 구원에 참여해야 한다는 것이었다. 그러한 사회 참여는 영성의 한 표현 형태라고 본 것이다. 영성의 성장과 발달은 곧 삶의 변화로 나타나야 하기 때문에 삶의 변화를 가져온 사람들이 사회적인 삶의 변화와 개혁에 참여해야 한다는 것이다. 그 까닭은 그들의 삶의 변화와 개혁을 위하여 그들과 더불어 그리고 그들 가운데서 일하시는 신의 편에 서야 하기 때문이라고 했다. 죄악과 질병, 가난과 억압 가운데 신음하는 사람들을 위해 종교인들이 연대하여 활동해야 할 것을 강조했다. 가능한 어느 곳에서든지 종교인들이 협력하여 자유와 해방과 발전을 위한 활동에 적극 참여해야 할 것을 호소했다. 이와 같은 일은 종종 양심회복 운동 혹은 영혼과 정신의 혁명이라고 불리운다. 이와 같은 운동에 참여하는 사람들은 그것이 참된 영성의 한 표현임을 깨달게 되었다. 그리고 각 종교의 경전을 전혀 새로운 눈으로 읽어나가는 과정에서, 거기에 담긴 의미를 훨씬 더 생생하게 이해할 수 있게 될 것이라고 했다.

이 모임에서 얻어진 결론은 첫째, 타종교를 신봉하는 사람들을 이해하기 위해서는 그들과 영적인 차원에서 대화를 계속해 나가는 일이 절대적으로 필요하다. 기도와 영적 수행을 꾸준히 실천해 나가면서 우리와 함께 영적 순례의 길을 가고 있는 그들이 평화와 정의를 위한 활동에서도 우리의 동반자임을 확신한다. 둘째, 타종교의 영적인 삶과 수행 방법을 체험하는 과정에서 자신의 신앙이 더욱 깊이를 더해 가는데 대하여 인식을 같이했다. 셋째, 자기의 종교라는 제한된 영역을 벗어나 종교 간의 벽을 허물면서, 타종교를 신봉하는 사람들과 함께 새롭고도 창조적인 세상을 위한 헌신에 참여케 하는 신의 역사가 존재한다는데 대하여 인식을 같이 했다.

영적인 차원에서 종교 간의 대화에 대한 이상과 같은 인식은 오늘날 많은 종교인들이 이 모임에서 나눈 것과 같은 영적인 대화와 탐구에 대하여 지대한 관심을 기울이고 있는 것이 사실이다.

종교 간의 영적 대화를 통하여 영성에 대한 이해의 저변이 확대되었고 또한 세상의 온갖 문제들에 대한 인식이 깊이를 더해 갔다. 그리고 타종교인들과 힘을 합쳐 공경에 처한 사람들을 돕는 일에 앞장서게 된다는 사실에 공감했다. 그들은 타종교의 영적 전통에 속한 순례의 벗들이 정의와 평화에 대한 관심이 똑같은 것을 알 수 있었다.

힌두교는 집중적인 영성 수련이나 신적인 능력의 체험, 또는 엄격한 자제력과 수행과정을 통해 깨달음과 궁극적인 실재를 추구한다. 그리스도인은 이와 같은 영성 전통과의 지속적인 대화를 통하여 자신들의 영성에 새로움과 깊이를 더해 갔다.

레바논의 성 죠지(st. george) 정교회 수도원 출신인 칼릴 좀콜(Khalil Zomkhol)은 동방교회의 수도원과 이슬람교 사이의 영적인 놀라운 대화는 언제나 중심을 향하여 뻗어 나가는 '순환로'라고 말했다. 그 중심은 모든 종교를 초월하는 신을 향해 나갈 수 있는 왕도(王道)라는 것이다. 신의 영을 찾아 떠나는 순례의 길이다.

인간은 신의 형상대로 창조되었기 때문에 신은 모든 인류가 신이 거하시는 중심에서 알몸으로 친교를 나눌 수 있게 해 주신다. 이제 우리는 지구 마을의 한 마당에서 만나게 되었다.

1) 영성에 대한 좀 더 깊이 있는 이해[2]

이브즈 라귄(Yves Rabuin, SJ)

오랜 불교적인 명상 체험을 지닌 이브즈 라귄은, 다른 종교 전통들에서 취한 집중과 깨달음을 위한 수행 방법들로부터 그리스도교적인 영성수련에 커다란 도움을 받았다.

영성수련을 통한 체험은 불교 승려들이나 도교 신봉자들과의 대화가 아니라, 나 자신의 내부 깊숙한 곳에서 이루어지는'내적인 대화'라고 부르는 것에 바탕을 두고 있다.

라귄의 고백을 예로 들어 본다.

"저(라귄)는 힌두교에 대하여 어느 정도 공부하기는 했으나, 중국의 불교와 도교 그리고 유교가 저의 주요 연구 분야였습니다. 이것이 바로 제가 다른 어떤 영성보다도 불교와 도교의 영성을 잘 아는 까닭입니다. 저는 이와 같은 영성 전통의 깨달음과 정신집중 방법을 활용함으로써 그리스도교 영성을 좀 더 깊이 있게 이해할 수 있었습니다.

그리고 그러한 수행 방법들은 제가 지난 수세기 동안 경시되어 온 그리스도교 영성의 여러 측면들을 재발견하는데 많은 도움이 되었습니다. 그뿐 아니라, 저는 그러한 방법들을 사용하는 내적인 대화를 통해, 그리스도 안에서의 삶이 지닌 신비를 더욱 가까이 이해할 수 있었습니다.

몇 년 전에 저는 아빌라의 성 테레사(St. Teresa of Avila)와 동양의 신비주의에 관하여 마닐라의 산토 토마스 대학교에서 강의를 한 적이 있습니다. 처음에는 어떻게 강의를 구성해야 할지 막막했으나, 저는 곧 테레사의

---

2) 도시 아라이 편, 『종교간의 대화와 영성』, 이명권 역, (열린서원, 2000), pp.146-156 참조.

신비체험이 인간존재의 세 차원(몸과 혼과 영)에 관련된다는 사실을 깨닫게 되었습니다. 그녀는 몸과 혼의 구분에는 익숙해져 있었습니다. 하지만 그녀 안에 거하시는 하나님에 대한 신비체험을 설명하기 위해서는 다음과 같이 말할 수밖에 없었습니다.”

“혼은 물론 하나다. 하지만 혼의 중심은 성격이 전혀 다르기 때문에 영이라고 불러야 한다. 영이신 하나님은 바로 그곳에 거하신다.”

테레사에 관하여 공부하다가 다시 중국의 철학자들과 영적인 인물들의 사상을 훑어보던 저는, 중국의 3대 종교인 유교와 도교와 불교에서도 인간 존재가 언제나 세 차원으로 구분된다는 사실을 알게 되었습니다. 이 세 종교 전통은 몸과 마음을 같은 차원에 놓고 논의를 전개합니다. 하지만 우리를 초월의 세계로 인도하는 제3의 (그리고 훨씬 더 심오한) 차원은 그 명칭부터가 다릅니다.

유교에서는 그것을 인성(人性)이라고 부르고, 도교에서는 원초적인 호흡 또는 영이라고 부르며, 불교에서는 본성(本性)이라고 부릅니다. 유교 철학자 맹자(孟子)는 “지성(至誠)을 다하면 인성(人性)을 알 수 있고, 인성을 아는 것은 곧 하늘을 아는 것이다.”라고 말했습니다. 저에게는 이 문장이 가슴 속 깊이 와 닿았습니다. 인간이라는 존재가 무엇인지를 아는 사람은 하늘과 신을 알 수 있습니다. 우리의 인성은 신이 주신 선물이기 때문입니다.

도교에서도 똑같은 원리가 적용됩니다. 소위 ‘원초적인 호흡’은 만물의 생명의 근원입니다. 그리고 인간의 경우에는 그것이 ‘영’을 의미합니다. 영적인 차원에서는 우리가 도(道)와 하나가 될 수 있습니다. 불교에서는 우리의 본성이 모든 것의 절대적인 근본인 불성(佛性)과 같은 것이라고 가르칩니다. 이와 함께 저는 요가의 기법도 몸과 혼과 영의 3차원 구조를 바탕으로 하고 있다는 사실을 알게 되었습니다.

이처럼 동양의 종교들을 두루 공부하고 나서, 저는 다시금 우리의 그리스도교 인류학에 관심을 기울이기 시작했습니다. 그러자 곧, 바울의 영적인 체험 역시 비슷한 구조 안에서 묘사되고 있음을 알게 되었습니다. 그는 데살로니가 교회의 그리스도인들에게 다음과 같은 내용의 편지를 보냈습니다.

> "평강의 하나님이 친히 너희로 온전히 거룩하게 하시고, 또 너희 온 영과 혼과 몸이 우리 주 예수 그리스도 강림하실 때에 흠 없게 보전되기를 원하노라."(살전 5 : 23)

영성생활에서는 혼과 영, 또는 마음과 영을 구분하는 일이 매우 중요합니다. 이 같은 구분이 명확하지 않은 이상, 소위 영성생활이 무엇인지를 설명하기란 불가능에 가까운 일이기 때문입니다. 영은 혼(또는 마음)의 중심이자 가장 심오한 부분입니다. 영은 혼의 일부이면서도 그것과는 매우 다른 성격을 지니고 있습니다. 이와 같은 구분은 우리의 심리학적 체험보다는 하나님의 관점에서 보아야만 분명해질 수 있습니다.

한편 선(禪) 체험은 널리 알려져 있는 몇 가지 간단한 원리들을 바탕으로 하고 있습니다.

① 절대적인 실체와 하나가 되는 궁극적인 체험은 어떤 중재자를 통한 신과의 관계를 전제로 하지 않습니다. 그와 같은 체험은, 우리의 본성이 불성(佛性) 및 궁극적인 실제와 하나임을 깨달음으로써 이루어졌습니다.

② 우리 인간 존재의 가장 깊숙한 곳에 절대적으로 순수한 우리의 본성이 존재한다는 것을 알았습니다. 수도승이 참선을 하며 앉아 있는 까닭은, 자기 자신 안에 이 본성이 있다는 사실을 굳게 믿기 때문입니다.

③ 그와 같은 본성은 우리가 이해할 수도, 말이나 글로 묘사할 수도, 손을 내밀어 잡을 수도 없습니다. 우리는 단지 그것이 스스로 모습을 드러내어, 우리 인간 존재의 가장 깊숙한 곳에서 빛을 발하기를 기다릴 수 있을 뿐입니다. 진정한 깨달음에서 오는 이와 같은 상태를 우리의 노력으로 도달할 수는 없습니다. 왜냐하면 우리의 본성과 불성이 결코 다른 것이 아니기 때문입니다.

④ 깨달음을 얻기 위해서는, 우리의 본성에 대하여 순수한 심정으로 마음을 집중하여 참선을 행하는 것이 최선의 길입니다. 우리는 그것에 관하여 생각도, 상상도 할 수 없기 때문입니다. 이것이 바로 위대한 선사(禪師)들이 생각과 의존, 집착을 버려야만 진정한 깨달음에 도달할 수 있다고 가르친 까닭입니다. 그렇게 해서 진정으로 비워진 마음은 일종의 진공상태이기는 해도 결코 허무는 아닙니다. 선(禪)을 수행하는 사람은 마음의 진공상태를 통해 자신의 본성을 보게 됩니다.

저는 높은 곳에 계신 초월자 하나님을 찾는 대신 선 수련을 통해서, 저의 내면 깊숙한 곳으로 침잠하여 한 인간으로서 저의 본성을 찾는 쪽으로 방향을 바꾸었습니다. 하지만 그와 같은 본성이 하나님의 형상이라고 할진대, 저로서는 단지 그 형상이 저절로 저에게 모습을 드러내기를 기다릴 뿐입니다. 저는 아버지께서 당신의 영으로 나를 일깨워 주시지 않는 한, 그 분의 자녀로서 나의 진정한 모습을 볼 수 없다는 사실을 알고 있습니다. 따라서 저의 내면의 신비에 주의를 집중하는 법을 예수님에게서 배웠습니다.

저는 선의 명상 수행을 통해, 저의 내면의 신비 앞에서 순수하게 마음을 집중할 수 있게 되었습니다. 그때까지 저는 어떠한 생각으로도 저의 이 같은 내면의 신비를 깨달을 수 없었고, 어떠한 의지나 노력으로도 내 안에 계시는 신의 존재를 인식할 수 없었습니다.

실제로 제가 복음의 마지막 단계가 예수님을 따르거나 그 분의 삶을 본

받는 것이 아니라 우리 안에 거하시는 하나님에게서 생명력을 공급받는 것임을 깨닫기까지는 선 수련이 결정적인 도움이 되었습니다. 이와 아울러 저는 『무지(無知)의 구름』이라는 책을 통해, 예수님이 더 이상 명상의 대상이 아니라는 사실을 깨닫게 되었습니다. 그 분은 우리 안에 거하시면서, 오로지 무지(無知)를 통해서만 알 수 있는 신에게 우리의 마음과 사랑을 쏟을 수 있게 해 주시는 분입니다.

저는 또한, 예수께서 홀로 계실 때 기도하시던 방식이 선의 형태에 가깝다는 사실을 알게 되었습니다. 그 분은 전 생애를 통해, 단지 신과 동행하고 있다는 의식만을 갖고 계셨을 따름입니다. 그 분은 하나님 아버지와 더불어 '신성(神性)을 공유'하고 있다는 사실을, 그 분이 지니신 인간 본성의 깊숙한 곳에서 단지 의식하고(명상하신 것이 아니라) 계셨을 뿐입니다. 그래서 저는 감히, 선(禪) 수련이 내 안에 거하시는 신의 존재와 예수님의 기도 방식을 좀 더 깊이 있게 이해하는데 도움이 되었다고 말씀드릴 수 있는 것입니다.

도교 전통에서는 생명력이 매우 중요합니다. 원초적인 호흡을 통해 도(道)에서 오는 내적인 에너지는 우리 몸 안에서 순환하면서 각 지체에 생명력을 공급합니다. 도교의 대가(大家)는 망각 속에 고요히 앉을 것입니다.

이는 참선의 첫 단계로서, 내적인 체험에 초점을 맞추기 위해서 모든 외적인 것들을 잊는 것을 뜻합니다. 이렇게 참선을 행하는 사람이 내적인 체험에 몸과 마음을 집중할 때, 그 사람의 내적인 삶과 본성 그리고 영은 서서히 활력을 되찾아 갑니다.

그리고 내적인 에너지가 그 사람의 신체 각 부분을 순환하며 공급되는 동안, 그 사람은 충만한 생명력을 느끼게 됩니다. 결국 이와 같은 체험이 깊이를 더해 가면서, 그 사람은 모든 생명의 근원인 도(道) 그 자체를 인식하게 됩니다.

저는 이러한 명상법으로 수행을 계속해 나가는 동안, 『요한복음』에 기록된 '생명'이라는 말의 의미를 이해하게 되었습니다. 처음부터 요한은 '하나님의 말씀이 만물의 생명의 근원'이라고 말하고 있습니다. 저의 내부에서 육체적인 생명이 충만해지는 것을 자각하면서, 저는 훨씬 더 심오한 생명, 심리학적인 차원의 마음의 생명 그리고 하나님으로부터 흘러오는 영적인 생명에 마음 문을 활짝 열 수 있었습니다. 이것이 바로 제가 '충만의 길'이라고 부르는 방법입니다.

명상법으로는 가장 쉬운 편에 속하는 이 방법은 우리로 하여금 우리 자신 및 모든 피조물과의 심오한 조화감을 느낄 수 있게 해 줍니다. 그럴 때 우리는 신의 정기(精氣)로 가득한(그리고 그 분의 사랑과 자비로 충만한) 우주의 일부임을 진정으로 자각하게 됩니다.

하지만 저는 불교와 도교의 가르침에 따라 수행을 계속해 나가던 중, 저의 마음 속에 찾아온 충만한 평화와 기쁨이 오히려 제가 신과 하나가 되는 일에 장애물이 될 수도 있다는 생각이 들었습니다. 이때 저는 도교나 불교의 현자들로부터, 신이 거하시는 차원과 동등한 영적 차원에 도달하기 위해서는 반드시 마음을 비워야만 한다는 것을 배울 수 있었습니다.

그 이후로도 저는 타종교의 여러 현자들의 가르침을 통해, 그리스도인으로서 살아가면서 자기 자신에 대하여 죽는다는 것이 무엇을 의미하는지를 조금 더 분명하게 이해할 수 있게 되었습니다. 자기 자신 안에 영이 살아 있기를 원하는 사람은 반드시 자기의 마음을 비워야 합니다.

하지만 그리스도교인들 가운데에는 이 같은 수행법을 받아들이려고 하지 않는 사람들이 많습니다. 그런 사람들은 참선이 불교 특유의 수행 방법이며 도교의 명상법이 그리스도교화 될 수는 없다고 주장합니다. 하지만 그들은 예수님께서 어떠한 수행법도 가르치시지 않으셨으므로 그리스도교 나름대로의 수행법이 존재하지 않는다는 사실을 잊고 있는 것입니다.

각종 수행법은 몸과 마음의 차원에 속합니다. 우리는 각자가 원하는 대로 기존의 방법에 수정을 가할 수도 있고, 새로운 방법을 개발해 낼 수도 있습니다. 그 뿐 아니라, 어떤 수행법도 특정 종교집단의 전유물이 될 수는 없습니다. 예를 들어 그리스도교인도 단지 믿음의 대상이 다를 뿐, 불교의 수도승과 똑같은 자세로 가부좌를 틀고 앉아 그와 똑같이 호흡할 수 있습니다.

불교를 신봉하는 저의 벗들이 참선을 행하는 목적은 불교적인 깨달음을 이루기 위함입니다. 그리스도교인으로서 저도 그들처럼 앉아 호흡을 하지만, 그 목적은 어디까지나 신에 대한 깨달음입니다. 결국 그 차이는 심리학적 방법이 아니라, 각자의 믿음에서 오는 목적에 있다고 할 수 있습니다. 저의 경우, 그 깨달음은 저 자신에게 달려 있지 않고 신의 은총의 선물로서 받아들여지는 것입니다. 한편, 불교를 신봉하는 저의 벗들의 경우에도, 그들의 깨달음이 자신들이 노력한 결과가 아니라, 초월적인 불성 -그들의 본성- 으로부터 오는 선물입니다.

우리는 그리스도교의 처음 몇 세기 동안 수도승이나 고행자들에 의해 사용된 수행 방법들이, 대부분 타종교에서 빌려온 것임을 역사를 통해 알고 있습니다. 그리고 그러한 방법들 가운데에는 인도에서 전래한 것들도 상당 부분을 차지합니다. 그리스도교의 역사 초기에 이집트의 은자들 가운데에서 첫 선을 보였던 소위 '예수기도' (Jesus prayer)가 바로 거기에 해당됩니다. 반복을 위주로 한 이 기도법은, 우리 안에 거하시는 예수님을 영적으로 체험할 수 있게 해 주는 매우 효과적인 방법입니다.

한편 영적인 차원에서 이루어지는 대화는 근본적인 성격을 띠고 있습니다. 신학적인 사고는 지적인 차원에 머물기가 쉽습니다. 하지만 영적인 체험은 일상적 삶 속에 구체적으로 반영되게 마련이며, 결코 교리적인 차원에 머물 수만은 없습니다.

  그렇기 때문에 타종교의 영성생활을 위한 방법들을 어떻게 사용할 것인
지의 문제가 매우 중요한 것입니다. 우리의 궁극적인 목표는 나의 신앙을
좀더 폭넓고 깊이 있게 이해하는 것이 되어야 합니다. 그래야만 우리가 신
의 아들로 인식할 계기가 훨씬 더 확장될 것이기 때문입니다.

2) 그리스도교와 불교와의 영성 대화 : 침묵의 소리3)

마이클 코모(Michael Como)

저는 연합감리교회 소속으로, 고등학교를 졸업하기까지 주일 예배에는 물론이려니와 학생 예배에도 착실히 출석하곤 했습니다. 대학에 입학하고 나서 첫 학기에 노자(老子)의 도덕경(道德經)을 읽으면서부터 저의 종교관에 커다란 변화가 일어나기 시작했습니다. 저는 이 책의 내용을 대부분 이해할 수 없었음에도 불구하고, 거기서 제가 받은 영향은 가히 충격적이라고 할 만한 것이었습니다.

그래서 아시아의 종교에 관하여 제가 배울 수 있는 것이라면 무엇이든지 배워보리라고 결심했습니다. 처음에는 인도 불교에 이어서 중국과 일본의 불교가 저의 관심을 끌었습니다. 지금까지 귀에 못이 박히도록 들어 왔던 하나님과 영혼에 관한 말들 대신, 무아(無我), 무상(無常), 연기(緣起) 같은 불교 용어들이 저의 머리 속을 가득 채워 버리게 되었습니다. 그러면서 저는 저 자신의 지적인 체계를 포기하지 않고서도 얼마든지 인간의 영혼이라든지 하나님을 믿는 방법에 관한 철학적 기초를 발견할 수 있었습니다.

그때부터 저의 명상생활이 새롭게 시작되었습니다. 당시에는 명상에 대한 저의 이해가 그다지 깊지 못했기 때문에, 저는 그것을 단지 몸의 긴장을 풀거나 마음을 훈련하는 방법들 가운데 하나로 생각하고 있었을 뿐입니다. 하지만 명상이 결코 거기서 그치지 않는다는 사실을 점차로 깨달아가기 시작했습니다. 저는 그때까지만 해도 오로지 책을 통해서만 알게 되었던 영적인 삶을, 이제는 직접 체험해 보리라는 결심을 하기에 이르렀습니다.

---

3) 도시 아라이 편, 『종교간의 대화와 영성』, 이명권 역, (열린서원, 2000), pp.17-25 참조.

제가 대학교 3학년 과정을 마친 어느 여름, 드디어 기회가 왔습니다. 졸업논문을 쓰기 위해 일본 오바마에 있는 호스신지 선불교 사원에 3개월 동안 머문 것이 바로 그것이었습니다.

그 사원에서 제가 발견한 것은, 생각과 삶 사이의 괴리가 거의 없는 사람들의 공동체였습니다. 어느 수도승은 "보여 달라!"는 말로, 선(禪)이 추구하는 삶의 방식을 극적으로 묘사했습니다. 이 말을 다르게 표현하자면, "너의 수행의 핵심이 무엇이고, 지금까지 무엇을 공부했으며, 붓다의 깨달음이 무엇인지를 보여 달라!"는 것입니다. 그 수도승은 만약에 지금까지 우리가 공부해 온 것들과 받은 축복들이 일상적인 삶의 구체적인 활동과 일치하지 않을 경우, 그 모든 것들이 전혀 무의미한 것이 되고 만다는 말을 했습니다. 어느 선사(禪師)의 말대로, "이 몸이 바로 부처로다!"라는 것입니다.

저는 이러한 삶의 방식의 중심으로 급속히 빨려 들어갔습니다. 제가 그 사원에 도착하고 나서 사흘이 지나자 1주일 간의 참선 -집중적인 명상과 완전한 침묵- 이 시작되었습니다. 처음 며칠간 저에게 덮쳐 왔던 두려움과 다리의 통증을 저는 아직도 생생하게 기억하고 있습니다. 하지만 저는 곧 참선이 얼마나 좋은 것인지를 깨닫게 되었습니다. 물론 쉽지는 않았습니다. 하지만 저는 바로 그것이야말로 제가 그토록 오랫동안 동경해 왔던 수행의 길임을 분명히 깨닫게 되었습니다. 그 한 주간은 성취감과 깨달음 속에 지나갔습니다.

그때 저는 날마다 수도승들과 선방(禪房)에 앉아, 벽면에 그려진 한 점을 응시하며 명상에 잠기곤 했습니다. 그럴 때마다 아름답고 놀랍도록 청정(清淨)한 기운이 저를 감싸곤 했습니다. 저는 움직일 필요가 -심지어 생각할 필요조차- 없었고, 단지 저의 호흡에 마음을 집중하고 있었습니다. 아마도 저의 생애 처음으로, 저의 존재 전부를 던져 가장 근원적인 삶의 중심에 접근했던 것 같습니다.

날마다 그렇게 열세 시간씩 앉아서 명상에 잠겨 있는 동안, 이미 오래 전에 망각되었던 기억과 생각과 감정들이 저의 내부에서 되살아나는 것을 느낄 수 있었습니다. 그 때 저는 마치 정신분열증 환자가 된 것 같은 느낌이었습니다. 저의 마음 속에서 분노와 향수 그리고 불안감이 들끓어 오를 때마다, 수도승들은 저의 마음 속에 일어나는 모든 것들을 그냥 그대로 받아들이라고 충고해 주었습니다. 그 한 주일 동안 저는 차라리 겪지 않았으면 좋았음직한 정신저인 체험을 할 수밖에 없었습니다. 하지만 결국에는 제가 도망갈 곳이 전혀 없다는 사실을 깨닫게 되었고, 그 모든 것들을 받아들이기에 이르렀습니다.

저는 이와 같은 체험을 통해, 전에는 단지 상상만 할 수 있었을 뿐인 많은 것들(특히 '완전한 자유')을 피부로 느낄 수 있었습니다. 명상 시간이 끝날 때마다 저의 마음은 항상 '텅 빈 상태'가 되어, 무엇이든 받아들일 준비가 되어 있었습니다. 저는 오직 저의 주변에 있는 모든 것들에 귀를 기울이며, 그것들을 기쁜 마음으로 받아들이려고 했습니다. 그러자 마치 제 안에 있었던 수많은 장애물들이 일시에 제거되고 처음으로 모든 사물들과 직접적인 관계를 맺을 수 있게 된 것 같은 느낌이 들었습니다.

그 사원에서 보낸 나머지 시간 동안, 저는 참선 기간 중에 깨닫고 느낀 것들에 폭과 깊이를 더할 수 있었습니다. 수도승들은 선 수행이 결코 선방에서만 이루어지는 일이 아니라는 것을 강조했습니다. 그것은 매일 매일의 새로운 순간들과 모든 활동에 초점이 맞추어져야 하며, 그것들을 통해서 표현되어야 한다는 것이었습니다. 아마도 저의 생애 처음으로, 저는 제가 하는 모든 일들에 대하여 진정으로 마음을 쏟으려고 노력했던 것 같습니다.

저에게는 매 순간이 중요하게 느껴졌고, 매 순간마다 '새로운 출발'을 하는 것 같았습니다. 마당을 쓸고 목욕을 하며, 서로 인사를 나누는 등의 단순한 행위들이 그처럼 아름답게 느껴진 적이 없었습니다. 그 사원에서 보낸 시간 가운데 무의미하게 보낸 시간은 거의 없었고 모든 것들이 충만하게 보였으며, 심지어 평범하기 이를 데 없는 일들조차도 매우 특별하게 보였습니다.

그 사원에서의 생활은 저에게 또 다른, 제가 전혀 기대하지도 않았던 영향을 미쳤습니다. 제가 갖고 있던 그리스도교의 유산에 대한 관심이 고조되기 시작한 것입니다. 어느 수도승에게서 토마스 머튼(Thomas Merton)의 『행동하는 세계 속에서의 명상』(Contemplation in a World of Action)이라는 책 한 권을 빌려 본 것이 그 계기가 되었습니다.

그 책은 저에게 깊은 감명을 주었을 뿐 아니라, 호스신지에서 제가 보고 느낀 것들이 그리스도교 수도원 전통과 과연 어떻게 관련되는지 생각해 보게 만들었습니다. 마침내 저는 호스신지 수도승들의 명상과 노동이 매우 그리스도교적이라는 결론에 도달했습니다. 그들의 삶은 우리가 그리스도교인의 명상생활이 어떠하여야 하는지를 조금 더 깊이 있게 탐구하는데 많은 도움이 되리라고 믿습니다.

그리스도교적인 삶에 대한 저의 관심은 제가 미국으로 돌아온 뒤에 더욱 깊어졌습니다. 하지만 그 사원에서의 삶을 염두에 둔 채 미국사회에 재적응하는 과정이 그리 쉽지만은 않았습니다. 저는 마치 갈등과 폭력만이 들끓는 아수라장에 떨어진 듯한 느낌이었습니다.

호스신지에서 제가 배우고 느낀 것들은, 미국사회에 제가 적응해 온 방식과는 너무나도 딴판이었기 때문입니다. 저는 그와 같은 내부의 갈등이, 오로지 저 자신이 그리스도교적인 뿌리에 접목되어야만 해소될 수 있으리라는 생각이 들었습니다. 그래서 저는 하버드 대학교를 졸업하자마자, 프랑스에 있는 개신교 계통의 수도원인 '떼제 공동체'를 찾아가 3개월 동안 그들과 함께 생활하기로 작정했습니다.

떼제 공동체 (The Taize Community)는 한 마디로, 기도하는 공동체였습니다. 그때까지 저는 진정으로 기도해 본 적이 별로 없었습니다. 저 자신으로부터 존재론적으로 분리된 하나님과 제가 살고 있는 이 세상을 받아들이기 어려웠기 때문입니다. 하지만 호스신지에서의 체험 이후, 그와 같은 분열 상태를 저로서는 도저히 참아낼 수 없었습니다.

그러면서도 저 자신으로부터 너무나 멀리 떨어져 계신 것처럼 느껴지는 하나님께 마음문을 열 수 없었습니다. 하지만 떼제 공동체에서는 이해보다는 기도가 우선이었습니다. 단지 그들과 함께 하나님을 찬양하면서 생활한다는 것만으로도, 제가 하나님과 분명한 관계를 맺고 있다는 확신을 갖기에 충분했습니다.

그러한 확신은 제가 어느 형제의 인도로 1주일 동안 침묵의 시간을 가지면서 더욱 깊어졌습니다. 하루하루 기도와 명상의 시간을 보내며, 저는 저에게 할당된 성경 말씀들을 실천에 옮기고자 노력했습니다. 저는 그 말씀들의 참된 의미에 '일치하는 삶'을 살아가면서, "보여 달라!"고 하는 사람들에게 자신 있게 답변할 수 있게 되기를 원했습니다.

저의 떼제 공동체 체류 중 가장 중요한 사건이 일어났습니다. 제가 그곳에 있는 중세 풍의 어느 고색창연한 교회에서 기도하고 있을 때, 그 공동체의 구성원인 어느 자매가 들어와 함께 기도하기 시작했습니다. 바로 그 순산이었습니다. 갑자기 저는, 마치 호스신지의 수도사들이 우리 모두의 내부에 붓다가 있다고 주장했듯이, 제 곁에 앉은 그 자매의 내부에 하나님이 있음을 깨닫게 되었습니다.

이 세상 안에서, 그리고 저 자신의 삶 가운데에서 하나님과 참된 그리스도인의 삶을 발견할 수 있다는 사실을 깨닫고 나서부터 떼제 공동체에서의 저의 삶은 완전히 변화되었습니다. 갑자기 주위 사람들에게서 성경에 기록된 사건들이 단순한 윤리적 가르침이나 신학적 진술이 아니라 제가 일상생활을 통해 참여할 수 있는 현실로 느껴지기 시작했습니다.

지금 저는 일본 북부 히라이주미라는 한 작은 마을의 중학교 선생으로 조용하게 살고 있습니다. 이곳에서의 생활은 평온하기 그지없습니다. 저에게는 지난 몇 년 동안 제가 체험했던 영적인 사건들을 소화하면서, 그것들을 세속적인 사회에서의 체험들과 융합시킬 수 있는 기회가 필요했습니다. 바로 히라이주미에서 이와 같은 기회가 저에게 주어졌습니다. 그 마을에 도착한 저는, 우선 어느 스님의 가족과 함께 6개월 동안 생활했습니다. 그 기간 동안 저는 아침마다 염불을 했고, 저녁에는 십자가와 마리아 상(像) 앞에서 기도를 했습니다.

비록 지금은 저의 집에서 살고 있지만, 여전히 일본식 제단 앞에서 날마다 기도하고 있습니다. 그 위에는 예수님과 마리아의 상과 함께 불상 하나가 놓여 있습니다. 때때로 저는 전혀 새로운 예배 방식을 시도해 보곤 합니다. 지난 봄에는 저 유명한 시코쿠 순례에 참여했고, 지난 가을에는 나라와 이세에 있는 사원들과 신당들을 찾아가기도 했습니다. 이러한 체험들은 저의 영적인 삶을 더욱 풍요롭게 해 주었습니다. 수많은 순례자들이 걸었던 길을 걸으며 그리고 수 백 년의 전통을 지닌 여러 사원에서 참배하면서, 저는 전혀 새로운 느낌을 느낄 수 있었습니다. 그럼에도 불구하고 9천 명의 농부들이 살고 있는 작은 마을 히라이주미에서의 조촐한 일상생활이 저의 삶의 중심부를 차지하고 있습니다. 그 마을에는 아직도 교회가 없습니다. 하지만 저는 마을사람들에게서 인간 공동체와 사랑에 관하여 많은 것들을 배우고 있습니다.

저는 이 순간 제가 있어야 할 곳에 있다는 사실을 알고 있으며, 때가 오면 제가 가야 할 곳에 가게 되리라고 믿고 있습니다. 저에게는 단지 그것으로 족합니다. 지금으로서는 호스신지 수도승들의 공동체 생활과 떼제공동

체의 기도생활에 참여한 이후로 제가 깨닫게 되었던 삶의 진실에 감사할
뿐입니다.

3) 새로운 영성 세계의 발견[4]

메리 오드리스콜(Mary O Driscoll)

아일랜드 출신인 저는 십대 시절에도 타종교나 타종교를 믿는 사람들과의 접촉이 전혀 없었습니다. 그리고 아일랜드에 소수의 유대인 공동체가 있었음에도 불구하고 그들과의 접촉을 시도한 적도 없습니다. 더구나 불교도, 힌두교도, 이슬람교도라는 말이 저에게는 거의 생소한 단어처럼 들리곤 했습니다.

제가 처음으로 타종교에 접하게 된 것은 도미니코 종단 소속 선교사로 남아프리카에 파송되었을 때입니다. 그 곳에서 저는 흑인들 및 이슬람교도들과 밀접한 관계 속에서 함께 일했습니다. 하지만 그들은 자신들의 종교 세계에 깊숙이 파묻혀 살아가면서 그리스도교 신앙을 받아들이려고 하지 않았습니다. 저는 15년을 아프리카에서 지내면서 그곳의 타종교인들과의 접촉을 통해 많은 것을 배울 수 있었습니다. 그리고 그것은 지금까지도 저의 영성을 풍요롭게 해 주는 중요한 원천이 되고 있습니다.

제가 남아프리카를 떠난 1975년 이후로 다행스럽게도 영성과 에큐메니칼 운동 분야에서 일하면서 세계 곳곳을 찾아다니며 타종교인들을 다양하게 만날 수 있었습니다. 저는 그들을 만날 때마다 많은 교훈과 도움을 받을 수 있었으며 그러한 종류의 종교간 대화와 접촉은 어떠한 형태로든 저의 영성에 자양분 역할을 했습니다. 예를 들어 터키와 인도네시아와 아프리카의 이슬람교도들 그리고 태국과 인도네시아와 미국의 불교도들과의 만남이 바로 그것이었습니다.

그러므로 저는 이제 이 글의 중심주제인 어떻게 우리는 타종교의 수행 방법을 그리스도교의 영성 수련에 적용할 수 있겠는가 라는 문제에 접근

---

4) 도시 아라이 편, 『종교간의 대화와 영성』, 이명권 역, (열린서원, 2000), pp.110-121 참조.

해 보도록 하겠습니다.

첫째, 저는 불교에 대한 저의 지식과 체험이 저의 기도생활에 엄청난 영향을 미쳤다는 사실을 밝히고자 합니다. 저에게는 반 연화좌 자세야말로 마음을 가라앉히고 기도를 시작할 수 있는 가장 적합한 자세라고 할 수 있습니다.

일단 이 자세를 취하고 나면 저는 저의 몸과 육체적 감각, 현재 제가 느끼는 감정, 그리고 저의 마음 속에 떠오르는 각종 상념들을 지켜보면서 저의 내면 깊숙한 곳으로 침잠해 들어가려고 노력합니다. 저는 그것들 가운데 그 어느 것도 조종하거나 판단할 생각을 하지 않습니다. 저는 단지 그것들과 함께 머물면서 이 순간의 저라는 존재의 일부임을 자각할 뿐입니다. 저는 불교적인 자세 뿐만 아니라 현재 이 순간을 충실하게 살아 나가는 불교의 명상기법이 융합된 이 방법이야말로 기도를 준비한다는 입장에서는 저에게 가장 걸 맞는 평온한 방법임을 깨닫게 되었습니다. 이 방법은 제가 저의 내면 가장 깊숙한 곳까지 도달함으로써 제 안에 계신 하나님을 인식하는 데에 많은 도움을 주고 있습니다.

시에나의 캐더린은 자신의 내면 깊숙한 곳으로 들어가 자기 존재의 근원에서 하나님을 발견하는 일을 우물을 파는 과정에 비유하고 있습니다. 그녀는 마치 우리가 우물을 팔 때 땅 속에 흐르는 지하수에 도달하기 위해서는 많은 흙을 파헤쳐야 하듯이 우리의 내면 가장 깊숙한 곳에서 하나님 안에 있는 우리의 진정한 자아에 도달하기 위해서는 거짓 자아(분열과 위선 투성이)라는 흙을 철저히 제거하여야 한다고 합니다. 이처럼 생명수가 있는 곳(제 안에 계신 하나님)까지 우물을 파헤쳐 들어가는 방법이 바로 제가 원하는 방법입니다. 이 방법에는 '관계' 요인이 개입된다는 점에서 불교의 참선과는 분명히 다른 면이 있습니다. 그럼에도 불구하고 근본 원리 면에서는 두 방법이 많은 공통점을 지니고 있습니다.

캐더린은 우리가 하나님 안에 있는 우리의 참된 자아에 도달할 경우에는 우리가 아무것도 아니라는 사실을 깨닫게 된다고 가르칩니다(실제로 그녀는 "너는 아무것도 아닌 존재다"라는 하나님의 음성을 듣곤 합니다). 이와 같은 가르침은 불교가 강조하는 무아(無我)의 개념과 크게 다를 바가 없습니다. 불교도들은 내면의 신을 찾는 일이나 사명자로 부르심을 받는 일에 관하여 말하지 않습니다. 하지만 그들도 내면의 부처를 찾거나 부처가 되기 위한 부르심을 받는 일에 관하여는 이야기합니다.

우리의 마음속에 부처가 있으며 내면의 부처가 진정한 부처다. 마음 속에서 부처를 찾지 않으면 과연 어디에서 진정한 부처를 만날 수 있겠는가? 부처가 네 마음 속에 있음을 의심치 말라. 마음을 떠나서는 아무것도 존재할 수 없다.

궁극적으로는 우리와 우리 내면의 부처가 하나임을 설파하는 이상과 같은 불교 경전의 가르침은 우리 그리스도교인들이 우리 안에 거하시는 하나님(요. 14:23)에 관하여 이야기하는 것이나 예수님을 닮아 갈 뿐만 아니라 그분과 한 몸이 되어야 한다는(갈. 2:20, 3:27) 성경의 가르침과 매우 비슷합니다. 최근에 저는 매우 현실적인 차원에서 이와 같은 불교의 가르침에 접할 기회가 있었습니다. 저는 불교 교리에 대하여 일종의 현대화 작업이 진행 중인 방콕 근교의 산티 아소케라는 불교 공동체를 방문하고 있었습니다. 그 곳에서는 아무리 주위를 둘러보아도 불상을 전혀 찾아볼 수 없었습니다. 제가 그 까닭을 물은 즉 사원이나 암자에서 불상을 제거하는 것이 승려들을 비롯하여 그곳에 사는 모든 사람들이 내면의 부처를 찾는 일에 도움이 된다는 대답이었습니다. 이 체험은 제가 "그런 즉 이제는 내가 산 것이 아니요 오직 내 안에 예수께서 사신 것이라"(갈 2:20)는 사도 바울의 선언을 저의 삶 속에서 구현해 나가는 일에 많은 도움이 되었습니다.

그리스도교인으로서 우리는 명상적인 기도를 위해서는 마음이 고요하게 갈아 앉아야 한다는 사실을 잘 알고 있습니다. 저는 불교의 명상 수행법으로부터 마음의 고요함이 얼마나 중요한 것인지에 관하여 많은 것을 배울 수 있었습니다. 그 방법은 수행자로 하여금 평온하면서도 분명한 의식을 가지고 고요하고 청정한 마음의 상태를 유지할 수 있게 해 줍니다. 저같은 그리스도교인에게는 그와 같은 상태가 하나님께 대하여 마음 문이 활짝 열린 상태에 해당될 것입니다. 저는 에크하르트가 내면의 고요함이 얼마나 중요한지를 강조하기 위해서 인용하곤 했던 『지혜서』18:14의 다음과 같은 문구에서 많은 감명을 받았습니다.

"만물이 아직도 한밤의 부드러운 고요에 감싸여 있을 때 너의 전능하신 말씀이 하늘에서 내려 오셨다".

에크하르트는 내면의 고요함을 '잠재적인 수용성'이라는 말로 묘사하고 있으며 아마도 이에 대하여는 불교도들도 쉽사리 동의하리라 생각됩니다.

여기서 저는 마음을 고요하게 가라앉히기 위해서 제가 종종 사용하는 방법을 소개코자 합니다. 그것은 소위 정적(靜寂)의 사원이라 불리는 방법으로서 다음과 같은 단계들을 거치며 진행됩니다. 우선 푸른 초목으로 뒤덮인 작은 동산을 머리 속에 그리십시오. 그 가운데로 난 오솔길은 동산 꼭대기에 있는 '정적의 사원' 쪽으로 나 있습니다. 그 사원에 당신의 고상하게 빛나는 의식을 쏟아 부으십시오. 이제는 천천히 동산 꼭대기에 올라 사원 입구에 다가가십시오. '정적의 사원'은 그 기원(起源)을 알 수 없는 끝없는 침묵에 잠겨 있습니다.…

당신은 이제 사원 안으로 들어갑니다. 고요하고 평온한 분위기가 당신을 포근히 감싸줍니다. 당신은 그 침묵 속으로 발길을 옮겨 놓습니다.… 당신의 눈 앞에 크고 빛나는 둥근 지붕이 나타납니다. 거기서 나는 광채에는 태양 빛의 반사와 내부로부터 흘러나오는 빛이 결합되어 있습니다. 빛나는 침묵 속으로 들어 가 거기에 흡수되어 버린다고 상상하십시오. 그 침묵 속에 깊숙이 침잠하십시오. 그리고 그것이 당신의 혈관을 타고 흐르면서 세포 하나 하나에 스며든다고 상상하십시오. 침묵에 귀를 기울이며 그 안에 머무십시오.

제가 마음을 고요하게 갈아 앉힐 필요가 있을 때마다 도움을 주곤 하는 이 명상법은 제가 인도네시아의 어느 불교 사원에 잠시 머문 이후로 그 중요성을 더욱 절실하게 느끼게 되었습니다. 자바 중부 요기 아카르타에 있는 이 사원은 제가 지금까지 본 것들 중에 가장 소박한 사원이었습니다. 하지만 그 사원을 온통 에워싼 정적의 분위기는 저의 존재 가장 깊숙한 곳을 꿰뚫으면서 저를 감싸 어루만지며 빨아들이는 듯한 느낌이 들었습니다. 제가 그 사원을 떠나고 나서도 오랫동안 그곳의 정적이 저를 떠나가지 않았습니다. 지금은 제가 기도를 위한 준비 단계로 앞서 말씀드린 명상법을 사용할 때마다 자바 중부의 저 작고 고요한 사원이 저의 마음 속에 떠올라 저를 평온하고 고요한 분위기 속으로 데려다 주곤 합니다.

이슬람교 역시 저의 기도생활에 많은 도움이 되었습니다. 제가 이슬람교에서 얻은 가장 중요한 교훈은 항상 하나님의 임재 속에서 살아가는 것도 중요하지만 하루 중 특정시간을 할애하여 하나님 앞에 나아갈 필요가 있다는 것입니다. 이 같은 종교 관행을 어김없이 준수하는 이슬람교도들의 신실성은 언제나 저에게 깊은 감명을 느끼게 해줍니다. 인도네시아를 비롯한 이슬람교 국가들에는 심지어 식당이나 술집에도 기도실이 있어서 정해진 시간에 알라 신에게 기도할 수 있게 되어 있습니다. 마치 제가 제 안에 계신 하나님을 향해 기도하듯이 이슬람교도들은 메카를 향해 기도합니다. 저는 이슬람교의 신비주의를 연구하는 과정에서 수피즘(Sufism)과 그리스도교 신비주의 사이의 수많은 공통점들을 발견할 수 있었습니다. 수피즘은 그리스도교 신비주의자들이 말하는 것과 똑같은 주제(사랑 안에서 자신의 존재를 하나님께 온전히 바치는 것)를 매우 아름답게 표현하고

있습니다. 저는 수피 경전들을 읽을 때마다 마음이 평온해짐은 물론이려
니와 사랑의 하나님께 좀더 온전하게 헌신할 수 있는 길이 무엇인지를 진
지한 자세로 생각해 보곤 합니다.

이번에는 '땅의 영성'이라 호칭(呼稱)해야 마땅한 아프리카의 종교에
관하여 말씀드리도록 하겠습니다. 그것은 저에게 저와 하나님의 만남이
다른 어떤 곳도 아닌 바로 이 땅 위에서 이루어져야 한다는 사실을 일깨워
주곤 합니다. 이는 아프리카인이 말하듯이 아프리카의 영성은 '혈(血)과
육(肉)의 영성'입니다. 이것이 바로 그리스도교의 성육신 교리에 해당됨은
물론입니다.

제가 타종교를 신봉하는 사람들 및 그들의 종교 관행으로부터 풍성한
자양분을 얻을 수 있었던 분야는 오로지 그리스도교적인 영성을 전제로
한 기도생활 분야뿐만이 아니었습니다. 몇 년 전 저는 어느 독실한 이슬람
교도와 장시간에 걸쳐 대화를 나누는 가운데 이슬람교도들이 연간 수입의
10분의 1을 가난한 사람들을 위해 쓴다는 사실을 알게 되었습니다. 그들
은 궁핍한 사람들에게 어떠한 도움을 주든지 간에 자신이 속한 지역에서
누가 어려움에 처해 있는지 알아 본 다음 아무런 생색도 내지 않고 비밀리
에 자선을 베푼다고 합니다. 그 이후로 제가 속한 공동체는 이 같은 이슬람
교의 관행을 가난한 사람들에 대하여 우리가 행하는 자선 행위의 표준으
로 삼아 왔습니다.

최근에 남아프리카에서는 저와 같은 도미니코 종단 소속의 수녀 한 분
이 독방에 감금된 적이 있습니다. 어느 흑인 소년이 단지 흑인이라는 이유
만으로 경찰관에게 얻어맞고 있는 현장을 목격한 그녀가 경찰관의 구타행
위를 말리려고 했다는 단 한 가지 이유 때문이었습니다. 졸지에 그녀는 남
아프리카의 감옥에서 신음하고 있는 수백 명의 정치범들 가운데 하나가
된 것입니다. 만약에 그녀가 감금되고 나서 몇 주 후 이 사건의 부당성을

알게 된 이슬람교도 변호사들이 무료로 법정투쟁을 벌여주지 않았더라면 그녀 역시 여러 해 동안 감옥살이를 할 수밖에 없었을 것입니다.

남아프리카에서는 이슬람교도들이 비(非)백인으로 분류됩니다. 따라서 그들은 남아프리카의 인종 차별 정책에 의거하여 2류 시민으로 간주됩니다. 그러므로 이 이슬람교도 변호사들이 백인 판사 앞에서 백인 여인을 보호하려고 한 것은 실로 영웅적인 행동이 아닐 수 없었습니다. 결국 여러 가지 불리한 여건 속에서도 재판 결과는 그들의 승소로 끝나고 클레어 수녀는 석방되기에 이릅니다. 이와 같이 이슬람교도들이 보여 준 영웅적인 행위는 저를 비롯하여 우리의 공동체 전체에 커다란 영향을 미쳤습니다. 그리고 남아프리카 뿐만 아니라 세계 여러 곳에서 벌어지고 있는 정의를 위한 투쟁에서 인종과 종교의 장벽을 초월하여 희생을 감수할 줄 아는 담대한 마음을 키워 주었습니다.

불교가 가르치는 고통 받는 모든 중생에 대한 자비는 저 자신의 자선 행위를 하찮게 보이게 할 정도로 심오하고도 무차별적입니다. 저는 불교인들과 접촉하여 그들의 종교관행을 관찰해 나가는 과정에서 저 자신과 얼마나 다르건 간에 사람들에 대하여 훨씬 더 관용스러운 태도를 취할 수 있게 되었습니다.

아마도 저의 그리스도교적인 영성이 타종교의 영성에 의해 가장 큰 영향을 받은 분야는 복음서에서도 강조되고 있는 무소유(無所有)의 이념일 것입니다. 불교 수행의 가르침은 재물에 대한 집착과 소유욕을 버려야만 참된 깨달음에 도달할 수 있다는 사실을 강조합니다. 그러므로 분에 넘치는 축재욕(蓄財欲)이나 인간을 파멸로 이끌어 가는 탐욕에 대하여 매우 훌륭한 처방이 될 수 있습니다. 나아가 그 가르침은 물질에 대한 집착이야말로 열반에 이르는 길을 가로막는 가장 큰 장애물임을 강조합니다. 물론 이 모든 것들은 복음서에 기록된 예수님의 가르침과 일치합니다. 우리는 물질에서 행복을 찾으려고 하는 마음이나 소유욕을 버리고 기본적인 욕구의 충족으로 만족하려는 권면의 말씀을 성경 도처에서 발견할 수 있습니다.(마. 6:19-34, 눅. 10:41-42, 12:16-21 참조)

제가 방콕 외곽의 산티 아소케 불교 공동체를 방문했을 때 가장 인상 깊었던 점은 승려들 뿐만 아니라 그 공동체의 모든 구성원들(그 공동체의 일원이었던 방콕의 고위 공직자 한 사람을 포함하여)이 지극히 소박한 삶을 살아가고 있다는 사실이었습니다. 그들은 자신들의 소유를 누구에게나 아낌없이 나누어 줄 줄 아는 사람들입니다. 그들이 가족들과 함께 또는 혼자서 생활하는 오두막집은 작고 보잘 것 없으며 가재도구도 단출하기 이를 데 없습니다. 공동으로 명상 수행을 하는 장소도 커다란 사원이 아니라 지붕만 있는 창고처럼 생긴 건물입니다. 그들은 하루에 한 끼씩만 그것도 아주 소박하게 식사를 합니다. 하지만 남녀노소를 불문하고 언제나 기쁨에 넘쳐 있는 모습이 매우 인상적이었습니다. 이 모든 것들은 저로 하여금 『사도행전』에 묘사된 초대교회 그리스인들이 살아가는 모습을 연상케 했으며 (2:44-47, 4:34-35), 소박한 삶을 통해 좀 더 나은 복음의 증인이 되어야겠다는 결심을 하게 만들었습니다. 이러한 일들이 도미니코 종단 소속인 저에게 매우 특별한 의미를 지니고 있습니다. 성 도미니코는 구원의 기쁜 소식을 전파하기 위해서 이 종단을 설립했습니다. 그는 자신을 따르는 사람들에게 소유에 얽매이지 말고 자유롭게 이곳 저곳을 떠돌며 복음을 전파하리고 가르쳤습니다. 저는 산티 아소케 공동체를 방문했던 일로부터 그와 같은 소명을 실천해 나갈 수 있는 용기를 얻을 수 있었습니다.

분명한 차이점에도 불구하고 우리(불교인, 이슬람교도, 아프리카인, 그리스도인)는 대단히 많은 공통점을 지니고 있습니다. 우리는 이웃들의 가르침과 종교관행에 대하여 서로의 마음 문을 활짝 엶으로써 각자의 영성을 삶으로 구현하는 문제에 있어서 많은 도움을 주고받을 수 있었습니다.

II. 종교 완성의 길

1. 영적 대화

1)영적 대화의 필요성

오늘날 지구촌의 다종교 상황이 초래하고 있는 세계적인 긴장과 갈등과 분쟁은 매우 심각한 문제를 제기하고 있다. 신앙이 다르다는 이유로 하루에도 수백 명씩 죽이고 죽는 지구촌의 현실은 인류 모두에게 심각한 위기의식을 불러일으키고 있다. 따라서 종교인들은 대화냐 분쟁이냐를 택일해야 할 절박한 상황에 직면하였다.

이러한 시대 정황에서 각 종교가 살아남기 위해서는 종교 간의 대화운동이 불가피하며 매우 시급하다. 어찌할 수 없이 실행해야 할 당위로서 더 이상 낭만적인 일이거나 꺼린다고 피할 수 있는 것이 아니다. 종교들의 만남과 종교 간의 실천적 대화 그리고 심화된 종교 간의 영적대화는 역사적인 명령이자 이 시대의 강력한 요구인 동시에 종교적인 필연성이며, 하나의 인류 공동체를 위한 소명이다.

오늘날 모든 종교는 인종적, 문화적, 종교적 차이가 어떠하든지 간에 다양한 인간의 경험을 획일화가 아니라 조화로움 속에서 나누고 통합하도록 부름 받았다. 그러므로 종교 간의 대화는 인류의 화합과 통일을 이룰 수 있는 지구촌시대의 비전을 제시하고 새 역사의 주체를 형성하기 위한 운동이 되어야 한다.

신은 인류공동체, 더 나아가 우주 유기체를 만들기 위하여 우주를 창조하였다. 그럼에도 불구하고 인간들은 신으로부터 분리되었고 형제자매인 인간들도 분리될 수밖에 없게 되었다. 따라서 인류의 조화와 일치를 찾는 종교 간의 대화는 윤리적 지주를 형성하여, 예언자적 교정과 새 문화 창조력을 가져야 한다. 이와 같은 의미에서 종교 대화운동은 21세기에 있어서 신의 구체적인 경륜인 동시에 강력한 시대적 요청이요, 미래의 유일한 소망이다.

종교 간의 대화는 보다 높은 영적 생활을 위한 하나의 시작이다. 지구촌의 정신세계를 하나의 아름다운 동산으로 초대하는 축제가 대화다. 열린 대화는 깊은 영적인 바다와 세계로 이끈다. 타자와의 만남과 대화를 통하여 진정한 자기(眞我)를 더욱 깊이 있게 발견하게 된다. 이것이 대화의 영성이 가져다 줄 최고의 선물이다. 더 나아가 타자를 통한 진정한 자아의 발견은, 동시에 타자를 포함한 세계의 발견이다. 경전의 문자를 떠나서 사람을 만나고 궁극적 실재를 만나는 일이다. 문자(교리)는 사실 사람을 죽일 수도 있으나 영성은 생명을 가져다 준다.

종교 간의 영적인 대화는 세계 종교들이 심오한 영성 세계와 수행방법을 진지한 자세로 깊이 있게 체험하는 것으로서 실로 무한한 가치를 지니고 있다. 대화는 우리의 영혼 깊숙한 곳에서 시작되어야 하기 때문이다.

2) 영적 대화의 의미

종교 간의 영적 대화는 존재론적인 대화다. 현상론적 대화는 종교들의 갈등과 분쟁의 현상을 극복하기 위한 대화이며, 존재론적인 대화는 종교가 본질적인 상호 조화와 일치를 이루기 위한 대화다. 본질적인 일치란 존재 세계의 궁극적 실재에 돌아가는 근원적인 조화와 일치를 의미한다. 따라서 존재론적이며 가장 근원적인 대화는 영적 대화다.

영적 대화는 종교인 간의 영적인 사귐으로써 종교 경험의 대화다. 이것은 자기 종교의 전통 속에서 기도와 묵상과 신앙 그리고 신 또는 궁극적 실재에 대한 추구 방법들에 대한 영적 경험을 나누기 위한 대화다.

영적 대화는 종교 간의 참된 만남이며 그 자체가 이미 종교적이다. 그 만남은 자신의 길을 내면에서 찾아 나서는 종교본질의 원천적 행위이고, 인식의 폭을 넓히고 심화된 순수진리탐구의 장이 된다. 종적인 초월적 실재와 문화적 전통과 횡적인 인간의 공동체적 삶을 뒤돌아보는 것 뿐만 아니라 신의 뜻을 실현하는 곳으로 인도하는 길은 종교와 인간에게 주어진 사명이다. 그러한 사명과 길을 추구하는 것은 다른 사람들의 세계를 봄으로써 이해의 폭을 넓히기 때문에 종교 간의 대화에 많은 사람들이 관심을 가지고 참가하며 신의 뜻대로 이루어지기를 바라면서 기도한다. 그 기도는 모든 방향과 거리에 열려있으며 가까이에 있으나 심지어는 멀리 있는 사람들까지도 밟고 지나간 그 방향으로 열려있다.

영적 대화는 소리가 나지 않는다. 내면의 세계에서 진행된다. 이기주의의 감옥에 더 이상 갇히지 않는, 자신과의 깊은 대화이며 열려있는 대화다. 이러한 대화는 타인들의 종교와 종교성을 향해서도 긍정적인 자세를 갖는 것이다. 솔직하고 순수한 종교적 질문은 상호 간의 진정한 생명존중이라는 교류를 향해 스스로 마음의 문을 활짝 열기 때문이다. 그러므로 영적 대화는 심도 깊은 공동체적 생명존중의 대화다.

타인들과의 대화가 피상적일 때에는 관용을 보이거나 심지어 그들을 동정하는 일은 쉽다. 그러나 그 경우, 사람들은 진리에 대한 인격적 질문은 하지 않는다. 존경할 만한 태도 뒤에 모욕적인 무관심이 숨어 있는 경우가 얼마나 많은가. 그럴 때 그 대화는 피상적인 것이 되어 버린다. 그래서 저마다 자신 속에 갇혀 있고, 어떤 사람은 인생의 의미와 목적에 관해서는 말하기를 꺼리게 된다. 근본적으로 아무런 만남도 이루어지지 않게 된다.

영적 대화는 그 속에서 한 개인이 신과 악마 그리고 자기 자신이 갈등하는 내적 대화다. 이 내적 대화 안에서 사람은 자신의 구원을 모색한다. 그는 자기편의 것 뿐만 아니라 타인들의 것에서도 가르침을 받는다. 그리하여 그는 종교 안에 있는 사적(私的) 영역을 알게 모르게 초월하는 것이다. 바로 이러한 속성으로 인하여 영적인 대화는 동화(同和)의 행위이며 기도나 종교적 의례는 초월자를 우리 안으로 동화시키려는 노력인 것이다.

우리는 영적인 대화 속에 배교의 시작이 있는가라는 의구심을 가질 수 있다. 다른 사람의 길로 모험을 떠나기 전에 우리는 먼저 우리의 전통을 충분히 알아 두려고 노력하는 편이 낫지 않을까? 만일 다른 종교의 영적 세계에 들어가면 나도 그 종교의 신자가 되지 않을까? 한마디로 그것은 신앙심의 결핍이나 자기의 경박함을 폭로하는 것은 아닌가? 절충주의나 혼합주의를 폭로하는 것은 아닌가라는 생각이 들 수 있다.

그러나 진리의 근원은 신이다. 그리고 인간의 일이란 매우 복잡하다. 영적인 대화는 인간에게 있어서 본질적인 요소다. 우리 자신 속에 인간과 우주와 모든 실재를 발견해 내도록 유인하는 것은 바로 우리 인간의 구조다. 인간은 구조적으로 개방되어 있다. 그 이유는 전체 우주가 인간에게 영향을 미치기 때문만이 아니라, 인간 역시 자신의 흔적을 모든 세계에 남길 수 있기 때문이다. 인간을 소우주라고 하는 것은 그 자신이 유일한 세계의 작은 모형물이라는 뜻이다. 즉 인간의 척도로 본 세계 그 자체라는 뜻이다. 타인(他人)이란 분명히 관계의 그물 속에 있는 또 다른 중심으로서의 '다른 사람'임을 말한다.

3) 영적 대화의 방법

우리 자신 속에서 타인을 발견하는 것은 "네 이웃을 네 몸과 같이 사랑하라"는 말씀처럼 나와 같게 여기는 것, 함께함으로써 영적 대화는 여러 종교 전통 사이에서 인격적 인식과 상호 수태를 가능케 만든다. 그리하여 사람들로 하여금 더 이상 상호불신의 벽에 가려 분리되지 않게 하고 고립

상태에서 살지 않게 하며 긴장과 갈등상태로부터 떠나게 한다.

둘이 하나가 될 때, 안과 밖이, 나은 것과 못한 것이 하나가 될 때, 그 때에 우리는 공생에 들어가게 된다. 내가 내 안에서 그리스도인과 불교인을 발견해낼 때, '그들의 유형적 다름'이 내 안에서 낯설게 느껴지지 않을 때, 내 이웃과 형제를 또 다른 내 자신으로 여기게 될 때, 우리는 이상 사회에 좀 더 가까이 다가서게 될 것이다.

신은 타자도 아니요, 동일자도 아닌 일자(one)로서 인간과 우주의 중심이다. 모든 종교의 체계와 전통에 의해 신이 어떠하다고 설명되었거나 상징적으로 표현된 것은 신 스스로도 전적으로 만족하지 못한다. 그와 마찬가지로 우리는 서로를 필요로 하지만, 아직 우리들의 생각이나 태도들을 상호 비교하는 것은 불만족스럽게 드러난다. 또한 우리는 자주 실재에 대해 갖는 서로 다른 세계관과 기본적인 인간의 태도를 바로 이해하지 못하고 서로간의 간격을 연결할 능력이 없음을 경험한다.

하지만 다행스럽게 인간이란 개체적 존재 뿐만 아니라 공동체적 인격이라는 성품이 내재되어 있다. 그 안에 모든 성별과 숫자를 포함하는 나와 너, 그것 사이의 '관계덩어리'인 인격이 가장 근본적인 것이다. 그러므로 너는 나에게 의존적이지도 않고 단지 상호 관련되어 있다. 영적 대화는 신앙인들이 자신들의 믿음을 공유하지 않는다면, 다른 믿음들의 체계를 진실로 알지도, 비교하지도 못한다. 즉 신자들이 타자로서의 당신을 제대로 알지 못하고서는 그들은 당신의 믿음을 옳게 이해할 수 없고 바르게 비교도 할 수 없다는 것이다. 그러므로 상호 간의 닫힌 마음을 열수 있게 하는 것은 영적 대화다.

영적 대화의 적절한 방법은 해석학이다. 대화는 서로 이해하는 도구를 만들어 내야 하는데 그 까닭은 공통의 언어를 선험적으로 가정할 수 없기 때문이다. 이 해석학의 장점은 무엇보다도 종교적 전통들의 만남에서 발휘된다. 그리스도교인의 개념으로서가 아니라 서로 다른 방법으로 그 실재를 들여다보는 살아있는 상황에서 만나기 전에는 불교인의 열반이나 윤회에 대해 말할 때 처음에는 알아들을 수가 없다. 따라서 교리를 가지고 만나기 전에 필히 인격적으로 만나야 한다.

영적 대화는 말을 많이 하는 것이 아니다. '너'에 대한 대화가 아니라 '너'에 대한 '나'에 관해 대화하는 것이다. 참다운 '너'는 너의 생각이 아니라 반드시 '너'를 상대하는 것이며 너 자신이 이해의 원천이다.

영적 대화는 총체적인 인간의 만남이며 더 깊은 곳에까지 다다르게 된다. 그것은 바로 실재의 본성에 근거한다. 실재는 선적으로 객제화될 수 없으나 주체인 나 자신도 궁극적으로 실재의 한 부분이며 그 안에 있기 때문에 나 자신을 실재로부터 유리시킬 수 없다. 여기서 영적 대화는 실재의 급진적인 역동성을 전제한다. 실재는 단 한 번에 주어진 것이 아니라 실제적으로 계속해서 스스로 창조되어 간다.

영적대화는 다른 사람을 주체로 생각한다. 자신의 이해가 다른 사람의 차원에서 이해되어야 한다. 우리는 어떤 방법을 통해서라도 다른 사람들과 마음을 나누어야 한다. 그리하지 않는다면 인격의 궁극적인 확신을 이해할 수가 없다. 따라서 우리는 살아있는 대화가 필요하다. 왜냐하면 '나'가 사랑하고, 바라고, 생각하는 것은 단지 '너'가 사랑하고, 바라고, 생각하는 것과 서로 간의 내면에서 온전한 이해와 의미를 요구하기 때문이다.

그 뿐만 아니라 영적 대화는 대화의 상대자를 스스로 나 자신으로 생각한다. 이 사실은 존재론적 나와 너라는 양분적 환상에서 깨어나게 한다. 우리는 반대편의 실재나 다른 뜻, 그리고 견해나 관점의 다른 원천들을 만난다. 대화는 본질적으로 양극성을 유지하는데 주체와 객체가 있을 뿐만 아니라 객체로 연결되기도 하지만 주체와 다른 주체들이 또한 존재한다. 나는 다른 사람을 나의 상대로 내게 속한 '너'를 경험하게 된다는 차원에서 신뢰한다. 실재로 상대방 안에 현존하는 무엇을 나는 발견한다. 즉 나는 '너'를 자신의 일부분으로 발견하고 그의 것이 마치 나의 것인 듯, 혹은 더 많은 가치를 지닌 것으로 발견하게 된다.

이 자아, 인간 본성, 상식, 성스러운 내면의 뜻의 발견은 상대에 대한 나의 발견이며, 나에 대한 나를 발견하는 것이자 진정한 나를 바로 의식하는 것이다. 나의 대화 상대자는 타자가 아니라 너다. 너는 타자도 아니고 비자아도 아니다. 그 너는 내 안에서의 바로 너 즉, 나의 너다.

2. 깨달음과 집단 주관의 극복

모든 종교는 제각기 그 종교를 탄생시킨 그 지역의 세계관적 배경과 문화적 배경의 영향을 벗어날 수 없다. 그러나 깨달음은 어떤 언어와 형상도 넘어서는 세계라는 통념이 우리의 생각을 지배해 왔다. 언어와 형상을 넘어선 그 세계에는 어떤 개인 주관이나 집단 주관이 남아있을 수 없다고 생각해 왔다. 깨달음의 상태에서는 자아의 틀을 벗어나 우주의 무한성을 체험하거나, 자아가 사라지는 무아의 경지를 체험하거나 주관과 객관의 상태를 벗어나는 상태 등을 체험한다. 이러한 체험들은 분명히 주관을 넘어선 것으로서 절대객관의 세계임에 틀림없다.

그러나 그 속에도 분명히 집단 주관의 틀이 있다. 그리스도교의 신을 상정하는 기도법을 택하면 신이 주는 황홀감을 맛보고 신과의 합일을 체험한다. 만약 불교의 공을 상정하는 명상법을 택하면 모든 것이 텅 비어 있는 절대 공을 체험한다. 즉 명상인이 무의식적으로 상정하는 어떤 틀에 의해서 그의 체험이 결정된다.

인간의 인식은 항상 주관과 객관의 대립 속에 의해 성립된다. 주관과 객관을 넘어서는 초월의 의식 속에서도 그 배후에는 주관이 깔려 있다. 하여튼 아무리 궁극적인 본체를 체험하는 순간에도 주관적 틀을 완전히 벗어나지는 못한다. 어떤 깨달음에도 그가 속한 문화권과 집단주관과 개인주관의 흔적은 약간씩 남아 있는 것이다. 다만 깨달음이 주는 초월성에 취하여 그것을 알아차리지 못할 따름이다.

그러면 그러한 체험을 한다는 것은 무엇을 의미하는가? 그러한 체험은 그 체험자가 삶의 완성에 가까이 다가섰다는 것을 말해주는 것이다. 따라서 집단주관의 틀을 벗어나 전체를 바라볼 수 있는 지혜를 필요로 한다.

3. 종교 영성 실천의 무한경쟁시대 도래

모든 종교마다 신의 위대함을 알리며 신을 경외하도록 하고 공동사회에서 바르고 옳게 살라고 가르치는 것은 보편적 동일성이다. 이는 인간의 생명과 영성을 고귀하고 중요하게 다루고 있기 때문이다. 이러한 사상과 이념을 가지고 21세기의 종교가 사람을 사랑하고 생명존중을 실천하는 것을 '종교 영성 실천'이라고 말할 수 있다.

인류의 가장 오래된(最古) 종교가 샤먼이즘이라고 한다. 샤먼이즘을 통해 원초적인 종교(심)성이 인간의 내면세계에 잠재되어 있음을 발견하지만 선현, 선각자들은 보다 차원 높은 영성을 추구하기 위해 인류에게 새로운 가르침과 신앙인을 남겼다. 그들이 바라본 우주의 절대적 신의 형상은 지역적 풍토와 특색에 따라 각기 다른 모습으로 설명되면서 제 종교의 문화가 발전되고 점차 제도화되었다. 하지만 본래 종교가 추구하고자 한 영성의 밝힘은 다양한 종교문화의 사상으로 남겨졌다. 그러한 사상의 구체적인 실천은 지금 하나의 세계를 향한 인류공동사회의 발전과 직접 연관성을 가지고 있다는 것이 인류사 흐름의 대세다.

세계의 모든 종교는 이미 폐쇄적인 음지(陰地)에서 속삭이는 자아도취적 행태를 벗어 난지 오래되었다. 자연의 공기처럼 개방된 양지(陽地)의 세계에서 사람을 사랑하는 영성적 밝음을 추구하는 것은 모든 종교의 이상형이고 본성이며, 종교문화의 실천이다. 모든 종교교리의 핵심은 평화로운 삶과 행복을 추구하며 사람의 생명을 중요시하기 때문이다.

21세기를 맞이하여 현대 종교의 영성적 생명이 좌우되는 것은 교리 경쟁보다 교리를 실천하는 적극적 사회활동으로 발전되었다. 영성을 중요시하는 진실한 종교는 불필요한 교리적 논쟁을 멀리하고 공동사회의 일원으로 지구촌의 한 생명체임을 자각하며 신 앞에 하나 되게 하는 영성을 중요시 하는 쪽으로 방향을 돌리고 있다.

1) 사랑의 무한경쟁시대

주지하고 있듯이 평화와 공존에 걸림돌이 되는 종교 간의 갈등과 종교 배타주의는 점점 세계인으로부터 외면당하고 있다. 현대는 다종교사회로서 획일화를 거부하고 다원화를 추구하며 영성으로 하나 되기를 원한다. 현실을 수용하고 상호 이해와 협력을 통한 선의의 실천과 영성을 추구하는 생명 존중의 시대임을 알게 한다. 종교 간의 경쟁적 선의의 실천은 결국 종교의 본질인 영성을 추구하고 발현시켜 사랑과 자비를 실천하게 된다. 종교 영성 실천의 무한경쟁 시대가 도래 한 것이다. 결국 교리 경쟁 시대는 이미 지났다. 교리의 핵심인 사랑과 자비 실천의 무한 경쟁 시대가 도래한 것이다.

한 가지 예로 금년 초에 발간된『좋은 종교 좋은 사회』라는 책에서 한국 주요 종교의 사회 기여도를 분석 발표했다.

이 책 추천사에는 "종교들이 너무 말만 하고 실천하지 않으며 너무 자신들의 구원에만 집착하는 것에 대해서 불만이 많았다"고 지적하고 오늘의 혼돈 사회를 개혁하는 과제는 "영성과 사회성의 확장"이라고 강조하고 있다.

그리고 최근 20년 간 3대 종교의 신자 증가율을 도표로 소개하고 있는데, 1985년부터 2005년까지 신자 증가율을 보면 불교가 8,059,000명에서 10,726,000명으로 33.1%의 증가를 보였고, 개신교는 6,489,000명에서 8,616,000명으로 32.8%, 가톨릭교는 1,865,000명에서 5,146,000명으로 176%의 증가율을 보이고 있다.[5]

<한국 3대 종교의 신도 증가율 통계>

2005년 (인구단위 : 천명, 증감 : %)

	1985 인구/구성비 %	1995 인구/구성비 %	증감% 1985~1995년	2005 인구/구성비 %	증감% 1985~2005년
불교	8,059/19.9	10,321/23.2	28.1	10,726/22.8	33.1
기독교	6,489/16.1	8,760/19.7	35.0	8,616/18.3	32.8
가톨릭	1,865/4.6	2,951/6.6	58.2	5,146/10.9	176.0

저자는 맺는 말에서 각 종교가 정체성을 명분으로 하는 왜곡된 경쟁은

---

5) 김홍권, 『좋은 종교 좋은 사회』(예영 커뮤니케이션, 2008), p. 38 참조.

피하고 상호 이해와 협력 그리고 선의의 경쟁을 통해서 좀 더 밝은 세상을
만들어가기 위해 실천하는 건강한 종교가 될 것을 기대하고 있다.

지금 우리는 무엇이든지 드러나는 시대를 살아가고 있다. 위대한 진리
와 놀라운 가르침이 중요한 것이 아니라 자기 종교의 진리(교리)와 가르침
을 얼마나 실천하고 있는 가가 잘 드러나는 시대가 된 것이다. 자기가 믿는
바를 얼마나 성실히 실천하는 가를 세상은 너무도 잘 알고 있다. 자기들이
하는 일들이 자기 종교를 위한 것인가 세상을 위한 것인가? 세상에서 빛과
소금의 기능을 얼마나 하고 있는 가를 불신자들이 먼저 알고 있는 것이다.

분명히 지금은 진리 경쟁, 가치관의 경쟁, 정체성의 경쟁 시대가 아니라
사랑과 자비의 실천 경쟁 시대가 된 것이다. 그것은 열매를 보아 그 나무를
알 수 있기 때문이다.

따라서 위의 통계는 어느 종교가 보다 진실하게 희생과 봉사의 삶을 사
는 가를 잘 말해 주고 있다.

2) 믿는 바를 실천하는 경쟁시대

2008년 3월 30일, 가톨릭 교황청은 "전 세계 무슬림 인구가 처음으로
가톨릭 신자수를 추월했다. 전 세계 65억 명의 인구 중에서 무슬림이
19.2%(12억 5000만명), 가톨릭이 17.4%(11억 3000만명)가 되었다"고 발
표했다. 교황청은 무슬림 인구는 유엔의 자료를 인용하고, 가톨릭 신자는
자체 교구별로 조사한 것이라고 했다.[6]

이슬람교가 세계 최대의 종교가 된 이유는 무엇일까? 이슬람교 신자들
의 신앙과 생활이 일치된 결과라고 보여진다. 그들은 신앙이 생활이고 생
활이 신앙이 되었기 때문이다.

---

6) 조선일보 2008년 4월 1일자 A 21면, 제목 「이슬람, 가톨릭 제치고 최대 종교로」

① 유럽의 두 번째 종교, 이슬람의 힘7)

유럽 전체의 무슬림 인구는 1,680만 명이며, 이슬람교는 유럽의 두 번째 종교가 되었다. 파리와 그 근교에 100만 명의 무슬림들이 살고 있고, 프랑스에는 400만 명의 무슬림이 있다. 이들 대부분은 북아프리카 지역에서 이민온 사람들이다.

독일에도 300만 명의 무슬림이 있다. 이들 중에는 터키인이 많다. 쾰른에 사는 한 이슬람 지도자는 쾰른을 서터키 이슬람 공화국의 수도로 선포했으며 거의 매주 새로운 이슬람 사원이 문을 열고 있다. 독일은 유럽의 이슬람교 관문이라고 할 정도로 무슬림이 번창하고 있다.

영국에도 약 400만 명의 무슬림이 살고 있으며 1800여 개의 모스크와 3,000개의 꾸란 학교가 있다.

무슬림들이 서유럽에 본격적으로 정착하게 된 것은 제2차 세계대전 이후로 이들은 주로 식민 종주국의 용병들이었다. 알제리인과 세네갈인은 프랑스군에, 인도인은 영국군에, 타타르인과 동유럽 무슬림들은 독일군으로, 모로코인은 스페인군에서 각각 해당국가의 이익을 위해 근무했다. 종전 후 식민지 체제가 무너지자 많은 수의 노동자, 유학생, 기술연수생들이 서유럽으로 진출했다.

유럽의 무슬림들은 상가나 건물을 임대하여 이슬람 사원으로 이용하고 있다. 이러한 형태의 이슬람 사원은 서유럽에 약 3천 개 정도가 된다. 이슬람은 서유럽에서 열악한 환경인데도 불구하고 이슬람 공동체의 역동성으로 인해 그곳에 새로운 활력을 심고 있다.

1980년대에 프랑스에 거주하는 북아프리카 출신의 무슬림들보다 프랑스 현지에서 태어난 2세 무슬림들이 더 많아졌다. 이 2세들은 자신들의 정체성 때문에 이슬람교에 대한 관심과 애착이 크며 이슬람의 단식과 예배

---

7) 이희수, 이원삼 공저, 『이슬람』(청아출판사, 2001), pp. 378-382 참조.

등에 대한 참여도 1980년대에 더욱 높아졌다.

또 이슬람은 벨기에, 네델란드, 스칸디나비아 3국, 이탈리아, 그리스 등 서유럽 전역에 퍼져 있다. 1970년대 이래 유럽에서 수만 명의 유럽인이 이슬람교에 입문했다. 1980년 이스마일파 무슬림들이 몰려 있는 영국에서 아가칸 재단은 런던 심장부에 이슬람 사원을 건립하고 이스마일파의 세계 본부로 삼았다. 1990년대 초반 유럽 이민자의 3분의 2가 무슬림들이었다. 이슬람 공동체가 유럽의 국경선을 잠식하면서 유럽공동체 내에 열세 번째 나라로 부상할지도 모른다는 공포가 전유럽에 팽배해 있다고 1991년 도므나슈가 지적했다.

현재 프랑스의 제2 종교는 이슬람교다. 유럽의 이슬람 이민자들과 그들의 자녀들이 어느 정도까지 유럽 문화에 동화될지는 알 수 없다. 따라서 지속적으로 무슬림의 이민이 이루어질 경우 유럽 국가들은 그리스도교 공동체와 이슬람 공동체의 분열 가능성을 엿볼 수 있다.

한편 이슬람 전문가의 말에 의하면, 무슬림들은 한 가정에 7, 8명의 자녀를 출산하기 때문에 멀지 않은 장래에 무슬림이 세계 인구의 과반수를 차지하게 될 것이라고 말했다.

그러면 이슬람교의 특성은 무엇인가?

② 이슬람교의 세계적인 확산

이슬람교의 현황을 살펴보면 오늘날 이슬람교는 놀라운 역동성으로 확산 되어가고 있음을 알 수 있다. 지금 이슬람교는 가톨릭교회와 개신교뿐만 아니라 지구상의 그 어떤 종교보다도 많은 약 13억 신자를 갖게 되었다. 유엔에 가입한 이슬람 국가 수만 57개국이며 이스람국가협의회 회원국은 68개국에 이른다. 인구와 지역에서 단연 세계 최대의 문화권을 형성하고 있는 것이다.[8]

이와 같이 여러 지역이 이슬람화 되어 가는 이유는 무엇인지 매우 궁금하다. 이슬람교는 첫째, 무슬림들에게는 매우 간단한 신앙과 실천의무가 주어진다. 그것은 여섯 가지 믿음과 다섯 가지 실천 의무로서 이러한 이슬람의 실천체계와 신앙체계를 오주육신(五柱六信)이라고 부른다. 6신은 ① 창조주 유일신에 대한 믿음, ② 천사나 사탄 등 눈에 보이지 않는 존재에 대한 믿음, ③ 성서에 대한 믿음, ④ 선지자 및 예언자에 대한 믿음, ⑤ 심판에 대한 믿음, ⑥ 하나님의 섭리대로 이루어진다는 믿음.

5대 의무는 ① 신앙의 고백, ② 하루 다섯 번의 예배, ③ 희사(헌금), ④ 라마단 한 달 동안의 단식, ⑤ 능력 있는 사람에 한 해 평생에 한번 메카를 순회하는 것 등이다.

둘째, 신에 대한 절대적 신앙이다. 이슬람교는 하나님과 인간을 완전한 별개로 구분한다. 하나님은 유일한 절대적 존재이며 가장 자비롭고 자애로우신 분, 최후의 심판자이시다. 그리고 인간은 하나님을 경외하고 절대적으로 복종하는 피조물에 불과하다. 그리하여 인간은 하나님께 직접 회개하고 구원을 청한다.

셋째, 성직자가 없는 종교다.9) 무함마드의 사진을 내거는 일도 없거니와 그를 숭배하지도 않는다. 이슬람교는 신과 인간 사이에 어떤 영적 중간 매개체도 인정하지 않는다. 그러므로 무슬림들은 언제나 하나님과 직접 대화할 수 있다. 따라서 이슬람교는 종교 교육자나 선교사 등 성직자들이 없는 종교다. 무슬림들은 가정에서 즉 성장과정에서 이슬람교를 체계적으로 배우고 이를 바탕으로 누구나 선교사나 종교 교육자로 활동할 수 있는 자질을 터득한다.

이슬람교에서 예배할 때 맨 앞에서 예배를 인도하는 사람을 이맘이라고

---

8) 이희수, 이원삼 공저, 『이슬람』(청아출판사, 2001), pp.403-404 참조.
9) 이희수, 이원삼 공저, 『이슬람』(청아출판사, 2001), pp.331-336 참조.

하는 데 모든 무슬림은 예배를 인도하는 이맘이 될 수 있다. 이맘이 되기 위해 종교학교를 졸업하거나 이맘의 지위를 취득하기 위한 어떤 자격이나 특별한 예식도 필요 없다. 따라서 이맘도 성직자가 아니다.

넷째, 이슬람교의 가장 기본적인 특징은 아는 만큼 행동해야 하는 종교라는 것이다. 그들은 종교가 생활 속에 완전히 자리 잡아 일체감을 이루고 있다. 이러한 이슬람교의 가르침은 무함마드가 신으로부터 받은 꾸란과 그와 함께 무함마드가 선별한 그의 언행록인 히디스가 이슬람교의 경전으로 삶의 구체적인 지침이 되고 있다.

따라서 자기들이 믿는 바를 얼마나 실천하는가가 그 종교의 성장여부를 판가름하게 되는 것을 알 수 있다.

③ 그리스도교 국가였던 레바논이 이슬람교 국가가 된 이유

1943년 세계 제2차 대전 중 프랑스로부터 독립된 레바논은 그리스도교인이 국민의 다수를 차지함으로 그리스도인 대통령을 세우고 그리스도교 국가가 되었다. 그후 1948년 이스라엘 국가가 형성되고 그에 자극된 팔레스타인 난민들이 레바논에 이주 결속하여 레바논 인구 과반수를 넘기게 됨으로써 이슬람교 국가가 되었다.

그리하여 레바논은 1969년 이슬람회의기구(OIC) 국가회원으로 가입하였다. 미국 CIA 월드 팩트북에 따르면 2006년 현재 레바논 인구는 387만 명이고, 종교 인구는 이슬람교가 59.7%, 그리스도교가 39%, 기타 1.3%라고 한다.

이와 같은 레바논의 사례에서 종교들이 지향하는 국가 형성은 국민의 다수결에 의하여 이루어진다는 사실에 관심하게 된다.

우선 교인이 많고 보아야 할 일이다.

4. 종교의 완성

1) 완전한 통합의 삶

21세기 사랑과 자비 실천의 무한경쟁시대가 도래하면서 종교가 완성을 향하여 나아가고 있다는 것은 고무적이다.

종교의 완성을 향하여 나아가는 영성의 길은 인간의 세계와 유리(遊離)되지 않았고 항상 역동성을 가지고 있어 창출적인 생활문화를 알려준다. 그러한 문화의 길 중에 가장 가까운 곳에 있는 길이 마음을 다스리는 것이다. 마음은 삶의 중심축이며 생명의 근원이 되기 때문에 종교의 목적과 완성도 신이 인간의 코에 불어 넣어주신 순수한 영성을 회복하는데 있다.

따라서 종교는 순수한 영성의 길을 인도하며, 사람의 의식을 신의식(神意識)으로 높이고, 마음을 우주적 마음으로 향상시키도록 이끄는 길이다. 그러한 길을 가는 종교는 실질적인 생명존중의 길, 실천의 모범을 아끼지 않는다. 생명을 살리는 종교적 실천은 신의식을 깨닫게 하는 매개체이자 신의식을 실현할 사람, 성스럽고 거룩함의 형상을 지닌 '신의 사람'을 배출해 내는 것이다. 종교는 사람과 신의 중간에서 그 책임이 막중하기 때문이다.

사람이 신을 직접으로 아는 길을 얻을 때 종교가 완성된다. 신을 깨닫는 일 하나로 사람은 완전한 사람, 하나로 통합된 사람, 크나큰 지성의 사람, 창조성과 지혜, 평화와 기쁨을 지닌 사람이 된다.

만일 종교가 마음과 육체의 활동을 그 근원으로 가게 해서 사람의 삶을 그 근원과 이어준다면, 그 목적을 성공적으로 이루었다고 할 수 있다. 만일에 마음이 그 근원에까지 이를 수 있다면, 생명 전체가 근원과 이어질 것이요, 여기서 종교의 목적이 완성된다.

종교는 길이다. 적어도 길이어야 한다. 사람의 의식을 신의식으로 높이고, 인간의 마음을 거룩한 심정 또는 우주적 마음으로 향상시키는 길이어야 한다.

종교의 목적은 개인의 삶을 자연의 법칙과 이어주는 진화의 흐름 안에서 순탄하게 흘러가도록 하는 것이다.

종교는 개인생명을 우주생명과 협동케 하여 인간 삶의 모든 가치를 향상시켜야 한다. 종교는 철학이 밝혀 낸 최고의 실재를 아는 실제적인 길을 제공한다. 철학은 설명적이나, 종교는 신을 깨닫는 지름길을 제공하는 점에서 실제적 가치를 지닌다. 그것은 사람으로 하여금 거룩함의 차원으로 성장하게 하는 직접적인 수단인 것이다. 종교는 개인 활동에 '하지 말라' '하라'는 기준을 줌으로써 인간 실존의 최고 목적으로 인도한다. 종교의 하지 말라, 하라는 모두가 궁극적 실재 또는 신의식 안에서의 자유를 깨닫는 직접적인 길을 제공하려는 노력이다. 종교의 목적은 실제적인 데 있다.

완전히 살아 있는 충실한 종교는 신의식을 실현할 사람, 삶의 전 가치를 누리는 사람, '신의 사람'을 배출해 내야 한다. 거룩함이 사람의 형체로 땅 위에 나타나게 해야 한다.

참다운 종교인의 생활은 표면에서 선량하고 활력 있는 활동을 보이면서 깊숙한 내면에서는 바다 밑 같은 고요, 부동의 영원한 평화를 지녀야 한다.

신의 본질, 신의 상태, 신의 실존, 신의식, 신성한 의식, 이 모두가 인간의 자연스런 삶의 내용이어야 한다.

성직자들은 사람과 신 사이의 중간자다. 그들의 책임은 인성과 신성을 이어주는 일이다. 사람과 신의 중간에서 그 책임이 막중한 것이다. 이러한 중간자들의 생활은 신의식 안에서 완전해야 하며 만약 신의식을 살 수 없다면 더 이상 중간자의 자격이 없는 것이다.

종교적인 생활은 사랑과 자비, 기쁨, 환희, 평화, 조화, 창조성, 높은 지성 속에 사는 삶이어야 한다. 동료 인간을 돕겠다는 순진한 마음으로 친절,

사랑, 용서를 실행하는 생활이어야 한다. 이러한 성품들이 종교인들 마음의 자연스런 경향이 돼야 한다. 신의식과 함께 이러한 성품들이 종교인들에게서 찾아지지 않을 때, 그의 종교는 그에게 무거운 짐 이상이 아니다.

종교는 사람이 거룩한 생활을 할 기초만 놓을 것이 아니라, 웅장한 생명의 집을 지어야 한다.

마음이 높은 가치에 다다르고 신성한 지혜를 웬만큼 지니지 않으면, 사람의 잘못은 그쳐지지 않는다. 인간성의 무대에 머물러 있는 한, 사람의 잘못을 저지르게 되어 있다. 그러므로 거룩한 지혜를 의식적 마음의 범위로 가져와 사람의 본성에 영성을 주입함으로써 사람의 실수의 차원 이상으로 끌어올리는 일이 필요하다. 인성을 영성으로 높인 다음에는 삶과 종교의 바깥 차원에서 무슨 행위를 어떻게 행하든 아무 문제가 되지 않는다.

정작으로 문제가 되는 것은 사람이 영원한 자유 안에서 신의식을 사는 일이다. 완전한 통합의 삶을 사는 일이다.[10]

2) 종교의 사이클을 차단해야 한다.

아무리 종교가 인간 개인 구원을 완성했다고 하더라도 가정과 국가, 세계까지 구원하지 않는 한 결코 종교가 완성되었다고 할 수는 없다. 종교의 목적이 이루어지기 위해서는 종교의 사이클을 차단하고 우주적인 구원을 성취해야만 한다.

역사적으로 종교들은 개척기, 정착기, 문화 창조기, 쇠퇴기의 사이클을 형성해 왔다. 예를 들면 유대교의 개척기는 모세를 중심하고 애급을 탈출한 이스라엘 민족의 40년 광야노정에 해당하며, 정착기는 여호수아를 따라 가나안 땅에 입성한 이스라엘 민족의 삶에서, 이스라엘 민족의 통일왕

---

10) 마하리시 마헤시 요기, 『초월의 길, 완성의 길』(서울: 범우사, 2005), pp.35-36 참조.

국시대 이전까지가 되고, 문화 창조기는 사울왕, 다윗왕, 솔로몬왕까지의 통일왕국시대로서 하나님의 성전 건립으로부터 시작된다. 그러나 솔로몬왕이 최소 7백명의 배필과 수청 드는 궁녀 3백명(열왕기 상 11:3)을 거느리고 그것으로도 부족하여 시바여왕에게 매혹되어 그녀와 결혼하고 우상을 섬기기 시작함으로써 이스라엘 왕국은 남조 유대와 북조 이스라엘로 분열되고 이스라엘 민족은 바벨론의 포로가 되어 가는 쇄퇴기를 맞는다.

예수님으로부터 시작된 그리스도교는 초대교회의 개척기와 아시아, 로마제국까지 확산되는 정착기를 거쳐 로마 가톨릭왕국 곧, 그리스도교 왕국을 건국하기에 이른다. 그러나 국가 권력을 갖게 된 로마 교황청의 부패와 타락으로 교황청이 둘로 갈라지는가 하면 1054년에는 로마 가톨릭교회와 희랍 정교회로 분열되어 그리스도교 왕국은 몰락하게 되었다.

따라서 종교는 문화 창조기에 그 지평을 땅 끝까지 넓혀서 세계화 지구화를 성취함으로써 종교의 사이클을 차단해야만 종교의 목적을 완성할 수 있게 된다. 그러나 오늘의 세계적 종교분포 상황이나 절대 신념 체계인 종교들의 특성으로 보아 한 종교가 세계 전 인류를 포교 한다는 것은 현실적으로 불가능한 것임을 알게 된다. 그러므로 종교들이 상호 이해와 협력, 더 나아가 조화와 연대를 통해 사랑과 기쁨, 자유와 평화의 세계를 만들어 나갈 수밖에 없게 되었다. 그러나 이와 같은 노력에도 불구하고 그 뜻이 이루어질 수 없다면 그 숭고한 뜻은 다음 세대에 기대를 가져볼 수밖에 없을 것 같다. 진화하는 우주관에 의미를 둘 수밖에 없을 듯하다.

3) 세대에서 세대로

세대에서 세대로 사람은 새롭게 태어난다. 새로운 시대에는 새로운 인간의 목표가 생겨나고 새로운 사고와 행동의 기준이 나타나며 완성을 추구하는 새로운 갈망이 탄생한다. 어떤 세대에 함께 태어난 사람들은 그 시대 공통의 소망을 지니고 있다고 말할 수 있으나, 또한 이 소망들은 한 사람 한 사람 각자가 자신의 생을 완성하려는 이상이기도 하다.

누구든지 정신과 육체의 건강, 크나큰 행동능력, 명석하고 강력한 사고력, 일에서의 능률, 유익하고 사랑 깊은 대인관계를 필요로 한다. 매일의 생활에서 고통과 불행으로부터 자유롭기를 바라고 있다. 마음의 욕구가 채워져 삶에 만족을 가져다 줄 지성과 활력을 갈망하고 있다. 이러한 모든 일에 덧붙여 사람은 영성 안에서 영원한 자유로운 삶을 살아야 한다.

영성의 삶은 그 순수한 상태에서 모든 시대 사람들의 고통을 덜어주고, 결점과 무지를 극복하게 해줄 것이다. 또한 명상은 육체적, 심리적, 물질적, 정신적인 인생의 모든 가치들에서 완숙한 새로운 인류들이 출현하는 새로운 시대를 열고, 사람들로 하여금 영성의 영원한 자유 안에 확립된 완성의 삶을 살게 할 것이다. 모든 사람들에게 평화와 번영이 실현될 것이다. 또한 높은 의식이 사람의 운명을 인도할 것이요, 모든 사람은 생명의 참다운 가치 위에 확립될 것이다. 가정, 사회, 국가, 세계에서 위대한 업적들이 이루어질 것이다. 그리고 인류는 본바탕 그대로 완성의 삶을 노래하며 이어오는 새 세대들을 맞이할 것이다.

참고문헌

1. A.H.J. 군네벡, 『이스라엘역사』(한국신학연구소, 1985)
2. J.B. 노스 저, 『세계종교사』, 윤이흠 역, (현음사, 1988)
3. R. 파니카, 『종교간의 대화』 김승철 역, (성광사, 1992)
4. 강남대학교 신학대학, 『종교와 영성』(한들, 1998)
5. 김진 편, 『종교간의 대화』(한들출판사, 1999)
6. 김현학, 『공자의 생애와 사상』
7. 김홍권, 『좋은 종교, 좋은 사회』(예영커뮤니케이션, 2008)
8. 나종근 편, 『무함마드』(시응사, 2003)
9. 도시 아라이 편, 『종교간의 대화와 영성』, 이명권 역, (열린서원, 2000)
10. 로버트 찰스 제너, 『힌두이즘』, 남수영 역, (여래, 1996)
11. 루엘 엘하우, 『대화의 기적』(대한기독교교육협회, 2000)
12. 르낭, 『예수의 생애』(훈복문화사, 2003)
13. 마하리시 마헤시 은기, 「초원의 길·완성의 길」, 이병기 역, (범우사 2005)
14. 박석, 「명상길라잡이」(도솔 2001)
15. 반델 레에우, 『종교현상학입문』(분도출판사, 1995)
16. 불교설화편찬회, 『부처님 일생』(우리출판사, 불기2538년)
17. 비르질 게오르규, 『마호메트 평전』, 민희석 역, (초당, 2002)
18. 쉬캉성, 『노자 평전』, 유희재 역, (미다스북스, 2002)
19. 엔도 슈사쿠, 『예수의 생애』, 정종화 역, (기독교서회, 1975)
20. 위리엄 슈바이커, 『책임윤리란 무엇인가』(대한기독교서회, 2000)
21. 윤병상, 『종교간의 대화』(연세대출판부, 1999)
22. 이재석, 『종교연합운동사』(선학사, 2004)
23. 이주훈, 『그리스도』(대원출판사, 1997)
24. 이희수, 이원삼 공저, 『이슬람』(청아출판사, 2001)

25. 임태수, 『이스라엘왕들의 이야기』(대한기독교서회, 1999)

26. 정진홍, 『한국종교 문화의 전개』(집문당, 1986)

27. 차주환, 『공자』(솔, 1998)

28. 최영길, 『무함마드와 이슬람』(알림, 2005)

29. 최정만, 『비교종교학개론』(이래서원, 2003)

30. 최현, 『공자의 생애』(범우문고, 2002)

31. 한국가톨릭대사전편찬위원회, 『가톨릭대사전』12권(한국교회사연구소, 2005)

32. 한국종교문화연구소, 『세계종교사 입문』(청년사, 2003)

33. 한국천주교중앙협의회, 『제2차 바티칸공의회 문헌』(1988)

「학력 및 경력」

중앙대학교 법학과를 졸업하고
초교파기독교협회 상임이사,
한국종교협의회 이사,
주간종교사 사장,
사단법인 기독교연합운동협회 이사장,
세계기독교통일신령협회 협회장,
사단법인 초교파기독교협회 회장,
한국종교협의회 회장(16년간),
중화민국 선교사,
재단법인 세계기독교통일신령협회 유지재단 이사장을 역임하고
선문대학교에서 명예철학박사 학위를 취득하였음,
선문대학교 신학대학원 초빙교수.

「저서」로는

뜻으로 본 정통과 이단
교회일치 운동
개신교와 통일교(편저)
천주교 개신교 통일교(공저)
우리의 광야시대
전통 교육 실천
화해와 협력과 일치를 위하여
아론의 싹난 지팡이
종교연합운동사 등이 있다